駿台受験シリーズ

現代文読解
標準ドリル

池尻俊也　著

駿台文庫

はじめに

「先生、説明を聞いたらわかるんですが、自分でやるとなるとどうしてもできません」

教えるという仕事を始めたころ、何度も耳にした言葉です（実際はもっとコテコテの関西弁で「せんせぇ〜、せんせのせつめーきいたらわかるんやけどぉ〜」という言葉が多かったですが……）。説明を丁寧にすれば生徒は理解してくれるのですが、実際に問題を解くとなるとそれができないという悩みは何度も聞かされました。私自身もどうしてよいかわからないのならアキラメもつくのですが、「どうすればよいかはわかっている、でもその手段がない」というのがとてももどかしかったのです。

どうすればよいのでしょうか？　簡単です。「反復」すればよいのです。繰り返し練習すればよいのです。部活動や習い事で一つのことに打ち込んだ経験のある人ならよくわかると思います。正しい方法を理解した後は、それを繰り返すことでできるようになるという経験は多くの人が持っているでしょう。勉強では「ドリル」という手段が存在します。小学校の計算ドリルや中学校の英文法ドリルなどがそうですね。ただ、現代文に関しては、当時私の知る限り、それに相応しいツールは存在しませんでした。

そこで、文章を短く区切って、一つの方法を繰り返しできるような練習問題を自分で作り始めました。それが、今あなたが手に取ってくださったこの本につながるはじまりです。この本は私がこれまで多くの入試問題を研究し、授業を行う中で蓄積してきた練習問題で構成されています。「わかる」と「できる」をつなぐ「反復」のためのツールです。

本書は、比較的に短い文章（基本的には1〜2ページ）を問題文とし、ポイントを明確にした設問に絞り込む形式で作成しました。使用方法は後で詳しく述べますが、先に求められる読み方・解き方を理解してから、実際に問題を繰り返して解くことで、本文の何に注目すればよいのか、設問で何が問われているのか、を具体的に理解できるように作成しています。つまり、学習のポイントが各章ごとにはっきりとつかめるようにしているのです。

本シリーズにはレベル別に「基礎」と「標準」がありますが、この「標準ドリル」では、「基礎ドリル」よりもやや難しい問題を掲載しています。難しい分、より一層あなたの読解力アップにつながるはずです。

本書で学んだ人が、現代文という科目について、どう読み、どう考えればよいのかをつかみとってくれたら、何より嬉しいです。

著者

本書の構成と使用法

◆本書は、評論12章、小説2章の全14章で構成されています。

1 読解法を確認！

各章冒頭の導入を読みましょう。基本的には、その章で学習する読解法の簡単な説明とわかりやすいイメージ図を掲載しています。ここをよく読んで、求められている力を具体的につかみとりましょう。

2 演習問題で読解法をマスター！

冒頭の導入で確認した内容を使いこなしつつ、目標時間内で解くことを意識してください。本書では各章４題～５題ずつのポイントを絞った演習問題を実際の入試問題から抜粋するなどして掲載しています。反復演習することにより、その章で学習すべき読解法をマスターしてください。

3 「解答・解説」で確認！

正解の場合でも、学習した読解法を使って解くことができたかを確認しましょう。解説に示された問題文のポイントが自分でもチェックできていたかどうかをもう一度見直してみてください。なお、解説中の1段落・2段落・3段落……は形式段落を表します。少し長めの文章では、段落ごとのまとまりも意識するようにしましょう。

4 「復習問題」にチャレンジ！

第６章、第12章、第14章の後には「復習問題」を掲載しています。やや長めの文章にチャレンジし、それまで学習した内容が身についているかを確認しましょう。

5 「check！」問題で知識の確認！

各ページの下段には、問題文（――部）や設問に登場する語に関しての知識問題をつけました。やや難しめの問題もありますが、気軽にクイズ感覚で解いてみるといいでしょう。ただし、漢字問題は共通テストレベルのものがほとんどですので、正解できるようにしておきましょう。

◆最終章まで解き終わったら、もう一度解きなおしてみましょう。現代文という科目で求められている読み方・解き方が最初よりもはっきりとイメージできるはずです。「継続は力なり」です！

目次

第1章 「論」と「例」①

文章の基本構造「論」と「例」をつかむ

本章では、「論」と「例」の関係に注目して文章を読み、問題を解く練習をします。文章の中心には筆者の主張があります。それは、**筆者の抽象的な意見・考え**によって構成されています。これを「**論**」と言います。文章は、「論」だけではわかりにくいので、それをサポートする**例示や引用**、たとえなどを示します。これをひとまず「**例**」という呼び名でくくります。

イメージとしては、次の通りです。

論＝**筆者の意見・考え**（抽象的）
|
例＝「**論**」**をサポートする例示・引用・比喩など**（具体的）

さらに大切なことは、多くの場合、この「例」をはさんで「論」の**内容が繰り返される**という、一種のサンドイッチのような構造になっていることです。イメージとしては、次の通りです。

論―**例**―**論**
＝　　　　　＝
繰り返し

では、全問正解目指してチャレンジしましょう！（目標時間も忘れずに！）

●具体的な手順

1 文章を読みながら「**例**」になっている部分をさがします。できれば、（　　　）でくくってみましょう。

2 設問を解くときは、先に示したイメージを意識して、空欄部もしくは傍線部が関係する「論」と「例」の関係を整理してみましょう。「**例**」**をはさんだ**「**論**」**の繰り返し**に注目できれば大丈夫です！

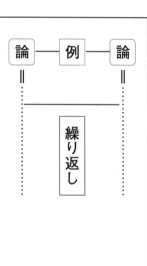

演習1

目標時間4分

学習日 ／

学習日 ／

現在のようにものがあふれ、豊かな物質文明を謳歌し、世界中の有名ブランドが日本に集まり、プラダやルイヴィトン、グッチなどというバッグをもつ若い女性が、これ程多いのも世界のどの都市よりも東京が一番であろう。

このようなブランド志向を快く思わない文化人の嘆きにも一理あるが、私は悪い傾向ばかりとは思わない。若い人がブランドに憧れ、高価な代価を払ってそれを身につけることは、ブランドのもつ伝統と美意識を手に入れることであり、たとえご本人全体のバランスや服装のコーディネーションがチグハグであったとしても、やがて彼ら自身が気づきセンスを磨くきっかけとなるものである。

書画・骨董の真贋を見分けるにはできるだけよいもの、本物に接することだと、古くから目利きのコツとして言われているように、私は日頃、デザイン・センスのトレーニングとして展覧会や美術館に通うことを教科の一部に入れている。また学生たちに世界の優れた美術工芸品に触れるよう海外に出かけることもすすめている。

戦後五十年余り、先進国の仲間入りをして経済面では名実共に世界の大国になったといわれる日本。一方、文化行政では後進国と酷評する文化人。うさぎ小屋に住むという日本人。ハード面では優秀な技術をもっているが、ソフト面では発展途上国並みと揶揄《やゆ》される日本人。私はそのどれもが的を射ていると思う。現在では日本全国どこに行っても凡《およ》そ公立美術館や小さな私立美術館が揃い、立派なコンサートホールやアリーナが各都市に出来、オペラハウスも国立劇場も能楽堂だってあるではないか。少しばかり欧米の文化行政に遅れをとっているだけである。文化とはそんなファシリティ*や政治・行政のレベルで決まるものではない。

日本には先祖代々脈々と受け継がれてきた、世界に誇る日本人の美意識の血が流れているのである。そのことに自信をもち誇りに思うべきである。美は生活に根ざした日常性にこそ在る。時にはゆったりした気分で空を仰ぎ、雲の流れを追い、風の音に耳を澄まし、騒音から離れ、鳥のさえずりに耳を傾けてみよう。ジャポニスムの美の原点は自然に在る。文化はこの美を愛でる耽美的な思想の、いわば［ X ］の所産なのである。

伝統と現代性、舶来文化と固有の文化を絶妙に融合させる日本人の優れた才能は今なお健在である。

（三井秀樹『美のジャポニスム』）

問　空欄Xに入る語句として最適なものを一つ選びなさい。

① 楽観主義　② 短絡主義　③ 快楽主義　④ 合理主義　⑤ 自然主義

＊ファシリティ――設備、施設。

答 ③

check!　漢字　語句　文学史

〈揶揄される〉

▼意味として最適なものを選びなさい。

① さげすまれる
② あげつらわれる
③ からかわれる
④ なぐさめられる
⑤ なだめられる

演習2 目標時間6分

学習日 ／
学習日 ／

A ボールは丸い。野球のボールもテニスのボールもサッカーボールも丸い。ボールが丸い理由くらいすぐ分かると思われるかもしれないが、最初から丸いボールがあったわけではない。精度の高い球体を作る技術は、石器に丸い穴をあけるのとはわけが違う。だから初期のボールは精度の高い球体ではなく、比較的丸いという程度のものだったはずだ。しかし比較的丸いという程度のボールでは球技は楽しめない。スポーツ人類学の専門家によると、近代科学の発達と球技の発達は並行して進んできたという。つまり球体の運動は物理法則の明快な表象であり、人間は、知るに至った自然の秩序や法則を、球体運動のコントロール、つまり球技をすることで再確認してきたというわけである。それを行うには完全な球体に近いボールが必要であり、それを生み出す技術精度が向上するにしたがって、球技の技能も高度化してきたというわけである。

ボールが丸くないと、球技の上達は起こりえない。同じ動作に対するボールのリアクションが一定でないとテニスもサッカーも上達は望めない。それが一定であるなら、訓練によって球技の上達は着実に起こり、ピッチャーはフォークボールを投げられるようになり、曲芸師は大玉の上に載って歩くことができるようになる。

球と球技の関係は、ものと暮らしの関係にも移行させて考えることができる。*柳宗理の薬缶もそのひとつだが、よくできたデザインは精度のいいボールのようなものである。精度の高いボールが宇宙の原理を表象するように、優れたデザインは人の行為の普遍性を表象している。デザインが単なるスタイリングではないと言われるゆえんは、球が丸くないと球技が上達しないのと同様、デザインが人の行為の本質に寄り添っていないと、暮らしも文化も熟成していかないからである。これを悟ったデザイナーたちは、精巧な球を作るように、かたちを見出そうと努力するようになる。住居を住むための機械と評した建築家のル・コルビュジエも、イタリアをデザイン王国に導くことに寄与したプロダクトデザイナー、アッキレ・カステリオーニも、ドイツの工業デザインの知的な極まりをひととき世に知らしめたディエター・ラムスも、日本の柳宗理も、めざしたものは同じ、暮らしを啓発する、もののかたちの探求である。

（中略）

今日、B 僕らはボールを丸くつくり得ているだろうか。ずんぐりと鈍い柳宗理の薬缶を見ながら、そんな思いを反芻《はんすう》している。

（原研哉『日本のデザイン―美意識がつくる未来』）

*柳宗理――日本のインダストリアルデザイナー。

check! 漢字 語句 文学史

〈デザイン〉

▼「デザイン」を意味する語を選びなさい。

① 形式
② 彩色
③ 表現
④ 意匠
⑤ 様式

答 ④

問１　傍線部Ａについて、筆者はなぜ「ボール」の例を出しているのか。その説明として最適なものを一つ選びなさい。

①　単純な幾何学形態に関する議論がより高度なデザインにも当てはまることを示すために、ボールの精度と近代科学の発達の関係を例にとっている。
②　もののデザインの優劣によって人間の技能や生活の質が大きく左右されることを示すために、ボールの精度と球技の上達の関係を例にとっている。
③　デザインが実生活の必要を満たすだけでなく人間の遊戯的な活動の洗練を促すものであることを示すために、ボールの精度と球技の発展の関係を例にとっている。
④　優れたデザインにはそれを必然的なものとする理由が常に存在することを示すために、ボールの精度と物理法則の表象の関係を例にとっている。
⑤　生活文化の洗練のためには常に一定のリアクションを返すデザインが必要であることを示すために、ボールの精度と球技の訓練の関係を例にとっている。

問２　傍線部Ｂ「僕らはボールを丸くつくり得ているだろうか」という問いかけの言い換えとして適切なものを二つ選びなさい。

①　私たちが作り出したものは人の行為の普遍性を表象しえているだろうか。
②　私たちが作り出したものは技術を上達させる丸みを帯びているだろうか。
③　私たちが作り出したものは宇宙の原理を表象する精度をもちえているだろうか。
④　私たちが作り出したものはスタイリングとして成立しているだろうか。
⑤　私たちが作り出したものは暮らしを啓発するものになりえているだろうか。

check!　漢字　**語句**　文学史

〈普遍〉
▼「普遍」の対義語をすべて選びなさい。
①　固有
②　普通
③　抽象
④　一般
⑤　特殊

答　①・⑤
※③・④は類義語。

演習3

目標時間6分

学習日　／　学習日　／

年月とともに、私は、ヴェネツィアという島＝町が、それまで私が訪れたヨーロッパの他のどの都市とも基本的に異質であると思うようになっていた。そして、その原因のひとつとして私が確信するようになったのが、この都市自体に組み込まれた演劇性だったのである。ヴェネツィアという島全体が、たえず興行中のひとつの大きな演劇空間に他ならないのだ。一六世紀に生きたコルナーロはヴェネツィアに大劇場を設置することを夢みたが、近代に到って外に向かって成長することをしなくなったヴェネツィアは、自分自身を劇場化し、虚構化してしまったのではないだろうか。サン・マルコ寺院のきらびやかなモザイク、夕陽にかがやく潟の漣《さざなみ》、橋のたもとで囀《さえず》るように喋《しゃべ》る女たち、リアルト橋のうえで澱《よど》んだ水を眺める若い男女たち、これらはみな世界劇場の舞台装置なのではないか。ヴェネツィアを訪れる観光客は、サンタ・ルチアの終着駅に着いたとたんに、この芝居に組み込まれてしまう。自分たちは見物しているつもりでも、実は彼らはヴェネツィアに見られているのかもしれない。かつて、A私がヴェネツィアのほんとうの顔をもとめたのは、誤りだった。仮面こそ、この町にふさわしい、ほんとうの顔なのだ。

さらにもうひとつ、私がヴェネツィアの［X］＝演劇性を感じさせられたことがあった。それは、あるとき、所用でこの島を訪れたときのことである。約束の時間があって、サンタ・ルチアの駅から、水上バスに乗り、人がサン・マルコ広場の停留所で待っていた。水上バスの待合所は、運河に浮かんでいて、一人それに乗るごとに、ぐらりと大きく揺れる。ここから、サン・マルコまで、何分ぐらいかかるかしら、と私は切符売り場の男に、ミラノでなら（そして東京でも）即座に、そして少なくとも何分ぐらい、という種類の返答が返ってくるはずの質問をした。さあ、たいしたことはないでしょう。返事はまことにおぼつかないものであった。そのわけは、ヴァポレットに乗ったとたんに理解できた。船というものは、かたい道路ではなくて、うねうねとうねる水のうえをゆらゆらと揺れながら渡っていく。当然のことなのだが、この体験は衝撃的だった。とても、直線で何メートルというような基準には合致しない進行方法なのである。波まかせ、という言葉を思い出し、私は奇妙ないらだちを覚えていた。約束の時間に着かなければならない、という自分の意志に先行して、B波が、水が時間を決めている。そう思うと、私は、こんな頼りにならないものに依存しているヴェネツィアの時間が、ちょうど舞台のうえの時間のように、ここだけにしか通用しない法則に司《つかさど》られていると感じたのだった。

（須賀敦子『ミラノ　霧の風景』）

check!　漢字　語句　文学史

〈興行〉

▼「興」を用いるものを選びなさい。

① 発言をコウテイする
② 困難な依頼をスイコウする
③ コウモクごとに整理する
④ 街のフッコウを支援する
⑤ 小説のコウガイを話す

答 ④（肯定・遂行・項目・復興・梗概）

問１　傍線部Ａについて、筆者はなぜそう言うのか。その理由として最適なものを一つ選びなさい。

①　ヴェネツィアという島＝町の二面性のどちらも、ほんとうの顔ではないと理解したから。
②　ヴェネツィアは島全体が一つの演劇空間を形成しているので、仮面のようにさまざまな姿を見せるのだと分かったから。
③　ヴェネツィアは外界への拡張をあきらめたため、もはやほんとうの顔を見せる余地もなくなったと考えたから。
④　ヴェネツィアには、その地を訪れた観光客にしか分からない側面があると知ったから。
⑤　ヴェネツィアという都市は次々に新しい魅力を発揮し、そのたびに新しい仮面をつけるのだと納得したから。

問２　傍線部Ｂの説明として最適なものを一つ選びなさい。

①　「波まかせ」のヴェネツィアの時間は、すべて波と水に支配されたものであり、もはやそこからはなにも得られるものはないと考えた。
②　水上バスのヴァポレットに乗り衝撃的な体験をしたことで、だれにも分かってもらえないがその進行方法にも利点があると納得した。
③　ヴェネツィアという都市は、さまざまな側面を有しており、そこにいる人の意志に即したヴェネツィア独自の秩序があるのだと確信した。
④　波や水が決めるヴェネツィア時間は、極めて効率良く運営され、相乗的な作用で他にも影響を与えるものであると感じた。
⑤　ヴェネツィアが水のような頼りないものに依存しているように、そこにはヴェネツィア独自の、他と異なる時間の流れがあると思い至った。

問３　空欄Ｘに入る最適な語を本文中から抜き出しなさい。

check!　**漢字**　語句　文学史

〈発揮〉（問１⑤）
▼「揮」を用いるものを選びなさい。
①　キショク満面
②　キキ迫る表情
③　コウキある伝統
④　キハツ性のある成分
⑤　コウキ粛正

答　④（喜色・鬼気・光輝・揮発・綱紀）

演習4 目標時間5分

学習日 ／　学習日 ／

日常的に自然的態度にさらされている医療の現場において、患者は観察される側、看護師は観察する側として立たされている。このことに疑問を投げかける池川*は、自らの看護師体験をもとに患者と看護師の関係について以下のように述べている。「われわれが看護の対象は人間である、というときですら、その人間の範疇《はんちゅう》に看護師である私自身が決して含まれていないという事実である。この事実は、看護師である私が観《み》る患者はいたとしても、患者から観られる私の存在は少しも浮かび上がってこなかったのである。こういった関係においては、患者は一方的に眺められる存在として対象化（客体化）してとらえられ、主体である看護師とは切り離されたものとして対置され、その関係の仕方はきわめて操作的なものとなる」。池川は、看護師は、患者がその身にこうむっている病気や苦難の体験を、患者側の解決すべき問題として捉え、その問題解決を援助と考えて努力していることを指摘したのである。看護の目的や動機がどれほど善であったとしても、しょせん患者は、問題という物化《モノ》された実体であって、病める全体としての患者は突き放されたままであり、看護師とは異なる世界で沈黙せざるをえないことを述べた。

つまり、人間的事象を対象とする看護学では、行為者である看護師が、自己を含めた人間（患者）理解を基盤にするため、一切の対象化を可能とする自然科学的な思考法とは区別された方法をとらねばならない。そのため看護では、主客分離の思考法ではなく、看護師が観る側であると同時に観られる側の関係、すなわち看護師が観ると同様に患者からも観られており、またお互いが相互に影響されていくという「相互主観的」で「相互交流的」な関係の中にしか、他者理解は生まれてこないのである。

（前川幸子「「わざ言語」が促す看護実践の感覚的世界」）

check! 漢字 語句 文学史

〈離された〉

▼「離」を用いるものを選びなさい。

① イチボウセンリ
② クウリクウロン
③ シリメツレツ
④ ヒョウリイッタイ
⑤ イチリイチガイ

＊池川は…――ここでは、池川清子という研究者が二〇一〇年に発表した「看護学の方法論的反省―もう一つの看護師を求めて―」という研究会資料のこと。

答 ③（一望千里・空理空論・支離滅裂・表裏一体・一利一害）

問　傍線部「患者と看護師の関係」について次の問いに答えなさい。

(1)　筆者は、「池川」という研究者の疑問視する「患者と看護師の関係」をどのように把握しているか。それを最も端的に示す表現を本文中から八字以内で抜き出しなさい。

(2)　筆者が「看護学」において望んでいる「患者と看護師の関係」を示す表現を本文中から二十字以上二十五字以内で抜き出しなさい。

check!　漢字　語句　文学史

〈実践〉

▼対義語を答えなさい。

答　理論

論理的関係をつかむ（対比）

本章では、**対比関係**に注目して文章を読み、問題を解く練習をします。

「ヨーロッパでは～だが、日本では…だ」

「昔は～だったのに対して、今は…だ」

といった言い回しはよく目にしますね。このような対比関係に注目すれば、筆者の言いたいことを理解できますし、設問の意図をつかみやすくなります。イメージとしては、次の通りです。

A ＝～～～～～
⟺
B ＝…………

具体的に例をあげて説明すると、次のような感じです。

〈文　章〉

近代以前の人びとは、宗教を通じて世界と向き合っていたのに対して、現代人は、科学を通じて世界と向き合っている。

⬇

〈対比関係〉

近代以前の人びと ＝宗教を通じて世界と向き合う
⟺
現代人 ＝科学を通じて世界と向き合う

この構造を意識しながら、問題を解いていきましょう。

●具体的な手順

1　**「何と何が対比関係になっているのか」**（差異・違い）を意識しながら本文を読みます。そのとき、自分で対比関係になっている部分に線を引きましょう。

2　線を引いた部分を手掛かりに、設問を解いてみましょう。

※ここまでを目標時間内でやってみましょう。

3　正解を確認しましょう。そのとき、「何と何が対比関係になっているのか」を自分で書いて確認してみましょう。

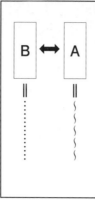

演習5 目標時間3分

学習日 ／
学習日 ／

私たちに立ち現れる世界は、色や音、匂いなどに満ちあふれている。真夏の公園の木陰で涼んでいると、サルスベリの赤い花が見え、池を泳ぐ水鳥の鳴き声が聞こえ、バーベキューの肉の匂いが漂ってくる。しかし、私たちに立ち現れるのはこのような事物の事実的性質だけではない。それらに加えて、さまざまな価値的な性質も立ち現れる。サルスベリの花は赤く立ち現れるだけではなく、青い空に映えて美しく立ち現れる。水鳥はびっくりさせるものとして、バーベキューの肉は美味しそうなものとして立ち現れる。私たちに立ち現れる世界は事実的性質で満ちあふれているだけではなく、価値的性質でも満ちあふれている。

事物の価値的性質がこのように私たちに立ち現れるとき、私たちはどのようにしてその価値的性質を捉えているのだろうか。色や音などの事実的性質については、私たちはそれらに特有の感覚器官をもっている。色は眼や網膜などから成る視覚器官によって捉えられ、音は聴覚器官によって、匂いは嗅覚器官によって捉えられる。このようにそれぞれの感覚器官によって事実的性質が捉えられることにより、事実的性質は私たちに立ち現れる。しかし、価値的性質については、それに特有の感覚器官が存在しない。サルスベリの花が美しく感じられるとき、その色や形は視覚器官によって捉えられるが、美しさはそうではない。美しく感じるということは、たんに色や形が見えるということではなく、それ以上の何かが感じられるということであるが、その何かは視覚器官で捉えられるものではない。びっくりさせるという性質や美味しそうだという性質についても同様である。

（信原幸弘『情動の哲学入門』）

問 傍線部「価値的な性質」とあるが、この本文中で「価値的な性質」あるいは「価値的性質」とはどういう性質を指しているか。最適なものを一つ選びなさい。

① 喜びや悲しみといった感情と直結するもの
② 私たちの目の前に立ち現れてくるもの
③ 感じることができるが感覚で捉えることができないもの
④ 事実的性質と正反対の性質であるもの
⑤ 色や形以上の何かが感じられるもの

check! 漢字 語句 文学史

〈涼んでいる〉
▼「涼」を用いるものを選びなさい。
① ホンリョウを発揮する
② 一服のセイリョウザイとなる
③ 委員長のサイリョウに任せる
④ しぶしぶリョウショウする
⑤ リョウヨウに専念する

答 ②（本領・清涼剤・裁量・了承・療養）

演習6
目標時間3分

学習日 ／
学習日 ／

読書のタイプは基本的に、教養読書、情報読書、娯楽読書の三つに区別されます。

それぞれ代表的なものとしては、順に、哲学書を読んで人生について考える読書、文献や資料を目的に応じて取捨選択する読書、雑誌や小冊子などを趣味として気軽に楽しむ読書などがあります。

もちろん通常は、この区別を明確にして読書しているわけではありません。哲学書を時間つぶしのために読むこともありますし、週刊誌を研究目的で収集し、時間をかけて分析することもあります。読書のタイプは読書の「目的」と深くかかわっています。そこで、自分のこれまでの読書が、なにを目的としたものなのかを改めて考え直してみると、目的があいまいであったり、偏っていたりすることに気づきます。その気づきが、自分の読む技術を磨くことにつながっていくと思います。

たとえば、自分は何のために推理小説を読んでいるのかと考えてみるのです。本当に娯楽のためにそうしているのでしょうか。そうともいえそうだし、そうでないともいえそうです。

矛盾しているように聞こえるかもしれませんが、読書の目的を明確にしようとすることによって、教養のための読書か、娯楽のための読書か、といった二者択一的な発想からいったん解放されて、自由な立場で「自分の読み」を見つめることができるはずです。

（塚田泰彦『読む技術―成熟した読書人を目指して』）

---

check! 漢字 語句 文学史

〈哲学〉

▼「哲」を用いるものを選びなさい。

① 大臣が次々コウテツされる
② スンテツ、人を刺す
③ テットウテツビ
④ 発言をテッカイする
⑤ 何のヘンテツもない絵

答 ⑤（更迭・寸鉄・徹頭徹尾・撤回・変哲）

問 傍線部の「矛盾」とは、何と何とのどのような関係を意味しているか。最適なものを一つ選びなさい。

① 読書の目的についての二者択一的な発想から解放されることと、自由な立場で「自分の読み」を見つめられることとの直結した関係。
② 読書の目的についての二者択一的な発想から解放されることと、自由な立場で「自分の読み」を見つめられることとの一見相反した関係。
③ 読書の目的を明確にしようとすることと、読書の目的についての二者択一的な発想から解放されるということとの直結した関係。
④ 読書の目的を明確にしようとすることと、読書の目的についての二者択一的な発想から解放されるということとの一見相反した関係。
⑤ 推理小説を読む目的が娯楽だといえそうであることと、そうでないともいえそうであることとの一見相反した関係。
⑥ 推理小説を読む目的が娯楽だといえそうであることと、そうでないともいえそうであることとの直結した関係。

check! 漢字 語句 文学史

〈二者択一〉
▼類義語を選びなさい。
① コミュニケーション
② コンテクスト
③ オルタナティブ
④ アポリア
⑤ インテリゲンチャ

答 ③
※①は意思疎通、②は文脈・背景、④は難問、⑤は知識人の意味。

演習7

目標時間5分

学習日 ／

学習日 ／

インターネットによって、研究に関わる出版の世界も大きく変わった。今や、大きな図書館の中を歩き回ることなく、机に向かったままでさまざまな雑誌の論文を読むことができる。足を使うことなく指先のわずかな動きだけで、地球の裏側で報告された新発見までほとんどリアルタイムで分かる時代なのだ。

インターネットの明らかなメリットは情報の迅速な流通であり、急激に増加し続ける膨大な数の論文やデータベースの中から必要なものを検索することは、便利さを通り越して不可欠なものになった。また、ほとんどの科学雑誌で、インターネットを介して行う「オンライン投稿」や査読のシステムが採用されているし、学会への参加申し込みもオンライン化されている。

X、インターネットによる文化は、その便利さと引き替えに、活字を通したコミュニケーションの難しさを際立たせる結果にもなっている。もはやインターネットから得られる情報がすべて正しいと信じている人はいないであろうが、それではどの程度まで信頼できると言えるだろうか。いかに信頼のおけるサイトであっても、誤りを完全になくすことは難しい。責任をもって適切に管理されている出版社等の公式サイトであれば、科学雑誌と同じ内容が電子ファイルとして公開されていると考えられるが、個人サイトの場合の信頼性は全く分からない。そのサイトの管理者が勝手に論文を「編集」した上でインターネット上に掲載しているかもしれないし、その編集は改善と改悪の両方でありうる。

さらに、信頼性の判断は、その情報を発信する側だけでなく、受信する側の能力や見識にも大きく依存する。インターネットを見ている側が情報をいかに正しく取捨選択できるかによって、得られた情報の信頼性も大きく左右されるからである。インターネットを通して賢くなるためには、その前に賢くなくてはならない。

（酒井邦嘉『科学者という仕事』）

check! 漢字 語句 文学史

〈迅速〉

▼「迅」を用いるものを選びなさい。

① ジンカイ戦術
② 獅子フンジン
③ 一網ダジン
④ ジンセキ未踏
⑤ ジンジョウ一様

答 ②（人海・奮迅・打尽・人跡・尋常）

問１ 空欄Xに入る語句として最適なものを一つ選びなさい。

① その一方で
② 確かに
③ しかも
④ 実は
⑤ むしろ

問２ 傍線部「インターネットを通して賢くなるためには、その前に賢くなくてはならない」とはどういうことか。その説明として最適なものを一つ選びなさい。

① インターネット上の情報を利用する前に、情報を必要とする者が書籍等の出版物から予め知見を得ておく必要があること。
② インターネット上の情報を正しく取捨選択するためにも、改善されたサイトと改悪されたサイトを識別する必要があること。
③ インターネット上の情報を利用する場合、個人情報の漏洩やウィルス感染等のリスクを前もって理解しておく必要があること。
④ インターネット上の情報はその利便性とは裏腹に信頼性が明確でないため、情報を見定める能力が前提として必要であること。
⑤ インターネット上の情報が改悪されることを防ぐため、事前に個々人が能力や知見を身につけておく必要があること。

---

check! **漢字** 語句 文学史

〈際立たせる〉

▼「際」を用いるものを選びなさい。

① 計画はイサイ構わず実行する
② 私の演技はカッサイを博した
③ サイばしった顔つきをした人物
④ 学生のブンザイでは贅沢すぎる
⑤ 小さな劇団をシュサイする

答 ④（委細・喝采・才・分際・主宰）

演習8　目標時間6分

学習日 ／　学習日 ／

偶然を確率論のモデルによって数学的に把握し、それにもとづいて期待利益（または期待効用）を最大にするような方法を求める「不確実性の下における意思決定の理論」を構築することによって、人は偶然といういわば「気まぐれ」な要素を排除して合理的に行動することが可能になったといわれることがある。

また、確率や期待効用の計算にもとづいて行動することによって、人は何かわけのわからない「運命」や「因縁」から逃れ、あるいは「運」「不運」というような非合理的な概念を振り払うことができるといわれることがある。

しかし確率が小さいことでも起こることはあるし、現実の結果が期待値通りにならないことも少なくない。十分注意深く行動して、災難にあう確率は小さかったはずなのに、「運悪く」事故にあってしまったり、何気なく宝くじを買ったら百万円当たった、というようなことは、人生の中でしばしば起こることである。その場合に、確率計算は正しかったのだから、事故にあっても後悔したり悲しんだりする必要はない、あるいは、宝くじの期待獲得金額はマイナスだから、宝くじを買ったのは間違いだったのであり、百万円当たっても喜んだりすべきではない、などと言っても無意味である。

そもそも「確率」というものは、純粋に偶然の大きさを表現したものであるから、それ以上の追求はできないものである。したがって等しい確率予報のうちのどれが起こるかについては「まったく理由がない」のである。あるいは確率が小さいことが起こったとしても、それがどうしてそうなったかの理由は存在しないのである。交通事故などの場合は、事後的には例えば運転手の不注意、道路の状態などいろいろな原因が解明され、責任が追及されるかもしれない。その結果その場所で事故が起こったことが「必然的」であったということになったとしても、自分がなぜそのときその場所にいて事故にあわなければならなかったのかは、やはり納得できないであろう。

偶然というものは、本来不合理あるいは「不条理」なものである。したがって自分にとって好都合な偶然は「幸運」であり、不都合な偶然は「不運」というよりほかはないのである。

人は生きていく中で、多くの偶然に影響されないわけにはいかない。その場合、事前になるべくくわしく確率を計算し、いろいろな状況のもたらす効用を推定して、期待効用が最大になるように行動することが合理的であるとはいえるであろう。また保険のような制度を利用して、大きい「不運」に襲われたときその損害をなるべく小さくするよう努力することも必要である。

---

check!　漢字　語句　文学史

〈納得〉

▼「納」を用いるものを選びなさい。

① アイトウの意を示す
② スイトウ帳をつける
③ 物価がコウトウする
④ 師のクントウを受ける
⑤ トウカクを現す

答 ②（哀悼・出納・高騰・薫陶・頭角）

しかしそれでも人は「幸運」や「不運」に遭遇することは避けられない。人生においては「運」「不運」はそれぞれに一回限りのもので、相互に打ち消し合うものではないから、大数の法則は成り立たない。それは「不確実性の下での意思決定の理論」が不十分だからではなく、実はその理論そのものに「運」「不運」が内在しているのである。そうして事後に結果としての「運」「不運」をどのように扱うかは、事前にそれをどのように処理するかとは、また別の問題なのである。

「運」や「不運」は避けられないとしても、「幸運」からできるだけ多くの喜びを見いだし、「不運」のもたらす「惨めさ」や「悲しみ」をなるべく少なくすること、あるいは場合によっては「禍いを転じて福となす」ようにすることは、それぞれの人の努力によるところである。このような問題については、多くの人生論、哲学あるいは宗教の本に説かれているから、ここでは深入りしないことにしよう。ただ、このような問題が「科学的」に解決できるものではないことだけは強調しておきたい。

（竹内啓『偶然とは何か――その積極的意味』）

問　傍線部「不確実性の下における意思決定の理論」について、本文で述べられている説明と合致するものを一つ選びなさい。

① 「偶然」を排除して行動するための意思決定に関する理論。
② 「偶然」と「必然」を厳密に切り分けて、必然に対処するための意思決定に関する理論。
③ 将来起こりうるシナリオを想定し、それが生じる確率と得られる利益を計算して意思決定を行うとする理論。
④ 「運」「不運」の程度の大きさを確率で把握して意思決定を行うとする理論。
⑤ 確率計算にもとづいて、「運」と「不運」を判定し、意思決定のための判断材料を与える理論。

check!　漢字　語句　文学史

〈処理〉

▼「処」を用いるものを選びなさい。

① ケットウショ付きの子犬
② 皇帝の前に居並ぶショコウ
③ ユイショのある茶道具
④ シュッショ進退を決める
⑤ ショヨの条件と見なす

答　④（血統書・諸侯・由緒・出処・所与）

論理的関係をつかむ(リニア)

いきなり「リニア」ってどういうことでしょう？　これは「LINE」の派生語「LINEAR」のことで、つまり「直線状の」という意味の言葉です。現在工事中の中央新幹線で使われる「リニアモーターカー」の「リニア」ですね。本章では、「変化」「因果」といった関係性について学習するのですが、これらの関係性をひとまとめにすると「リニア」という表現がしっくりくるんですね。あまり一般的ではありませんが、本書ではこの表現を使用します。

A：変化前・原因
↓
B：変化後・結果

こういった関係の特徴は、逆方向は成り立たないということなんです。たとえば、人は「子供」から「大人」になるのであって「大人」から「子供」になることはありません。また、「台風が接近している」から「運動会が中止になる」のであって、「運動会を中止にした」から「台風が接近している」なんてことはありません。このように「↓」の前後を正確に理解することが重要です。

また、「変化」においては「きっかけ」も重要となる場合があります。何が「変化」を引き起こしたのかということですね。この場合、次のように考えます。

変化前
↓ きっかけ
変化後

以上の関係性について、問題演習を通じて理解していきましょう。

演習 9

目標時間4分

学習日 ／

学習日 ／

　私たちは文脈のない展覧会、〝博識〟をもたらさない展覧会というものを想定することはできない。展覧会は良くも悪くも学芸員の思想の表明であらざるをえないのである。私が美術館から距離を置いて思い知らされたことは、それがまぎれもない一つの権力として機能しているということだ。恐いのは、この権力が時として見えない権力であるという点である。あるつまらない＊ウォーホル展を見ると、観客はウォーホルはつまらない作家だと思ってしまう。展覧会をつまらなくしているのは、実際には作品の選択であり、展示の方針であるにもかかわらずである。学芸員という美の司祭がそこで持つべきモラルは、自らが権力を行使しているということを自覚することでなければならない。観客は学芸員の目のフィルターを通してしか作品に接することができないからだ。恣意性を排す努力は必要だろうが、それは学芸員の立場がニュートラルであることを意味しない。自らの権力に無自覚なのは、謙虚なのではなく、逆に批判の対象であることを避けるという、危険な傲慢さに結び付きかねないのだ。少なくとも学芸員は責任の所在を明らかにするために、自分の名前を表に出して展覧会を企画すべきであろう。

　美術館とは深く矛盾した存在である。しかし肯定的に捉えれば、この解消しがたいジレンマこそ、美術館の魅力の源泉とは言えないだろうか。モダニズムを象徴する＊アポリア、それが美術館であると。最近、美術館による美術館の批評ともいうべき展覧会が試みられるようになっているが、美術館もようやく自らの矛盾の重要性に気づき始めたということであろうか。

（建畠晢「美術館のジレンマ」）

check!　漢字　語句　文学史

〈恣意〉

▼意味として最適なものを選びなさい。

① 偏った意見
② 自分勝手な考え
③ 不公平な見方
④ 傲慢な気持ち
⑤ 無責任な態度

＊ウォーホル ―― アンディ・ウォーホル。アメリカの芸術家（一九二八〜一九八七）。映画制作など多方面で活躍した。

＊アポリア ―― 難問。

答 ②

問 傍線部「それがまぎれもない一つの権力として機能している」とあるが、「権力として機能している」とはどういうことか。その説明として最適なものを一つ選びなさい。

① 展覧会は、学芸員が作品の選択や展示の方法を決定することによって成り立つが、それは作品をある文脈の中に置くことで個別の作品の自立性を侵すことにほかならず、観客に学芸員の見方に従った鑑賞をさせてしまうということ。

② 展覧会は、作品の選択や展示の方法において恣意的であってはならないので、どのような芸術も受け入れる無性格な空間に作品を展示することになるが、その結果として個々の作品が持っている個性が見失われてしまうということ。

③ 展覧会は、学芸員が作品の選択や展示の方法を決定することによって成り立つが、その過程で公平であろうとする学芸員の努力が観客には見えないために、観客が学芸員に対して無理解な批判を行う事態を招いてしまうということ。

④ 展覧会は、作品の選択や展示の方法において恣意的であってはならないので、様々な世俗の要求から離れて作品を展示することになるが、その結果として世俗的な価値を抑圧する教条主義と同様な役割を果たしてしまうということ。

⑤ 展覧会は、学芸員が作品の選択や展示の方法を決定することによって成り立つが、それはかつて王侯が美術品によって権力を誇ったのと同様に、公開された作品によって学芸員の知的権威を誇示することになってしまうということ。

check! 漢字 語句 文学史

〈所在〉

▼「所」を用いるものをすべて選びなさい。

① ショハンの事情で中止する
② 年頭のショカンを述べる
③ ショセイジュツにたける
④ ショミン的な人柄
⑤ コウブンショ偽造の罪
⑥ ショカツの警察署

答 ②・⑥（諸般・所感・処世術・庶民・公文書・所轄）

演習10

目標時間３分

学習日 ／
学習日 ／

私たちは一次性＊情動の充足の結果もたらされる心の安らぎに加えて、それとはまったく異質の心の安らぎを経験する能力をもっている。すべての人がこのような安らぎを求めるのではなく、物質レベルの欲求の充足で満足する人もいるであろう。しかし、多くの場合、物質をいくら与えられても、私たちの心は完全には満たされない。むしろ、物質レベルの欲求を少なくするにつれて、精神的な欲求の充足による歓《よろこ》びを強く感じられるようである。

おそらく脳の機構が、物質的な欲求や名誉欲を充足させておかないと、精神的な欲求に対する満足を得られないようにできているのであろう。脳のどこかに満たされない神経細胞があれば、全体としての脳の判断は不満という結果になるであろう。物質的な欲求や名誉欲は際限のないものであるから、その欲求を充足させておくもっとも確実な方法は、そのような欲求の価値を否定することである。意義の評価を低くすること、すなわち執着を断つことである。このようにして、私たちは人間に特有な情動へと自分を集中していくことができる。

このようにみてくると、動物の欲求も脳の進化とともに進化していることがわかる。サカナの時代からある生理的な欲求は、大脳新皮質がいくら大きくなっても失われることはない。生殖の欲求、子育ての欲求、なわばり確保の欲求などは大脳辺縁系に根ざすものであるが、これも私たちに受け継がれている。

それに加えて、ヒトになると創造の欲求、探索の欲求、美の追求の欲求などがあらわれる。このような欲求が芸術や科学、探検などの行動として表面化するのであろう。

（柳澤桂子『生命の奇跡』）

問　傍線部の説明として最適なものを一つ選びなさい。

① 人間に特有な情動とは人間の文化に貢献しようとする欲求のことで、物質レベルの欲求とは対極的なものである。
② 人間に特有な情動とは名誉や美の追求の欲求のことで、これらに集中するには物質的な欲求を抑える必要がある。
③ 人間に特有な情動とは精神的な欲求のことで、これに向かうためには、物質的な欲求を満たしておく必要がある。
④ 人間に特有な情動とは物質的な価値を否定することで高まるもので、社会的な活動への欲求などに代表される。
⑤ 人間に特有な情動とは完全に満たされはしないもので、物質的な欲求とバランスをとりながら存在するものである。

check!　漢字　語句　文学史

〈探索〉
▼「索」を用いるものを選びなさい。
① 経費をサクゲンする
② サクにおぼれる
③ 様々な思いがコウサクする
④ サクバクとした部屋
⑤ サクを飛び越える

＊一次性情動――個体の生存や種族の維持に欠くことのできない身体的欲求に基づく感情と身体反応。

答 ④（削減・策・交錯・索漠・柵）

演習11 目標時間6分

学習日 ／
学習日 ／

最近、ときどき「真逆《まぎゃく》」という言葉を耳にする。正反対という意味の新語だが、私には少々耳障りだ。ついでに、「逆に言えば」というのも気になる表現である。「新語が耳障りというのは、逆に言えば、古い言葉しか使えないということだ」といった調子である。何が逆なのか、よくわからないことも多い。ともかく、ひとは「逆」が好きである。

逆が好きなのは人間だけのようだ。逆の推論をすること、すなわち、推論における「対称性」の成立は、人間以外の動物においては極めて困難であることが知られている。それは、行動分析学者シドマンらが確立した方法を用いて調べられてきた。その手続きは複雑であるが、単純化するとこうなる。リンゴが「リンゴ」と呼ばれることを学んだ後、「リンゴ」と言われてリンゴを選べるかテストするというものだ。

当たり前すぎて、どこがテストなのかわからないかもしれない。まず、リンゴが「リンゴ」と呼ばれることを学ぶのは、「［A］→［B］」という方向の対応付けの学習である。それに対して、「リンゴ」と聞いてリンゴを選択するのは、「［C］→［D］」という逆方向の対応付けができていることを示すのである。人間の場合、一方の対応付けを学習すれば逆向きを学習しなくてもよいが、他の動物にはこれができない。

チンパンジーでも対称性が成立しないという事実は、二つの意味で驚きである。一つは、こんな当たり前のことが、われわれと最も近縁の霊長類にできないという素朴な驚きである。対称性の獲得が人間に特有なことと、人間だけが複雑な言語を操ることの間に、どれほど深い関係があるのかはわからないが、対称性が言語と密接に関係していることは明らかである。対象・ラベル間の対称性推論能力は、効率的な語意獲得のために必須である。また、二つのものごとの間の関係の対称性は、条件文や因果文の解釈や生成と切り離すことはできない。もちろん、象徴機能を含む抽象化の能力や、相手の発話や行為を模倣する能力も前提となるが、同様の能力を前提とする推移性は他の動物でも獲得可能であることを考えると、対称性の特異性は際立っている。対称性推論、抽象化能力、言語の三者は、相互依存的に複雑に関係していることは間違いない。

（服部雅史「推論に関する対称性、対称性に関する推論」）

---

check! 漢字 語句 文学史

〈対称〉

▼「称」を用いるものを選びなさい。

① タイショウ的な性格の兄弟
② 戸籍ショウホンを取り寄せる
③ ショウサンの声を浴びる
④ どうかごショウノウください
⑤ タイショウ療法的な対応

答 ③（対照・抄本・称賛・笑納・対症）

問1 空欄A〜Dには「ラベル」か「実物」のどちらかの語が入る。その組み合わせとして最適なものを一つ選びなさい。

① A ラベル　B ラベル　C 実物　D 実物
② A ラベル　B 実物　C 実物　D ラベル
③ A 実物　B ラベル　C ラベル　D 実物
④ A 実物　B 実物　C ラベル　D ラベル

問2 傍線部「チンパンジーでも対称性が成立しないという事実は、二つの意味で驚きである」とあるが、この事実はどのようなことから明らかにされたものか。最適なものを一つ選びなさい。

① チンパンジーは「リンゴ」が名前にすぎないことが理解できなかった。
② チンパンジーは「リンゴ」をリンゴとして認識できなかった。
③ チンパンジーはリンゴを「リンゴ」として認識できなかった。
④ チンパンジーはものに名前をつけることをいやがった。

問3 二重傍線都「何が逆なのか、よくわからないことも多い」とあるが、次の「逆に言えば」の使用例のうちで、筆者が正しい使い方だと納得しそうなものはどれか。最適なものを一つ選びなさい。

① 私はアジサイが好きである。逆に言えば、バラはきらいである。
② 私は海を見ると気持ちが落ちつく。逆に言えば、人込みの中にいるといらいらする。
③ 私は弟の倍の数の団子を食べた。逆に言えば、弟は私の半分しか食べられなかった。
④ 日本では「八」は末広がりで好まれる。逆に言えば、「四」は死につながるのできらわれる。

---

check! **漢字**　語句　文学史

〈操る〉

▼「操」を用いるものを選びなさい。

① タイソウ部に入部する
② プレゼントをホウソウする
③ ソウカン図を作成する
④ アイソウが尽きる
⑤ ドウソウ会で再会する

答 ①（体操・包装・相関・愛想・同窓）

演習12

目標時間5分

刀は武士の魂、とは封建時代によく言われたところですが、日本刀の完成は、武士階級の成立よりずっと古いのです。もちろん、「武士道」などという言葉の成立よりもはるかに古い。『古事記』『日本書紀』で述べられている「三種の神器」は、曲玉、鏡、剣です。天照大御神《あまてらすおおみかみ》が高天原《たかまのはら》から地上に天降る孫、邇邇芸命《ににぎのみこと》に授けたものは、これら三つの「神器」とさらに「穂《いなほ》」でした。曲玉は生命の象《かたど》りでしょう。鏡は、そこに命《みこと》が自分の顔を映し出すためのものです。そうすれば、自分に似た大御神の顔を偲び、自分に託された願いを思い出すことができる。

剣は何のためにあるのでしょう。この剣は、命が「神器」といっしょに授けられた「斎庭《ゆにわ》の穂」と関係があるように思われるのです。この剣が「草那芸剣《くさなぎのたち》」と呼ばれることからでも、その関係がわかる。草を薙《な》ぐとは、稲を刈ることです。「草那芸剣」は、稲を刈る農具に結びつくのではないでしょうか。『日本書紀』に書かれている「斎庭の穂」の神勅は、天上の神々が住むところに生える稲を、地上でも植えて育てよ、そうすれば地上は高天原と同じになるだろう、という意味のことを述べたものです。つまり、この神勅は、神さまからの稲作の依頼だと考えることができます。

稲穂から苗を育て、田に植え、また稲穂に実らせて米を収穫し、皆でそれを喜んで食べ、また苗を作る。食べたお米は排泄され、肥料になる。降った雨は田畑を潤し、蒸発して雲になり、また雨を降らせる。こうした循環による生産生活こそ、神の暮らしだという信仰が、最初の日本人《やまとびと》を作ったと言ってもいいでしょう。私たちの神話は、それを語っているのです。米を作り、みなでそれを祝って食べ、食べられることに感謝して暮らしていく限り、この地上に争いはない。殺戮も強奪も支配も要らない。

ですから、「三種の神器」のなかに剣があることは、それ自体が矛盾であるとも言えます。剣は殺戮の武器なのですから。けれども、私はこの矛盾のなかに、［X］的に転換されたひとつの意味を感じます。「草那芸剣」は、『日本書紀』の注記に従えば、もとは「天叢雲剣《あめのむらくものつるぎ》」と呼ばれる武器でした。これが途中で名を変え、やがて「三種の神器」のなかに入ってくるわけです。武器としての剣は、農具の粋を表わす神器に変わる。農具の粋を表わす神器は、そのまま稲作民の暮らしの道徳や信仰を表わす器でもありました。

そういうわけで、鎌や鍬は日々の道具ですが、刀剣は何の道具でもない。簡単に言えば、農耕によって生きる人間の信仰心の支えとなるものです。刀剣は、日本では非常に古くから、そういうものとして扱われてきています。神社に刀剣を奉納したり、奉納された刀が御神体そのものになったり、子供が生まれると守り刀を造らせたり、娘が嫁いでいく

学習日 ／

学習日 ／

check! 漢字 語句 文学史

〈三種の神器〉

▼いずれの空欄にも「三」が入らないものを一つ選びなさい。

① 海□山□
② □顧の礼
③ □寒□温
④ 朝□暮□
⑤ 舌先□寸

答 ①（海千山千・三顧の礼・三寒四温・朝三暮四・舌先三寸）

時は「お嫁入り短刀」を持たせたりするのは、その現われです。

〈前田英樹「なぜ〈日本刀〉は生まれたのか」〉

問　空欄Xに入る語として最適なものを一つ選びなさい。

①　効果
②　抜本
③　通俗
④　断続
⑤　積極

check!　漢字　語句　文学史

〈嫁いで〉

▼「嫁」を用いるものを選びなさい。

①　責任をテンカする
②　カゲキを鑑賞する
③　カガクと哲学の融合
④　カブンにして存じません
⑤　エンジンをカドウさせる

答　①（転嫁・歌劇・科学・寡聞・稼働）

第4章 「論」と「例」②

文章の基本構造「論」と「例」をつかむ

第1章でも学習した「論」と「例」の関係です。また、傍線部や空欄部を含む一文全体の内容理解も大きなポイントになってきます。しっかりと読みこんで考えてください。

演習13

目標時間7分

学習日 ／

学習日 ／

自由はきわめて多義的かつあいまいな概念だ。それゆえ、人によってそのイメージにはかなりのズレがあり、自由をめぐる言説は、今日にいたるまで長きにわたって混乱し続けている。

だからこそわたしたちは、まずはいくつかの自由の表層的なイメージを、単なるイメージにすぎないものであるとして、自由の本質から区別しておく必要がある。

「自由」の代表的な表象の一つは、一切の因果法則から「自由」であるというイメージだ。はたして人間に自由などあるのか？　という問いは大昔から問われ続けてきたテーマだが、ここでいわれる「自由」というのが、まさに因果からの自由という表象だ。

人間もまた生物である以上、自然の法則から逃れることはできない。生まれ、生き、死ぬ、そのサイクルはあらかじめ定められた摂理なのであって、それゆえ人間に「自由」などあり得ないのではないか？　古来多くの思想家がそう問うた。そして、それでもなお人はいかにして「自由」たりうるかと問うた。

たとえば、古代キリスト教の神学者アウグスティヌスは、人間は（自然というより神の）摂理の中にあるが、それでもなお、神の意志の内において「自由」なのだと、いささか苦しい「自由」論を展開している（『神の国』）。

こうした、あらゆる摂理（因果法則）から逃れたある種絶対的な「自由」はありうるか、という問いは、現代思想においてもまた繰り返し論じられてきたものだ。そして周知のように、多くの現代思想家たちは、これまで「　X　」

check!　漢字　語句　文学史

〈因果〉

▼「因」を用いるものを選びなさい。

① ゴウインに進める
② インシュウにとらわれる
③ 新製品をシインする
④ 楽インキョをきめる
⑤ インコウを扼《やく》する

答 ②（強引・因習・試飲・隠居・咽喉）

と主張し続けてきた。

たとえば、いわゆるポストモダン思想の代表的論者の一人、ジャン・ボードリヤールは、わたしたちは消費社会において「自由」な消費を楽しんでいると思い込んでいるが、実はそれはあらかじめ決められた社会の暗黙のコードに決定され、それに服従しているだけなのだと主張した。

あるいは、独自の社会システム理論を打ち立てたドイツの社会学者ニクラス・ルーマンもまた、人間を、「自由」で［Y］存在ではなく、社会システム内において自己組織化する、複雑なこれまたやはり「システム」と捉えた。そこにあるのは、人間はシステムによって規定されており、それゆえ自らの自由意志によって行為しているわけではないというイメージだ。

こうした「自由」のある種の否定は、社会システム決定論や歴史決定論、宇宙決定論から、遺伝子あるいは脳決定論にいたるまで、様々なヴァリエーションをもって今日も見られるものだ。

こうした見方に立てば、わたしたちに因果からの自由などはないということになるだろう。一切は、社会や遺伝子、あるいは脳などに、そもそも決定されているのだから。

しかし、こうした議論はあまりにナイーヴというほかないものだ。というのも、わたしたちが社会や脳、遺伝子等によってその認識や行動のすべてを決定されているかどうかなど、原理的にいって決して分からないことであるからだ。

（苫野一徳『「自由」はいかに可能か――社会構想のための哲学』）

問1 空欄Xに入る最適なものを一つ選びなさい。

① それはあり得ること
② そんなものは本質と言えない
③ そんなものはあり得ない
④ それはある程度あり得る
⑤ そんなものは表象たり得ない

check! 漢字 語句 文学史

〈神〉

▼「神」を用いるものを選びなさい。

① 素朴なシンコウ心が芽生える
② シンラ万象の謎を解き明かす
③ 古代のシントウを研究する
④ シンコクに受け止める
⑤ シンシな態度で祈り続ける

答 ③（信仰・森羅・神道・深刻・真摯）

問2　空欄Yに入る最適なものを一つ選びなさい。

①　因果的な　②　主体的な　③　相対的な　④　従属的な　⑤　社会的な

問3　傍線部「こうした見方」とあるが、その説明として最適なものを一つ選びなさい。

①　わたしたちは自分の行為をすでに自分以外の何かに決定されていることに気付かず、因果の表象として受け入れているという見方。

②　あらゆる因果法則の内側に本当の自由は存在するかもしれないが、わたしたちは、その外側に留め置かれた存在であるという見方。

③　人間は死という自然法則から自由であることはできず、自由の表象である因果法則の外には出られないという見方。

④　表象的自由は否定されるべきものであり、わたしたちは、ある規定の枠内において、行為するシステムの一部であるという見方。

⑤　わたしたちは自らの意思で選択し、行為しているようで実は、ある規定の枠内で行為させられているという見方。

check!　漢字　語句　文学史

〈ポストモダン〉

▼「ポストモダン」を説明した次の二つの空欄に入る語(同じものが入る)を答えなさい。

□主義を超えようとする立場・傾向。脱□。

答 近代

演習14　目標時間3分

学習日　／　学習日　／

「人間は選ぶ」というけれども、それは、他の多くの生物との比較において遠眼で見てそういえるのであって、もっと身近に考えればわれわれが常に一々の行動を自覚的に選んでいるとはいえないであろう。われわれは一定の時と場所に、一定の社会に生まれる。これはわれわれ自身の自由になることではない。そしてみずからの選択によらずに多くの印象をうけ多くのことを教えられて、一定の行動の型をもつに至っている。そしてその社会の常軌に従ってある範囲でみずからの職業を選び、家族をもち、およそ六、七十年の生を送るのである。つまり生物としてのわれわれの生まれつきと、習慣や伝統の枠の中で、われわれは生の大部分を送るわけであって、この日常無事の中にこそ安心があるといわれるであろう。

たしかにそこに安堵がある。そしてそれは軽んずべきものではない。日常の安心と幸福とを軽く見ることはできないのである。しかしながら、そのような日常がまた、常にあてにできるものとはいわれないであろう。またそこにわれわれの生の最後のよりどころがあるともいうことができないであろう。日常の安心としばしばいったけれども、生無常ということ、人生の不安定ということもまた、ほとんど日常の知恵に属している。例えば政治や経済の変動はわれわれの日常を根本からゆり動かすものをもっている。個人の［X］ということだけではない。国家についても同様である。国をあげての団体的行動だからとてその行動規準が確かな正しいものだとすぐに考えることはできない。昨日の戦争を想い起こすだけで充分であろう。そして明日の戦争は、人間が全体としてもった長い間の経験とそれの産物、文化や社会組織を、一朝にして破壊し去るかもしれない。そしてこういうことを測るのに、日常の価値規準や生活の方針などでは決して充分でないのである。そのような場合、「人間という生物は大いに地球上に繁殖したが、その機能の不釣合な発達のために、自己自身を保存しきれなくなり、某世紀に至りある強力な爆薬によって自滅した」というほどのことになるかもしれないのである。

（野田又夫「人生と真実」）

問　空欄Xに入る語句として最適なものを一つ選びなさい。

①　浮沈　②　美醜　③　責任　④　義務　⑤　比較

---

check!　漢字　語句　文学史

〈繁殖〉

▼「繁」を用いるものを選びなさい。

①　花の種のハンプ会
②　コハンの別荘
③　ハンヨウ性の高い機器
④　ハンカガイにある店
⑤　蝶の羽のハンテン

答　④（頒布・湖畔・汎用・繁華街・斑点）

学習日　／　学習日　／

この地球上に実現されるあらゆる生物の巣は、人間の建築もふくめて、すべて何かのかたちで重力の支配にさからってつくり出されており、あるいはまた、その重力の支配を何らかのかたちで体現している。鳥が樹上の枝の間につくる小さな巣にせよ、大地の中に姿をかくしたアリの巣にせよ、海や河の中の魚類の巣にしても、また哺乳類のそれや、ほかならぬ人間の住居にしても、それがシェルターとして内部空間をかかえ込む一定の構造をもつ以上、原則として重力つまりは引力の支配から自由ではありえない。いや、この地球上で生命を維持することそのものが、まさに引力との葛藤のさまざまな表現形式であるといっていいのかもしれない。

ところがおかしなことに、私たちはこの最も基本的な事実をしばしば、というよりもいつも忘れて生きている。逆説的にいえば、引力の支配を忘れていることこそが、ある意味で生きているという実感の醸成源であるといえるのかもしれない。反対に病いに伏した者がいつも体で感じているのは、その病床の蒲団にかかっているある種の原理的な重さ、大地（つまりは死）へと身体を引きつけている間断ない力である。やがて快癒してベッドから起き上がり、自由に歩き回ることができるようになったときに、幸せな気持ちで感じるのは、ほかでもない身の軽さであるにちがいない。

健康を回復するうちに、そうした重力との葛藤は次第に日常性のなかに霧散していく。そうしたものだし、またそれでいいのだ。ただたとえ健康体であっても、身体に対する重力の支配は依然として自覚されないままに続いているし、生命活動を止めるまで、その支配を脱することができないのは前述したとおりである。

実は建築の歴史が、人類の歴史そのものを最も重要な側面において形象化するものとして、きわめて象徴的なかたちで語られる理由も、そこらにひとつの原因があるようだ。エジプトのピラミッドも、ギリシアのパルテノンも、ローマのパンテオンも、西欧中世のゴシックの伽《が》藍も、それぞれが人間の行動を制約する引力の支配に対して、それぞれの時代のそれぞれの社会的体制のなかでいかに抗い、いかに妥協し、時にはそれに、いかに打ち拉《ひし》がれたか……その結果の石や煉瓦や木による〈報告書〉であったといってもよい。

ある時には柱と梁《はり》の構成によって、別な時代には小さな石や煉瓦の細片をアーチに迫り上げることによって大地を盛り上がらせる。その盛り上がりの内側に人間の入り込む空間を生み出し、しかもその盛り上がりのための骨組（建築の構造体）が、風や雨や雪、さらには地震といった自然的変動のかたちであらわれる引力による大地への引き寄せに負けないで、内部に空間をかかえてしっかりと立っているようにする。Aその立ち方の仕組みや立ち姿に、その時代やその

check!　漢字　語句　文学史

〈葛藤〉

▼「葛藤」を意味するものを選びなさい。

① コンプレックス
② トラウマ
③ ドグマ
④ モラトリアム
⑤ ジレンマ

答 ⑤

社会の内容が問わず語りに語られてしまうのだ。

ただし人間の建築の歴史は、長い長い大地との葛藤の歴史の果てに、近代になって特にこの百年ほどの間に、そのドラマの味を急速に忘れつつあるといえるかもしれない。新しい構造――特に鉄骨造りや鉄筋コンクリート造りなどの工法――が開発され、それが世界中に広く普及するようになって以来、建物を大地の上に実現することに伴う緊張感とか恐怖心といったものがすっかり薄らいで、建築をつくることそのものが、文字どおり機械的な作業に変わってしまった感がある。家を高く広く大地の上に築き上げる企てのなかにあった、ある種の〝祈り〟に似た敬虔な気持は急速に後退し、日常性の波にすっかり洗い流されて希薄化している。

たとえば、それは最近の建築現場の起工式や棟上げの日のいわゆる〝建て前〟の儀式の簡素化、あるいは省略化などに、それを如実に見ることができるだろう。一応形式としてそれらの儀式は残っていても、大地の平面に手を入れ、さらにそこから高く離れた場所に棟木を置くことの感慨といったものは、建てる職人の側にも建主の側にもなくなっているのを、私たちはしばしば目撃するのである。B まさにそれらの儀式は形骸化している。

（長谷川堯「吊り下げる家」）

check! 漢字 語句 文学史

〈象徴〉

▼「象徴」を意味するものを選びなさい。

① メディア
② メタファー
③ レトリック
④ アイロニー
⑤ シンボル

答 ⑤

※①は媒体、②は隠喩・暗喩、③は修辞法、④は皮肉の意味。

問1 傍線部Ａ「その立ち方の仕組みや立ち姿に、その時代やその社会の内容が問わず語りに語られてしまうのだ」とはどういうことか。最適なものを一つ選びなさい。

① 人間が自らの生命活動を保証するために、人間を死へと引き寄せる引力に対して、どのように闘って生きたかという人類の歴史が、歴史的な建築物に刻まれた痕跡のうちに、象徴的に見てとれること。

② 人間の行動を支配する社会体制に抵抗して、人間がどのように支配と闘ってきたかという歴史の記憶が、歴史的な建築物として形象化された装飾の細部に、象徴的に読みとれること。

③ 人間が自らの住むべき空間を確保するために、石や煉瓦や木など、どのような素材を選ぶかという建築技法上の試行錯誤が、建築物の歴史的な事例のうちに、具体的に見てとれること。

④ 人間が必要とする空間を確保するために、人間の行動を制約する引力に対して、どのように逆らってきたかという人類の歴史が、歴史的な建築物のかたちの中に、象徴的に読みとれること。

⑤ 人間が生命活動を維持するために、生存の危機をもたらす自然と、どのように折り合いをつけてきたかという人間の歴史が、過去の建築様式の変遷の中に、具体的に見てとれること。

---

check! 漢字 語句 文学史

〈普及〉

▼「及」を用いるものを選びなさい。

① キュウタイイゼン
② 生活にコンキュウする
③ キュウダイの出来栄え
④ フキュウの名作
⑤ タンペイキュウな話

答 ③（旧態依然・困窮・及第・不朽・短兵急〈「急な・いきなりの」といった意味〉）

問２ 傍線部Ｂ「まさにそれらの儀式は形骸化している」とはどういうことか。最適なものを一つ選びなさい。

① 近代の建築の工法が機械的な作業に変化したことによって、家を限りなく高く建てることが可能となり、高層建築が日常化することで、家の高い場所に棟木を置く意味が失われたこと。

② 近代的な建築工法の出現によって、大地との葛藤ともいうべき神聖な建築を作ることが、機械的な作業へと変化してしまい、工期を早めるために「建て前」の儀式を省略してしまったこと。

③ 近代的工法の普及により、建物が大地の引力の支配から完全に解放されることによって、建主も職人も家を建てる情熱や感激を失った結果、関連する儀式は意味を失ってしまったこと。

④ 近代における建築は、工法としては機械的な作業が中心になってしまったが、地球の引力との葛藤を記憶する建築の古い伝統的な精神は、「建て前」の儀式の中に根強く生き延びていること。

⑤ 近代建築の工法の普及に伴い、棟木を置くことに見られるような、建築に対する建主や職人の敬虔な心情が希薄化したために、「建て前」の儀式が意味を失ってしまったこと。

---

check! **漢字** 語句 文学史

〈**棟木**〉

▼「棟」を用いるものを選びなさい。

① 笑い過ぎてソットウする
② 吉日にジョウトウシキを行う
③ 美しい絵画にトウスイする
④ 味わい深いサトウ菓子
⑤ いつも人がサットウする店

答 ②（卒倒・上棟式・陶酔・砂糖・殺到）

演習16　目標時間7分

学習日 ／　学習日 ／

私は日本の芸術家たちに、自分の作品を永遠に残そうという願いが、本当にあったかどうかを疑う。ヨーロッパ流の芸術観では、芸術とは自然を素材にして、それに人工を加えることで完成に達せしめられた永遠的存在なのだから、造型し構成し変容せしめようという意志がきわめて強い。それが芸術家の自負するに足る創造であって、それによって象徴的に、彼等《かれら》自身が永生への望みを達するのである。

造型意志が極端に弱いのが、日本の芸術である。日本における美の使徒たちに、そのような意志が微弱にしか育たなかったのは、やはり日本人が堅固な石の家にでなく、壊れやすく朽ちやすく燃えやすい木の家に住んでいることに由来しているかも知れない。彼等は自分たちの生のあかしとしての造型物を、後世に残そうなどとは心がけなかった。

たとえば、生花とは造型なのか。たとえそこにいくらかの造型的要素があったとしても、それが生花の生命であり、目標であるのか。馬鹿《ばか》らしい。彫刻や絵画が永遠の造型を目ざしているのに、花というはかない素材で何を造型しうるというのか。一ときの美しさを誇ってたちまち花は散るのである。散るからこそ花は美しく、そこに生きた花の短い命との一期《いちご》の出会いを愛惜することが出来る。造型ではなく、花の命を惜しむことが、生花の極意である。

あるいはまた、主《あるじ》と客とが一室に対座して、一服の茶を喫することに、形を残そうとの願いがいささかでも認められようか。茶室や茶庭や茶碗《ちゃわん》や茶匙《ちゃさじ》や茶掛《ちゃがけ》などに、ある造型が認められるとしても、それが茶の湯の目的なのではない。一服の茶を媒介として、そこに美しく凝縮し純化した時間と空間とが作り出されたら、それは客に取っても主に取っても、何物にも替えがたい最高度の悦楽で、それこそ生涯の目標とするに足る、輝かしい生命の発露、一期一会《いちごいちえ》の出会いであった。

造型意志を極小にまで持って行った文学は、十七字の発句《ほっく》であろう。だが、芭蕉は発句よりも連句に、自分の生きがいを覚えた。連句はそれこそ自分一個のはからいを極微に止《とど》めて、あとはなりゆく自然のままに自分を委《ゆだ》ねてしまった文学なのだ。座の雰囲気の純一化が連句を付け合う者たちの楽しみであって、＊文台引き卸せば即ち反古《ほうぐ》とは、芭蕉の日ごろの覚悟であった。残された懐紙は、座の楽しみの粕《かす》に過ぎなかった。自己を没却し、自然のままに随順し、仲間と楽しみを一つにするところに、やはり茶会と同じ、一期一会の歓《よろこ》びがあった。

（山本健吉「日本の庭について」）

check!　漢字　語句　文学史

〈一期一会〉

▼意味として最適なものを選びなさい。

① 偶然に見えて必然の出会い
② 一生に一度限りの出会い
③ 人間と美しい自然との出会い
④ 一生付き合う親友との出会い
⑤ 人生に価値をもたらす出会い

＊文台引き卸せば即ち反古――文台は句会の中心となる台で、短冊や懐紙をのせる。反古は用済みの紙。

答 ②

問 傍線部について、筆者はこの生花に続けて、茶の湯、連句の例を挙げている。それは日本の芸術のどのような点を強調するためか。最適なものを一つ選びなさい。

① 花の命の短さ、茶の湯の主客の対座、連句の中の発句のもつ十七字という極小の単位などにしぼって、芸術における簡素さを強調するため。
② 生花をともに愛《め》でる場、茶の湯の主客の対座、連句の座のうちの楽しい雰囲気を取り上げて、芸術における人間関係の豊かさを強調するため。
③ 花の短い命、茶の湯の対座、連句を楽しむ時間の短さに注目して、表現された形よりも芸術における刹那性を強調するため。
④ 花の短い命と向き合うことと、茶の湯の対座、仲間で作り合う連句の座とを重ねて、芸術における個の表現意識の弱さを強調するため。
⑤ 生花、茶の湯、連句を、人と物、人と人とが出会う場の価値にかかわらせて、芸術における空間性そのものを強調するため。

---

check! 漢字 **語句** 文学史

〈発句〉
▼対義語を二つ選びなさい。
① 文句 ② 俳句 ③ 対句 ④ 挙句 ⑤ 脇句 ⑥ 結句

答 ④・⑥
※「発句」は連歌における詠みだしの句のこと。それにつながるのが「脇句」であり、最後が「挙句・結句」である。

第5章 対比②

論理的関係をつかむ(対比)

　第2章に引き続き、対比関係に注目して文章を読み、問題を解く練習をします。第2章に比べて、抽象的な文章が含まれていますので、一読して内容をイメージしにくいものもあるかと思います。そんなときこそ、**「何と何が対比関係になっているのか」**を意識しながら文章を読んで、設問を考えましょう。目指せ、全問正解！

演習17

目標時間8分

学習日 ／

学習日 ／

　われわれはなぜ、子どもに対して、純粋とか無垢といったイメージを思い浮かべるのだろうか。現実の子どもたちは、学校や塾での友だち関係や家庭環境のなかで、大人と同じように悩み、そして狡猾に立ち回ったり、ときには思わぬ世知を発揮したりもする。自分の子ども時代をふりかえっても、ただ無垢な存在であったとはとうてい思えない。多くの人がそう感じているはずなのに、われわれが子どもを見るとき、心のどこかで子どもは純真無垢であるという観念が働いてしまい、それはなかなか拭いきれない。子どもを大人とは違った特別な存在と見るこのような観念は、いったい何に由来するのだろうか。

　われわれは誰もが、大人になる前に子ども時代を経験する。同じ人間でありながら、年齢によって、人は大人と子どもに区別され、社会生活の多くの局面において異なった扱いを受ける。今日のわれわれの社会では、幼児期、子ども期、思春期、青年期、中年期、老年期などさまざまなライフステージの区分があり、人はそれぞれの年齢段階にふさわしい行動をとるよう社会から期待されている。教育を受けるべき年齢、結婚し家庭をもつのが望ましい年齢、働き盛りの年齢、あるいは退職して老後を送る年齢……、それぞれの段階に、法律や制度や慣習による年齢規範や文化規範が存在する。

check!　漢字　語句　文学史

〈世知〉

▼ここでの意味を答えなさい。

答 世の中を渡っていくための知恵。

多くの社会学者が指摘してきたように、年齢は人びとを社会的に区分し編成するための非常に大きな原理であり、そのために人のアイデンティティを構成する要素としても重要な意味をもっている。

たとえば、自分の現在について考えるときも、将来を予測するときにも、われわれは自分の年齢とその年齢がもつ社会的な意味あいを考慮にいれずにはいられない。また、見ず知らずの人に会うときでも、相手がどんな世代の人なのかを知っていれば、いくぶんかは予測がつき、心の準備をすることができる。つまり年齢とは、生物学的な加齢――身体が成長、発達し、やがて衰えるというプロセス――の一時点をたんに示すものではなく、加齢のプロセスに対して社会が付与するイメージと深く関わる概念なのである。そしてそのイメージには、それぞれの社会の文化や歴史、政治や経済等におけるさまざまな要素が複雑に織り込まれている。〈大人〉と〈子ども〉の二分法は、そのようにして社会が年齢を基準に構成メンバーを分ける際のもっとも基本的な区分なのである。

〈大人〉は一人前の社会人としてさまざまな権利や義務をもつが、〈子ども〉はそうではない。〈子ども〉は未熟であり、大人によって社会の荒波から庇護され、発達に応じてそれにふさわしい教育を受けるべきである。そうした子ども観は、われわれにとってはほとんど自明のものである。しかし、われわれの子ども観がどこでも通用するわけではない。社会が異なれば、さまざまに異なった子ども観があり、それによって子どもたち自身の経験も異なってくる。このことをアメリカの社会学者カープとヨールズは、次のような例を挙げて示している。

たとえば、ナバホ・インディアンは子どもを自立したものと考え、部族の行事のすべてに子どもたちを参加させる。子どもは、庇護されるべきものとも、重要な責任能力がないものともみなされない。子どもの言葉は大人の意見と同様に尊重され、交渉ごとで大人が子どもの代弁をすることもない。子どもが歩き出すようになっても、親が危険なものを先回りして取り除くようなことはせず、子ども自身が失敗から学ぶことを期待する。こうした子どもへの信頼は、われわれの目には過度の放任とも見えるが、自分と他者の自立を尊重するナバホの文化を教えるのにもっとも有効な方法であるという。

また、東ヨーロッパの伝統的なユダヤ人コミュニティでは、知識が豊かであることは道徳的に正しいことであると考えられており、男児の（男児に限られていたが）教育にたいへんな関心が払われた。赤ん坊のちょっとしたしぐさも、知的早熟の兆しではないかと見られたし、三歳から五歳ころにはもう正式の教育が始められた。幼児であっても、ほかの年齢の子どもに混じって週に五日間、午前八時から午後六時までの勉強が課せられ、終生続けられるべき学問のための訓練が施された。

check! 漢字 **語句** 文学史

〈アイデンティティ〉

▼意味として最適なものを選びなさい。

① 自他乖離性
② 自我分裂性
③ 自己同一性
④ 自他合一性
⑤ 自己撞着性

答 ③

今日のわれわれの子ども観、つまり〈子ども〉期をある年齢幅で区切り、特別な愛情と教育の対象として子どもをとらえる見方は、フランスの歴史家、フィリップ・アリエスによれば、主として近代の西欧社会で形成されたものであるという。アリエスは、ヨーロッパでも中世においては、子どもは大人と較べて身体は小さく能力は劣るものの、いわば「小さな大人」とみなされ、ことさらに大人と違いがあるとは考えられていなかったという。子どもは「子ども扱い」されることなく奉公や見習い修業に出、日常のあらゆる場で大人に混じって大人と同じように働き、遊び、暮らしていた。子どもがしだいに無知で無垢な存在とみなされて大人と明確に区別され、学校や家庭に隔離されるようになっていったのは、十七世紀から十八世紀にかけてのことである。アリエスはこのプロセスを、『〈子供〉の誕生——アンシァン・レジーム期の子供と家族生活』のなかで、子どもを描いた絵画や子どもの服装、遊び、教会での祈りの言葉や学校のありさまなどを丹念に記述することによって浮き彫りにしている。アリエスらによる近年の社会史の研究は、われわれになじみの深い子ども観も、そして、人が幼児期を過ぎ、自分で自分の身の回りの世話ができるようになってからもすぐに大人にならずに〈子ども〉期を過ごすというライフコースのあり方自体も、歴史的、社会的な産物であることを明らかにした。

（河原和枝『子ども観の近代』）

問 傍線部「われわれの子ども観がどこでも通用するわけではない」という理由は何か。最適なものを一つ選びなさい。

① ナバホ・インディアンやユダヤ人コミュニティにみられるような、子どもを成人と同等に扱うという子ども観が、世界において普遍的に認められるから。

② ナバホ・インディアンが子どもの自立を尊重し、ユダヤ人コミュニティが知識の豊かさを子どもにも求めているように、それぞれの社会によって子ども観が異なるから。

③ ナバホ・インディアンが子どもを信頼し、ユダヤ人コミュニティが幼児に勉強を課すことを考えあわせれば、年齢を基準に子どもと大人を区別する子ども観はまちがいであるから。

④ 子どもを純粋で無垢であると同時に、狡猾で世知にたけたものとみるわれわれの子ども観は、ナバホ・インディアンの子どもを放任する思想や、ユダヤ人コミュニティの厳しい幼児教育の伝統とは異なるから。

⑤ 子どもを未熟で庇護の対象とみるようなナバホ・インディアンやユダヤ人コミュニティの子ども観は、近代西欧の影響を受けたわれわれの子ども観とは異なるから。

---

check! 漢字 語句 文学史

〈交渉〉

▼「渉」を用いるものを選びなさい。

① 資料をショウリョウする
② 戸籍ショウホンを提出する
③ 犯罪のオンショウとなる
④ 発表には時期ショウソウだ
⑤ 交渉がアンショウに乗り上げる

答 ①（渉猟・抄本・温床・尚早・暗礁）

演習18

目標時間8分

学習日 ／　学習日 ／

不用意は辞書の釈義*の部分にもないとは言えません。例えば、ここに挙げるのは野球の用法に関してですが、「打つ」という動詞の意味に、辞書によっては「カーブを打つ」「直球を打つ」とかのたぐいと、「ホームランを打つ」のたぐい、それから「三割を打つ」というたぐいを別義のように扱っているものがあります。これは私に言わせれば全く間違いです。

「ボールを打つ」というのは、「太鼓を打つ」などと同じです。まりそのものを打つわけです。それに対して、「ホームランを打つ」とか「三割を打つ」というたぐいは他の動詞にもいくらもあります。例を挙げてみますと、「湯を沸かす」「家を建てる」「詩を書く」など。「湯を沸かす」は、屁理屈で言うと、熱くなっている湯をどうしてもう一回沸かすのだとか、それから、「家を建てる」というのも、横になっている家を起こすのじゃあるまいしとか、「詩を書く」といっても、誰かが一回作った詩を、もう一回書くわけではないしとか、文句が出そうですね。

（中略）

「打つ」の場合は、「打つ」の意味は同じだとしても、「を」の用法の違いとして説明できます。「打つ」自体の意味の違いによるのではなくて、むしろ「を」との組合せから生じる違いだ、と。もし違いを言うならば、手打ちにする、人を切るという「打つ」と、ボールを打つ場合とでは、区別しなければいけないでしょう。

こういうところの見極めを立てることが、かなり重要な問題になってきます。その意味では、まだまだ研究が十分に行き届いているとは言えまい、もっと系統的に調べてみないといけないのではないか、と思います。

先に「を」の用法の違いと説明しましたが、ヲ格は、ある作業をしてその結果現れてくるものも表わします。例えば「魚を三枚に下ろす」という「魚」は、確かに普通の意味での対象を表わしています。しかし「刺身を作る」という時は、作った結果が刺身になる。包丁を入れた結果が刺身になるわけです。そういう「を」というのがいくらでもあって、しかもこの現象が日本語特有ではないことは、英語の例えば to build my house というような言い方でも分かります。どういうものを結果として目的語にするかというのは、言葉によって違うかもしれません。つまり、力の加わっているそのものだけがヲ格、英語だったらオブジェクト、とは言い切れません。

こういうことは、日本語の文法がだらしないからだという意見があります。西洋近代語の文法のあり方を金科玉条とし、それだけが文法の原理として役に立つ、正当性を持っているんだと決めて掛かると、そうかもしれませんが、

check!　漢字　語句　文学史

〈太鼓〉

▼「鼓」を用いるものを選びなさい。

① 世界一をコショウする
② コチョウして話す
③ セコにたける
④ コウコの憂いをなくす
⑤ 自らをコブする

＊釈義 —— 言葉の意味の解釈のこと。

答 ⑤（呼称・誇張・世故・後顧・鼓舞）

私はそう思いません。

（水谷静夫『曲り角の日本語』）

問　傍線部「これは私に言わせれば全く間違いです」とあるが、なぜ「間違い」といえるのか。最適なものを一つ選びなさい。

① いずれの例もボールそのものを「打つ」という動作である点は共通しており、それを別義として立てるためには補足的な説明が必要になるから。

② 「ホームランを打つ」のように、「を」の前に作業の結果が現れるのは、「湯を沸かす」のように「打つ」以外の動詞にも見られる現象であり、「打つ」だけを特別視して別義を立てる根拠がないから。

③ 「打つ」という動詞について、さまざまな言葉との組合せを考える研究が十分に行き届いているとは言えない状況であり、そんな中で安易に別義として扱ってはならないから。

④ この例の場合、「打つ」という意味に全く違いがないにもかかわらず、「を」の用法が異なっているゆえに、「打つ」という動詞の意味までも異なっているように見えるだけだから。

check! 漢字 語句 文学史

〈金科玉条〉

▼ここでの意味を答えなさい。

答 最も大切で守らなければならない決まり。

演習19

目標時間7分

学習日　／
学習日　／

「復元」と「復原」とは、どのように違うのであろうか。一般に「復元」とは、失われてしまった建物などを、さまざまな資料や証拠から類推して作り上げることをいい、「復原」とは、傷んだり、改造されたり、壊れかかった建物をもとのすがたに修理して戻すことをいうと、考えられている。過去の建築遺産を保存してもとに戻すのが復原であり、保存からさらに一歩進んで、失われたものをよみがえらせようとするのが復元なのだといえよう。

では、なぜ復元・復原ばやりなのだろうか。復元・復原は、歴史に対する態度表明である。それは、自分たちが歴史を重要なものと考えているという態度表明であり、同時に歴史をどのようなものと考えているかを示す態度表明なのである。だから復元・復原に似た行為は過去にも当然存在した。

平家の南都焼き打ちによって失われた東大寺の大仏殿を再建した鎌倉時代の僧、俊乗坊重源は、明らかに東大寺の歴史を重要なものと考えていたからこそ、その再建に尽力したに違いないし、法隆寺を元禄時代に修理した際にも、おなじような意識は働いていただろう。しかし現在の復元・復原ばやりは、皆が重源を気どっているからでは無論ないだろう。重源は東大寺の大仏殿を「復原」しようとしたのではなく、再建しようとしていたのだから、そこでは創意が重要な役割をもっていた。

[X]は、創意を込める作業ではなく、歴史に敬意を払う作業なのであり、[Y]とは明らかに一線を画する。その意味では、復元・復原という行為は近代的な歴史意識の産物だと考えたほうがよいであろう。

東大寺の大仏殿に話を戻すなら、現在の大仏殿は重源が再建したものが再び焼失した後に、一七〇八年に三たび再建された江戸建築である。現在のこの大仏殿は、明治時代になってから修理することが企てられた。すでに維新のころには、柱は歪み、大梁は垂れ下がり、軒先は大きく波打っていたという。一八八六年に一部の修理を行ったものの、本格的な修理は一九〇一年まで待たねばならなかった。このとき、修理の補助金であった古社寺保存金の交付のメドがたったのである。当時の奈良県技師だった関野《せきの》貞《ただし》を中心にして修理は進められ、一九一三年に工事は完成し、翌々年に大仏供養会が行われた。

こうして修理を終えた大仏殿は、それまでの木造の大梁にかわって、内部に大掛かりな鉄骨の梁が入れられて屋根を支える構造となっていた。江戸時代に規模を縮小して再建されたとはいえ、世界最大の木造建築を支えるには鉄骨の助けを借りるのが最善だと考えられたからである。また、一部には洋風の構造も取り入れられた。明治時代になって、洋

---

check!　漢字　語句　文学史

〈改造〉

▼「造」を用いるものを選びなさい。

① フィルムをゲンゾウする
② アイゾウ相半ばする
③ ほめられてゾウチョウする
④ ゾウワイ罪で逮捕される
⑤ 美術にゾウケイが深い

答 ⑤（現像・愛憎・増長・贈賄・造詣）

風の建築技術が導入されていたことが、この選択をもたらした。ここでは、江戸時代に再・再建されたときの建物のすがたを保持できるように、材料と構造上の工夫が凝らされたのだった。しかし屋根には、江戸時代にはなかった鴟尾《しび》がつけられた。

しかし、修理を行って建物をもとのすがたにするという行為は、さまざまな考え方の余地を含むものである。大仏殿の場合、建築の規模と形態を守ることに主眼が置かれたと考えられる。しかし、それ以外のやり方をする場合もあった。大仏殿修理に当たった関野貞は、その直前におなじ奈良の新薬師寺の修理も手掛けているが、そこでは別の手法が取られている。一八九七年に着工したこの工事では、中世の修理で建物のすがたが変えられていた部分を、奈良時代のすがたに戻すことを試みたのである。その結果、工事が終わってみると、建物はそれまで見慣れていた寺とは大きく変わっていた。この場合は、当初のすがたに戻すこと、すなわち「当初復原」が目標となったからである。

東大寺大仏殿と新薬師寺の修理は、明治時代を代表する修理工事である。しかもおなじ関野貞の手になる修理であったにもかかわらず、それぞれの工事で目指されたものは異なっている。ここに修理のおもしろさ、難しさがある。

（鈴木博之「都市のかなしみ」）

問1 空欄X・Yに入る言葉の組み合わせとして最適なものを一つ選びなさい。

① X 改造 Y 再建
② X 復元・復原 Y 保存
③ X 復元・復原 Y 再建
④ X 再建 Y 保存
⑤ X 再建 Y 復元・復原

check! **漢字** 語句 文学史

〈大仏殿〉

▼「殿」を用いるものを選びなさい。

① オモムロに口を開く
② 天地自然のコトワリに従う
③ ヨコシマな考えを振り払う
④ 退却時のシンガリを任された武将
⑤ 富士山のイタダキに登る

答 ④（徐・理・邪・殿・頂）

問２　傍線部「それぞれの工事」が目指した内容として最適なものを一つ選びなさい。

①　東大寺大仏殿の工事は、創意をこめて建物を当初のすがたに戻すことを目指した復原であったのに対し、新薬師寺の工事は、建築の規模と形態を守ることに主眼を置いて、当初のすがたに戻すことを目指した復原であった。

②　東大寺の大仏殿の工事は、建物を当初のすがたに戻すことを目指した復原であったのに対し、新薬師寺の工事は、構造を変えずに見慣れていた寺のすがたに戻すことを目指した復原であった。

③　東大寺の大仏殿の工事は、建築の規模や材料、構造を変えず江戸時代に再・再建された時のすがたに戻すことを目指した復原であったのに対し、新薬師寺の工事は、当初のすがたに戻すことを目指した復原であった。

④　東大寺の大仏殿の工事は、材料と構造に工夫を凝らしながら見慣れた建物のすがたを守ることを目指した復原であったのに対し、新薬師寺の工事は、材料も変えず見慣れていた寺と同じすがたを保持する復原であった。

⑤　東大寺大仏殿の工事は、建築の規模と形態を守りながら江戸時代に再・再建された時のすがたを保持することを目指した復原であったのに対し、新薬師寺の工事は、当初のすがたに戻すことを目指した復原であった。

---

check!　**漢字**　語句　文学史

〈凝らされた〉

▼「凝」を用いるものを選びなさい。

①　法律にツウギョウしている
②　カギョウを継ぐ決意をする
③　すさまじいギョウソウで叫ぶ
④　議題を鳩首ギョウギする
⑤　急な知らせにギョウテンする

答　④〈通暁・家業・形相・凝議〈鳩首凝議＝顔を突き合わせてよく相談すること〉・仰天〉

演習20

目標時間6分

学習日 ／
学習日 ／

知識が市場に乗るためには、社会にまず無知の自覚がなければならないが、制度の強制によらないでこれをつくるのは難しい。初期の大衆社会でこれを助けたのが「啓蒙」の思想であり、大衆自身の側では過去の特権階級にたいする平等の要求であった。何を知りたいか、知る必要があるかはわからなくとも、現にものを知る少数者がいるという認識は、多数者の競争心をかき立てた。その段階では、まだ教養のかなりの部分が体系性を保っており、それが大学の制度によって目に見える権威を保証されていた。そのうえ忘れてはならないのは、少なくとも二十世紀の前半までは、どこの国でも特権的知識人と「草の根」大衆のあいだに、インテリゲンチャと呼ばれる中間的知識人が階層をなしていたことである。

「進取的民衆」と岩波文庫の発刊の辞が言う階層であるが、この階層の二重性が知識の市場化を推進した。彼らはなんらかの知的資格を持つ人であり、「草の根」にたいして知識の権威を守る人であるが、同時に「草の根」と生活上の一体感を覚える立場にいた。彼らの多くはマルクス主義の影響を受け、そうでなくても進歩主義を理想とする信念の人であった。皮肉にいえば、彼らは知識の閉鎖的ギルド*を否定する程度にはすでに二十世紀的であり、価値観の相対性を認めるほどにはまだ二十世紀的でない人びとであった。当然ながら、この立場ほど啓蒙にふさわしく、それを強く効果的にするものはない。彼らは公然と民衆の無知に警告を加え、その広範な自覚を植えつけたのであった。

だが二十世紀の最後の四半世紀に、この啓蒙の機運も二つの理由で消滅に向かった。一つは人文学の体系性の解体であり、教えるべきもの学ぶべきものの自明性の喪失であった。もう一つはいわば啓蒙の成功の［X］であって、中間的知識人の量が増えて階層としての意味がなくなったことである。とくに日本では大学卒業者の数が爆発的に伸び、制度的資格を持つ人間が氾濫することになった。知的な「草の根」の概念が曖昧になるとともに、大学の膨張はかつて特権的だった大学教師の権威を引き降ろした。下からも上からも知識社会の境界が崩されて、平準化とともに啓蒙の滝を落とすエネルギーも消えたのである。

（山崎正和『歴史の真実と政治の正義』）

check! 漢字 語句 文学史

〈権威〉
▼「威」を用いるものをすべて選びなさい。
① 虎のイを借る狐
② イの腑に落ちる
③ イの中の蛙大海を知らず
④ イも寝られず
⑤ イをふるう
⑥ イを唱える

*知識の閉鎖的ギルド――「ギルド」とは、中世ヨーロッパで結成された特権的同業者組合のこと。ここでは知識が限られた層の人間にのみ特権的に共有される状態の比喩。

答 ①・⑤（威・胃・井・寝・威・異）

問１ 傍線部について次の問いに答えなさい。

(1) 「この立場」を説明した次の文の空欄に入る最適な語句を、それぞれ本文中から抜き出しなさい。

この立場とは ア（六字） と イ（七字） のあいだの ウ（六字） という階層に位置する人々の立場のことである。この人々は エ（八字） とも オ（五字） とも呼ばれていた。

ア □□□□□□
イ □□□□□□□
ウ □□□□□□
エ □□□□□□□□
オ □□□□□

(2) 「この立場」の説明として適切なものを二つ選びなさい。

① 知識が一部の専門家に独占されることには反対したが、知識自体の価値は疑わない立場。
② 知識が大衆化されることには積極的に取り組んだが、大衆と同一視されることを嫌う立場。
③ 社会における価値観の相対性の意識の高まりとともに、大学教師の権威を引き降ろした立場。
④ 知識の閉鎖的ギルドを否定せず、同時に価値観の相対性をも認めようとしない立場。
⑤ 知識の権威を守る人でありながら、大衆との距離が近い立場。
⑥ 公然と民衆の無知に警告を与え、マルクス主義ではなく進歩主義の立場から啓蒙を促す立場。

問２ 空欄Xに入る最適な語を本文中から二字で抜き出しなさい。

□□

---

check! 漢字 語句 文学史

〈曖昧〉
▼「味」を用いるものを選びなさい。
① 読書ザンマイに過ごす
② マイキョにいとまがない
③ ゲンマイを食べる
④ 墓地にマイソウする
⑤ テイマイの面倒を見る

答 ①（三昧・枚挙・玄米・埋葬・弟妹）

第6章 推論・統合（具体と抽象）

傍線部の言い換えに注目する

この章では、抽象的な内容を具体化する問題を解く練習をします。こう書くと、簡単そうに思えますが、意外と正答率が低いのです。なぜでしょうか？ 実は、この問題は傍線部だけでは正解が見つからないのです。なぜ、そう言えるのか、ここでは出題者の側に立つとよくわかります。

〔問題作成の手順〕
1 本文中のある部分を根拠に正解をつくります。
2 次に、本文に傍線を引きます。このとき、解答根拠となっている部分に線を引くと、あまりに簡単すぎます。したがって、「**解答根拠の不十分な言い換え」となっている部分**に線を引きます。ここに引くことで問題の難度を調整するのです。

したがって、解く手順は以下のようになります。

1 まず、傍線部を確認する。
2 次に、**傍線部のより詳しい言い換え**となっている解答根拠をさがす。
3 2でみつけた根拠の内容の具体例となっている選択肢をさがす。

イメージとしては、次のようになります。

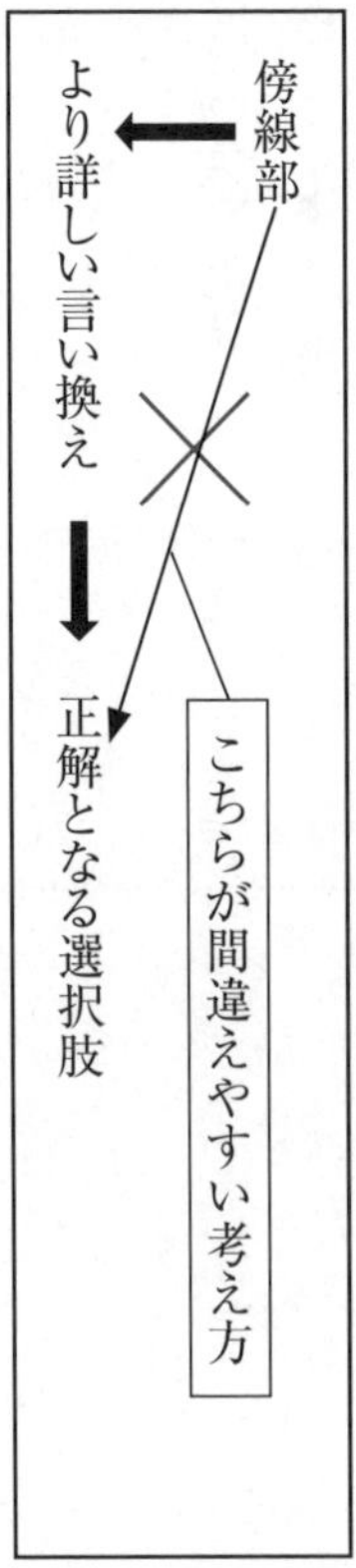

なお、最後に文章と内容をまとめた「図」を選択する問題もあります。近年の入試で出題されている視覚資料に関する問題です。これも同じように「解答根拠」（複数あります）を探しながら考えましょう。

演習21

目標時間6分

学習日 ／ 学習日 ／

この話を聞いたときに、とっさに思いだしたことがある。中川米造が『医療のクリニック』のなかで引いているターミナル・ケアをめぐるアンケートのことだ。この調査の対象集団は、医学生、看護学生、内科医、外科医、ガン医、精神科医、それに看護師である。このアンケートは末期医療の研究者ふたり（柏木哲夫・岡安大仁）によって作られたものなので、専門家のあいだではよく知られたものなのだそうだが、そのなかにこんな設問があった。「わたしはもうだめなのではないでしょうか?」という患者のことばに対して、あなたならどう答えますか、という問いである。これに対してつぎのような五つの選択肢が立てられている。

(1)「そんなこと言わないで、もっと頑張りなさいよ」と励ます。
(2)「そんなこと心配しないでいいんですよ」と答える。
(3)「どうしてそんな気持ちになるの」と聞き返す。
(4)「これだけ痛みがあると、そんな気にもなるね」と同情を示す。
(5)「もうだめなんだ……とそんな気がするんですね」と返す。

結果は、精神科医を除く医師と医学生のほとんどが「(1)」を、看護師と看護学生の多くが「(3)」を選んだそうだ。その解釈はさておいて、精神科医の多くが選んだのは「(5)」である。一見、なんの答えにもなっていないようにみえるが、じつはこれは解答ではなく、「患者の言葉を確かに受けとめましたという応答」なのだ、と中川は言う。〈聴く〉というのは、なにもしないで耳を傾けるという単純に受動的な行為なのではない。それは語る側からすれば、ことばを受けとめてもらったという、たしかな出来事である。こうして「患者は、口を開きはじめる。得体の知れない不安の実体が何なのか、聞き手の胸を借りながら捜し求める。はっきりと表に出すことができれば、それで不安は解消できることが多いし、もしそれができないとしても解決の手掛かりは、はっきりつかめるものである」。

聴くことが、ことばを受けとめることが、他者の自己理解の場を劈《ひら》くということであろう。じっと聴くこと、そのことの力を感じる。かつて古代ギリシャの哲学者が《産婆術》と呼んだような力を、あるいは別の人物なら《介添え》とでも呼ぶであろう力を、である。

（鷲田清一『「聴く」ことの力―臨床哲学試論』）

問 人間関係に悩んだ人が、精神科医に「どうせみんな、わたしなんかいなくなればいいと思っているんです」と訴えた。本文によれば、多くの精神科医なら、どのように答えるか。三十五字以内の具体的な発話の形式で述べなさい。

check! 漢字 **語句** 文学史

▼同様の意味の言葉を本文中から抜き出しなさい。

〈ターミナル・ケア〉

答 末期医療

演習22

目標時間6分

学習日 ／　学習日 ／

＊河合隼雄先生の著書や会話の言葉から学ぶこと、気づかされることは、数え切れないほどあるのだが、ノンフィクションのドキュメンタリーな作品を書く仕事をしていくうえで、このところ私の思考を刺戟《しげき》しているのは、「コンステレーション」というものの見方と「物語る」という表現法の相関関係だ。今度河合先生の長年にわたる執筆活動の成果を集大成した『河合隼雄著作集』（全十四巻、岩波書店、一九九四〜九五年）に収録された関連の著作を再読して、その刺戟は倍加された。

大空の星をボーッと見上げていると、いくつかの星がつながって、北斗七星などの星座が見えてくる。原因・結果の関係を問いつめる線型の考え方から離れて、星座を見出すように、いろいろな事柄の全体像をあるがままの姿で把握する、つまり、ともかくそこに〝星座〟に相当するひとつの全体が出来あがっていることを認める、というものの見方が、Aコンステレーションの発想法だという。

もう一つの「物語る」とは、生きること・死ぬことについて、腹におさまるように話を作ることだという。

たとえば、わが子が障害を背負ってしまったとき、医師がいくら医学的に障害の原因を説明しても、苦悩する親は腹におさまらないだろう。「なぜわが子に」という問いへの答にならないからだ。「この子のおかげで弱い人々を見る眼が変わりました。この子は私の生き方を変えてくれた宝物です」と「物語る」ことができるようになったとき、はじめて腑に落ちるというわけだ。

このように、腑に落ちるように物語るには、バラバラに見える様々な事柄のコンステレーションを読み取らなければならない。

Bこういう現実認識の仕方は、心理療法という限定された場においてだけでなく、人が自らの人生を生き、自らの人生に納得するうえで必要であり有効な道ではないかと思う。

（柳田邦男「コンステレーションという視座」）

check!　漢字　語句　文学史

〈腑に落ちる〉

▼意味として最適なものを選びなさい。

① 気に入る
② 納得できる
③ 落ち着ける
④ 安心できる
⑤ 理解できる

＊河合隼雄――心理学者。京都大学教授、国際日本文化研究センター教授、文化庁長官などを務めた。

答 ②

問１　傍線部Ａの説明として最適なものを一つ選びなさい。

① 原因・結果の関係を絶対視し、星と星との間にも必然的な意味を発見しようとするような見方。
② 論理的な思考から解放され、一点一点をそれぞれ個別のものとして掘り下げて見ている探究の視点。
③ 点と点をつないで線を見つけるような、いろいろな事柄の相互のつながりを重視する把握の仕方。
④ 因果関係などの考え方ではなく、広く見渡して全体をひとまとまりのものと認めるものの捉え方。
⑤ ひとつの完全体に見えるものも、実は個別の独立した部分が集まったものだと見なす認識の方法。

問２　傍線部Ｂの例として最適なものを一つ選びなさい。

① 若い時分にはよく理解できなかったできごとでも、年を取り人生経験を重ねたことによって、そのできごとの背景がはっきりと分かるようになった。
② ある事件に巻き込まれた人がその事件に関連する本を読み、事件当時の自分の行動や心境について見つめ直したため、事件についての理解が深まった。
③ 戦争における極限状態を一人生き残ったことに罪悪感を抱いていた人が、その後、信仰によって自分は特別な存在だと気づいた。
④ 交通事故を起こした時は、なぜ自分が加害者になってしまったのかと混乱したが、時間が経って冷静になると、原因が見えてきた。
⑤ 薬の副作用によって体に致命的な問題を抱えた人が、困難な生活を送りながらも、医学の発展に貢献する生き方をしようと思うようになった。

---

check!　漢字｜語句｜文学史

〈致命的〉（問２⑤）
▼「致」を用いるものを選びなさい。
① チチとして進まない作業
② 金城トウチ
③ 帰宅してヒトゴコチついた
④ オリンピックのショウチ活動
⑤ 交渉相手からゲンチを取る

答 ④（遅遅・湯池〈金城湯池＝守りが堅固な城〉・人心地・招（召）致・言質）

演習23　目標時間5分

学習日　／
学習日　／

私たちは、〈関係〉というと、ともすれば実体論的な関係を想起しがちである。たとえば「職場では何よりも人間関係を大切にしなさい」とか「最近の学校では師弟関係が崩れてしまった」という場合には、そうした関係が成立する以前から人間が存在し、教師と生徒が存在することを疑っていない。つまり、あらかじめ在る〝もの〟と〝もの〟が、いかなる関係をとり結ぶかという形成的関係を問題にしているに過ぎない。

これに対して、貨幣と言葉に共通して見出される本質としての関係とは、「〈物〉を生み出す関係」、つまりは存立的関係のことである。たとえば〈自我と他者の関係〉などがその典型と言えるであろう。あらかじめ確固たるアイデンティティをもった自我と他者が実体的に存在しているのではない。両者は関係によってはじめて生ずるのである。まず在るものは関係であって、それから「あなたにとっての私、私にとってのあなた」というぐあいに、互換的・相互依存的にしか決まらないのが自・他という存在であろう。大乗仏教でいう〈縁起〉とか〈＊依他起性《えたきしょう》〉が指す事態である。

これはまた、貨幣も言葉も、あらかじめ存在する〈物〉の記号とか代用品ではない、という認識でもある。

＊深層のロゴスとしての言葉は、言葉以前に存在する事物や観念の記号でもなければ、社会的価値観を他人に伝えるための道具でもなく、そもそも存在してはいなかった諸価値を創り出す〈荒ぶる神〉であった。

同様に貨幣もまた、貨幣以前に存在する商品価値（交換価値）に代わるものでもなければ、商品化以前の生産物が有するかに見えている有用性（使用価値）に代わるものでもなく、そもそも存在してはいなかった諸価値を創り出す〈神〉にほかならない。貨幣が代行・再現しているように見える諸価値は、実は貨幣自らが生み出した非実体に過ぎないのである。

（丸山圭三郎『言葉と無意識』）

check!　漢字　語句　文学史

〈存立〉

▼「存」を用いるものを選びなさい。

① 地方のカンソンに住む
② ソントクを計算する
③ 過剰にケンソンする
④ 友人にイソンしすぎる
⑤ ゴソンガンを拝する

＊依他起性――他に依って起こる性質ということであって、仏教でいう因縁によって生ずるものをいう。

＊深層のロゴス――意識の深層において私たちを突き動かしている言葉。

答 ④（寒村・損得・謙遜・依存・尊顔）

※「依存」は〈いぞん・いそん〉の二通りの読みがある。このように複数の読み方がある熟語に注意しよう。

問　傍線部「存立的関係」とは、どのような関係をさすのか。その具体的な例として適切なものを二つ選びなさい。

①　〈死〉という言葉を聞いても恐怖感はないが、死の現実には恐怖する。つまり〈死〉という言葉は、死という実体に代わるものではないのである。

②　〈セーター〉という語は身を暖めてくれない。それは、言葉が現実そのものではないからである。従って言葉は全面的に信用できず、不言実行が尊いとされるのである。

③　愛も死も結局のところ言葉である。つまり〈愛〉という言葉が人間に愛を体験させ、〈死〉という言葉によって人間は死という事実に出会うのである。

④　高級ホテルの一泊十万円という値段も、それに見合うだけの価値を私たちは考えがちだが、そんな価値は、現今の貨幣経済のもとで意味をもたされている幻に過ぎないものなのである。

⑤　ゴッホの絵は、絵自体に価値があるために何億円もの値段がつくのであり、無名作家の絵も価値が内在していればいずれ高い値段はつくのである。

⑥　金の延べ棒や宝石は、金の量や宝石の大きさが誰にとっても客観的にきちんと測定できるため、一定の価値をもち、世界のどこでも同等の値段がつけられるのである。

---

check!　**漢字**　語句　文学史

〈典型〉

▼「典」を用いるものを選びなさい。

①　資料をテンプする
②　華燭のテンを挙げる
③　責任をテンカする
④　テンにつばする
⑤　損失をホテンする

答　②（添付・典・転嫁・天・補塡）

演習24 目標時間10分

学習日 ／ 学習日 ／

枝雀《しじゃく》*の分類の基本には、二つの要素がある。一つは、オチをキキテがなぜおもしろいと感じるのかという理由を「緊張の緩和」とかんがえることである。もう一つは、落語が本質的に「嘘話」だとみることである。この二つの要素のくみあわせにより、オチは四種類に分類される。枝雀は、それぞれを〈ドンデン〉〈謎解き〉〈へん（変）〉〈合わせ〉とよんでいる。この四種を、枝雀のかんがえかたにそって要約すると、つぎのようになる。

ドンデン…ウソが基調となっているが、最後にかくされていた状況があらわれ。キキテの予期していた結末と反対の方向におとすパターン。「ドンデン返し」の略。

謎　解　き…ウソを現実のことのように演じ、キキテになぜそういうことがおこるのかという疑問をいだかせ、やはりウソだったとおとすパターン。

へ　　ん…実際にあることのように、話をすすめ、最後に変なことがおこって、全体がウソだったということがわかるパターン。

合　わ　せ…〈へん〉と同様の展開をもつが、オチの部分が作為的にうまくこしらえてあり、キキテを納得させるパターン。

この分類は、落語の本質をよくとらえ、しかもキキテのたちばによっているものだけに、説得力がある。はなしがウソであることを最後にあかすことにより、緊張が緩和される。その緩和のしかたで、オチが分類されるわけである。枝雀は、これを実際の噺《はなし》を例としてあげながら説明しているが、実例の検討はあとにまわして、枝雀がしめした四種のオチが成立する根拠とそれぞれの特徴をみることにしよう（図1・図2）。

これについて、枝雀は、つぎのように説明している。

次の図〈図1〉を見とくなはれ。いろの濃いとこがフツーというかホンマの領域なんです。この「ホンマ領域」の内外に「ウソ領域」があるわけです。で、外側を「離れ領域」と申しまして、ホンマの世界から離れる、さいぜん*言いました「へん」の領域なわけです。常識の枠を出るわけですからウソの領域ですわね。しかもとりとめがありませんから極く不安定な世界です。対して内側にあるのが「合わせ領域」です。これもさいぜん言いましたとおり

---

check! 漢字 語句 **文学史**

〈落語〉

▼二葉亭四迷が「浮雲」を執筆する際、その落語の速記本を参考にしたと言われ、文学の言文一致運動に影響を与えた落語家を選びなさい。

① 桂枝雀
② 柳家小さん
③ 三遊亭圓朝
④ 立川談志
⑤ 笑福亭羽光

*枝雀――上方落語の二代目桂枝雀（一九三九～一九九九）。

*さいぜん――「さきほど」の意味。

答 ③
※明治の大名人であり、言文一致運動に大きな影響を与えたとされているので覚えておきたい。その他は昭和・平成の落語家。

「人為的に合わせる」というウソの領域です。「合う」という状況も、あんまりぴったり合いすぎると「こしらえた」ということでウソになってしまいますわね。但し、「離れ領域」とちごうて「合う」ということは型ができるということやさかい*安定してますわ。

（桂枝雀『らくごDE枝雀』）

図1では、噺の基調となる叙述がどのような性質のものかということがあきらかにされる。結局はウソとわかるわけだが、みかけはホントらしく色のこい部分でかたられる。それがオチにいたって変化をみせる。それが四種のオチのちがいをみちびくというのである。すなわち、噺が無事に結末になるとみせかけて安定の領域にちかづき（ドン）、オチのひとことで、そんなばかなことがあるかと「離れ領域」にとびだす（デン）のが〈ドンデン〉である。それと反対に、〈謎解き〉は、オチのまえで、そんなことがあるのかという疑問をもたせ、外にふくらみ（謎）、なるほどそうだったのかと「合わせ領域」で納得させる（解き）特徴をもつ。〈へん〉は、「離れ領域」にとびだすが、そのまま元にもどらない。そして、〈謎解き〉のように外にふくらむことなく、そのまま安定してしまうのが〈合わせ〉である。

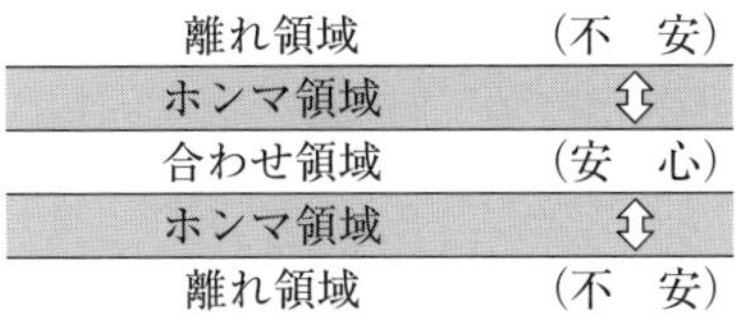

図１　ウソの領域とホントの領域（桂枝雀による）

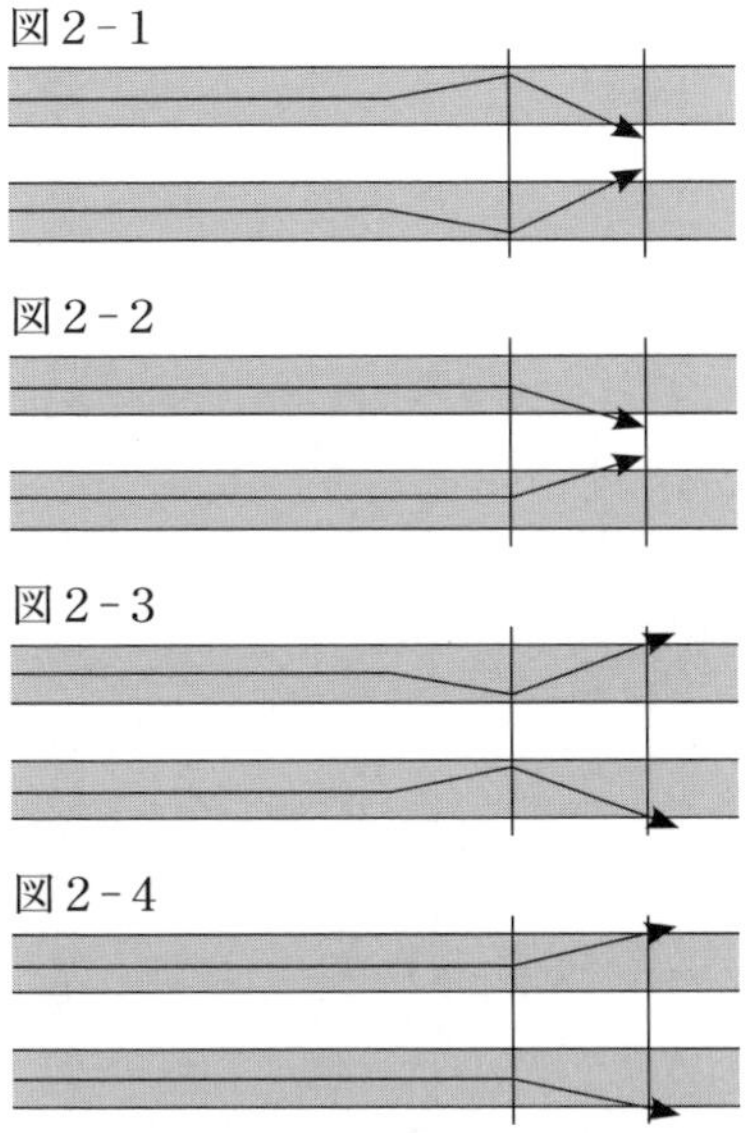

図２　四種のオチの特徴（桂枝雀による）

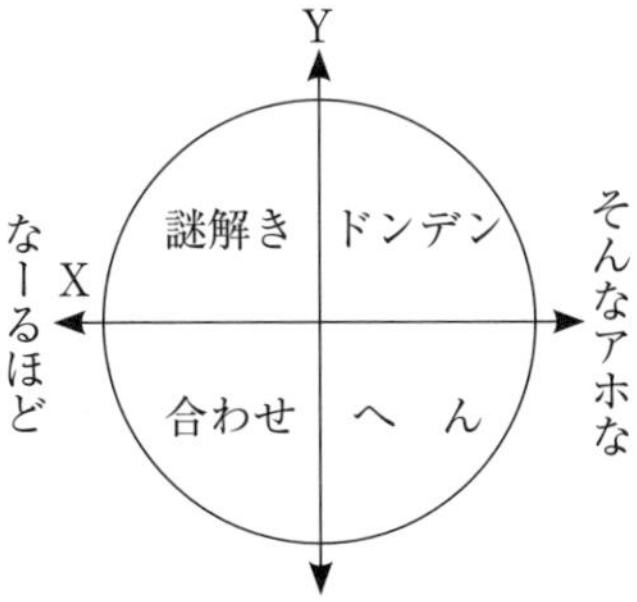

図３　四種のオチの関係（桂枝雀による）

その四種のオチの関係をしめしたのが図3である。図は『らくごDE枝雀』により、説明は「緊張の緩和とサゲ*の四分類」による。

まずX軸を境にして、上の部分は、緊張があって、後から緩和がきて笑いをひき起すという型が、ハッキリしてい

check! 漢字　語句　文学史

〈親戚〉

▼「戚」を用いるものを選びなさい。

① 物質の元素をセキシュツする
② イッチョウイッセキにはいかない
③ 将棋のジョウセキを学ぶ
④ 誠意とセキシンを込める
⑤ 有力者とインセキ関係を結ぶ

*できるということやさかい――「できるということなので」の意味。

*サゲ――落語の「オチ」のこと。

答 ⑤（析出・一朝一夕・定石・赤心・姻戚）

て、ドンが緊張で、デンが緩和、謎が緊張で、解きが緩和にあたります。それに対して、下の部分は、緊張と緩和がない交ぜにやってくるという感じが強くなります。次にY軸を境にして右側は、サゲを聴いての感じ方が、「そんな阿保なア」＞「なるほど」という公式になり、左側は「そんな阿保なア」＜「なるほど」となります。ですから、「ドンデン」、「へん」の方が、「謎解き」、「合わせ」にくらべて、［　　］場合が多くなります。（下略）

「謎解き」と「合わせ」の場合、これらは親戚関係にあって、時にはX軸がとれて、イケイケ*の状態になることがあります。つまり、謎を解く場合、「合わせ」をもって解いている場合がしばしばあります。

（桂枝雀「緊張の緩和とサゲの四分類」）

X軸の上下で対立するのは、緊張と緩和の落差の大小である。これは、さきにとりあげたクライマックスの有無と関係する。下方に位置する〈へん〉や〈合わせ〉にそれがないというわけではないが、筋の展開からみて、意外性にとぼしいものがここに該当する。

Y軸の左右つまりX軸の値は、合理性の多少をしめしている。ここでいう合理性とは、実際にそのようなことがありうるかいなかということよりも、キキテがそのオチを噺の結末としてみとめるかどうかという態度にかかわるものである。〈謎解き〉と〈合わせ〉は、その点では合理的であるが、ストーリーの展開からみると、緊張をともなうかいなかという点で区別されるというのが枝雀の解釈である。

（野村雅昭『落語の言語学』本文の一部を省略し、図の番号を改めた）

問1　傍線部の「分類」を図示したのが、図2-1～図2-4である。〈ドンデン〉、〈謎解き〉、〈へん〉、〈合わせ〉はそれぞれどの図に対応するか、最適なものを一つずつ選びなさい。

①　図2-1　②　図2-2　③　図2-3　④　図2-4

問2　空欄に入る語句として最適なものを一つ選びなさい。

①　緊張する　②　安定する　③　泣ける　④　笑える　⑤　ない交ぜになる

check!　漢字　語句　文学史

〈あらすじ〉（問3）

▼「あらすじ」の言い換えとして適当でないものを一つ選びなさい。

①　概略
②　概要
③　要諦
④　大略
⑤　梗概

*イケイケ——両者の境界がなくなること。

答　③
※「要諦」は〈物事の大事なところ〉の意味。

問3 以下は、「饅頭こわい」という演目のあらすじである。枝雀はこの演目のオチを〈ドンデン〉に分類している。この演目のオチの解説として最適なものを、後の選択肢から一つ選びなさい。

> 仲間が何人か集まって、お互いに好きなものや怖いものを言い合う遊びに興じる。その中で、光《みっ》つぁんなる人物が饅頭が怖いと言い出す。饅頭の話をしただけで光つぁんは気分が悪くなり、家に帰ってしまう。世の中には変わったやつがいるものだと思いつつ、残った男たちは、光つぁんにいたずらをしてやろうと、めいめいが饅頭を持って光つぁんの長屋に出かけ、饅頭を部屋に放り込んで中の様子をうかがう。部屋の中は静まり返っており、饅頭のショックで光つぁんが死んだのではないかと心配してそっと部屋をのぞくと、光つぁんがパクパクと饅頭を食べている。「光つぁん、饅頭食うてる」、……「バカにしやがって、エエ、うまいことぬかして、饅頭が怖いやて、われわれいっぱい食わしやがったんや」、……「オイ、光つぁん」、「あーッ、アハッ、どなたもお揃いで、大き御馳走はん」、「そら、何を言うねんな。あんた饅頭怖いちゅうて食うてるやないかいな。光つぁん、あんたのほんまに怖いもんは、いったん何やねんな」、「へ、熱ゥいお茶がいっぱい怖い」

① 饅頭を食べた後、お茶が飲みたいという光つぁんの正直な気持ちを表す言葉がほほえましく、微笑を引き起こす。
② 「お茶が怖い」という光つぁんの言葉の意味を探って、その疑問が解けたとき、なるほどと思って笑いが引き起こされる。
③ 人を騙した理由を答えて、謝るものと予想するなかで、間が抜けたような「熱いお茶」が欲しいという光つぁんの言葉が爆笑を引き起こす。
④ 本当に怖いものを正直に答えるものと期待するなかで、もう一度みなを騙して、今度は「熱いお茶」をもらおうとする光つぁんの言葉が爆笑を引き起こす。
⑤ 「饅頭が怖い」と言いながら「パクパクと饅頭を食べている」光つぁんが、最後に饅頭とよく合う熱いお茶を希望することで、共感の笑いを引き起こす。

---

check! 漢字 語句 文学史

〈怖い〉

▼「怖」の字を使って書き替えられるものを選びなさい。

① セツセツと訴える
② シズシズと歩く
③ トクトクと語る
④ オズオズと進む
⑤ ユウユウと立ち去る

答 ④（切切・静静・得得・怖ず怖ず・悠悠）

※「怖ず怖ず」と書いて〈こわごわ・おそるおそる〉の意味である。

●評論● 復習問題1

目標時間15分／30点

学習日 ／

学習日 ／

次の文章を読んで、後の設問に答えなさい。

「サウンドスケープ（soundscape）」とは、視覚的な「景観＝ランドスケープ」に対して「聴覚的景観」、「音の風景」を意味する言葉である。つまり、視覚の陰にあって日常では無意識化しがちなわたしたちの環境への「聴覚的思考」を喚起するための考え方であり、同時に「聴覚」を切り口としながらも、最終的にはわたしたちの五感、全身の感覚を通じて「環境」をとらえようとする考え方でもある。

たとえば「都市の景観」や「街なみ」といえば一般に、道路の幅や舗装面の状態、それに面する建物の高さやファサード*の意匠など、「装置」や「器」としてとらえた道の構造が問題にされる。つまり、A都市空間は建築物その他の、施設の集合としてとらえられ、そのデザインは専ら視覚的な観点から「形あるモノ」を対象として行われてきた。

こうした状況に、サウンドスケープという考え方が導入されたとき、わたしたちはまず、都市や地域を体験するときに大切なのは目に映る景観ばかりでない、ということに気づく。見た目でとらえた「街なみ」があるように、同じ道で聞こえるさまざまな音によって構成されるその「聴覚的景観」、「響きとしての街なみ」とでもいうべきものがあることに気づくようになる。さらには、アスファルトと土、砂利道とでは、その足音が違うのと同様、その感触、空気の温度や湿度、その香りも異なることに気づくようになる。

ただ、ここで重要なのは、「サウンドスケープ＝聴覚的景観」といっても、それは視覚に対する「聴覚の優位」を説くものではないということである。サウンドスケープという考え方とその思想は、わたしたちが日々の生活におけるさまざまな空間の体験の中でその「聴覚的意識」を喚起しつつも、同時に、わたしたちの体験する空間はそもそも全身感覚的なものであり、視覚、聴覚、触覚といった諸感覚に分断することはできないこと、最も大切なのはその空間の「気配」であり「雰囲気」であることを示唆しているのである。

したがって、サウンドスケープという考え方に基づいた場合、そのデザイン思想は、まず「それぞれの空間にはしかるべき聴覚的景観があること」を明らかにしたうえで、とりわけ公共空間における環境や景観に関するデザイン活動が、ともするとないがしろにしがちな「聴覚的要素、音環境への配慮を忘れないようにしよう」というひとつの理念を獲得することになる。と、同時に、聴覚を切り口としつつも、単に聴覚だけに留《とど》まらず、わたしたちひとりひとりにとって

check! 漢字 語句 文学史

〈示唆〉

▼「唆」を用いるものを選びなさい。

① 次々にレンサ反応がおこる
② 社長のホサとして活躍する
③ 人の趣味はセンサバンベツである
④ 交番でジュンサに道を尋ねる
⑤ 犯罪をキョウサしてはいけない

*ファサード――建物の正面、全面。

答 ⑤（連鎖・補佐・千差万別・巡査・教唆）

はBごくあたりまえな空間への全身感覚的な感性を、これまでの「視覚」や「モノ」中心の環境のとらえかたの中に取り戻していくことの重要性を提起している。それはすなわち、デザインをめぐる今後のわたしたちの諸活動の中に「人間本来の生身の感覚と感性をいかに取り戻していけるか」を問うデザイン思想であるともいえよう。

　サウンドスケープ概念の導入が、わたしたちのデザイン活動に及ぼす影響として、次に指摘したいのは、デザイン活動の主体であるデザイナーの依拠する「環境世界」が、二重の意味で拡大するということである。

　その「二重の拡大」とはすなわち、第一に、「視覚を中心とした環境世界」から「聴覚、さらには五感全体によってとらえた環境世界」への拡大。第二に、とりわけデザイン活動との関連において意識されがちな「人工物を中心に構成された環境世界」から「自然界、さらには記憶やイメージの世界をも含めた環境世界への拡大」である。前者は、既に述べて来た部分とも重なるので、ここでは、主に後者について考察していきたい。

　一般に「サウンド」というと、音楽のような「人為的な音」をイメージする場合が多い。デザイン活動との関連では特に、わたしたちが音環境の構成要素として思い浮かべるのはまず、スピーカーから流れる電気的な音、楽器やカリヨン*、風鈴といった発音を目的とした装置からの音、あるいは自動車などの交通騒音といった音である。これに対し、サウンドスケープの考え方では、音環境の構成要素として、そうした人工音ばかりでなく、雨や風の音、動物や昆虫の鳴き声、地球規模の自然界の音から、人間の声、足音その他の活動の音、都市のざわめきなど多種多様な音を含むことになる。そしてその概念は、それらの音によって構成される環境全体を、ひとつの聴覚的景観としてとらえることを特色とするのである。

　このような考え方に基づいて、現代社会において展開されているさまざまなデザイン活動の内容を改めてとらえなおしてみる。すると、これまでとかく「音の専門家による音のデザイン」によってのみ行われると考えられていた、音および音環境をめぐるデザインが、土地利用計画や、造成・植栽計画といった「都市／環境レベルのデザイン活動」や、建築物の設計などの「施設レベルのデザイン活動」などによっても行われていることが明らかになってくる。

　つまり、デザインをめぐる諸領域にサウンドスケープの考え方を導入したとき、これまで一般には「音」とは直接には関係のないように思われていたデザインの諸領域に携わる多くの人々にとっても、「音および音環境のデザイン」が自らの問題として浮上してくるのである。

　たとえば、サウンドスケープという考え方を通じて、樹木にも「姿・かたち」があるように、その樹種特有の葉の形、それを好んでやってくる虫や鳥たちがたてる音などのその木ならではの「聴覚的特徴」があることが意識され、認識される。その結果、「こんな音の聞こえる空間にしたい」という発想からも、樹木の種類を選ぶことができるようになる。

check!　漢字　語句　文学史

〈要素〉

▼「素」を用いるものを選びなさい。

① 大和仏師のチョウソ的手腕
② 懸命な介抱によりソセイした
③ 夢の中で見たソセンの姿
④ 屋上で踊る女性をソビョウする
⑤ 開店記念のソシナを渡す

＊カリヨン――教会などの鐘楼に据え付け、鍵盤や機械仕掛けで奏される一組の鐘。

答 ④（彫塑・蘇生・祖先・素描・粗品）

同様に、建築物や路面の素材を決定することもできるようになる。そうした聴覚的発想を、敷地の利用計画や、建築設計の内容に反映させることが理解され、実践されるようになるのである。

言い換えれば、C一見、音とは直接に関係のないように思われていたそのような諸領域におけるデザイン活動が、実は、都市の音環境のインフラ*を決定していることが明確に意識されるようになる。そして、そうした聴覚的意識をも踏まえながら、それぞれのデザイン活動の内容が決定されるようになるのである。このように［X］概念が、デザイン一般の領域に導入されることによって、あらゆるデザイン活動は、「［Y］デザイン」としての機能を併せもつことになる。

（鳥越けい子「サウンドスケープとデザイン」）

問1 傍線部A「都市空間は建築物その他の、施設の集合としてとらえられ、そのデザインは専ら視覚的な観点から『形あるモノ』を対象として行われてきた」とあるが、このようにとらえてきた空間を端的に表現した語句を二つ本文中から十二文字と十六文字で抜き出しなさい。

問2 傍線部B「ごくあたりまえな空間への全身感覚的な感性を、これまでの『視覚』や『モノ』中心の環境のとらえかたの中に取り戻していく」とあるが、それはどういうことか。その説明として最適なものを一つ選びなさい。

① 人間本来の感覚は全身感覚的であると同時に、視覚が中心的に扱われてきた以上、正確に環境や景観をとらえるために、聴覚を切り口として、視覚とそれ以外の諸感覚との有機的な関係を考えなおしてみるということ。

② わたしたちはふだんさまざまな空間を全身で体験しているのであり、聴覚を切り口として、その日常的な全身感覚に立ち帰ることによって、視覚を中心にしてとらえられてきた環境や景観をもう一度とらえ返すということ。

③ 空間の「気配」や「雰囲気」こそ大切だが、それらを視覚だけで体験することには限界がある以上、聴覚を切り口として、視覚中心の環境や景観に、全体的な聴覚的要素と音環境への配慮を付加していくということ。

④ わたしたちの感覚は視覚や聴覚などに分断されているが、本来それらは相互に結びついて全身的な感覚として成立していたのであり、聴覚を中心とした諸感覚の総合によって環境や景観をとらえなおすということ。

⑤ 聴覚的景観という言葉があるように、環境における聴覚的要素が最も重要なものであるが、それにとどまらず聴覚を切り口とした幅広い全身感覚によって、視覚に頼らず日常空間を体験することを取り戻すということ。

問3 傍線部C「一見、音とは直接に関係のないように思われていたそのような諸領域におけるデザイン活動が、実は、都市の音環境のインフラを決定している」とあるが、それを具体的に説明したものとして最適なものを一つ選びなさい。

---

check! 漢字 語句 文学史

〈依拠〉

▼「拠」を用いるものを選びなさい。

① キョム的な思想に興味をもつ
② キョマンの富を手にする
③ 監督としてスイキョされる
④ 営業活動のキョテンとする
⑤ 新しい発明のトッキョをとる

*インフラ――インフラストラクチャーの略。社会生活の基礎、基盤となる施設や設備。

答 ④（虚無・巨万・推挙・拠点・特許）

① 海岸を整備するにあたって、砂浜を中心とした海浜公園にしたところ、これまでと風景が一変しただけでなく、打ち寄せる波音やそこに集まる人の声などの音環境まで変化することになった。

② 交通事故防止のため住宅地内の道路を走る自動車にきびしい速度制限を設けたところ、事故が減少したばかりでなく、静かな環境が戻ってくるという思わぬ効果をも生み出すことになった。

③ 駅のプラットホームを改修するに際して、列車の発車合図をこれまでのベルによる合図から音楽によるものへと変更したことで、利用者からより快適に乗降できるようになったと好評である。

④ マンション建設において、部屋の広さや美しさや明るさだけでなく、最近では居住空間の静けさが重要な要素となってきており、そのため機器による厳密な音響測定が必要とされはじめている。

⑤ 市の文化事業として郊外にコンサートホールを新設したことによって、市民がこれまで以上に音楽と親しむ機会が増えることになり、都市の音環境が大きく改善されることになった。

問4 空欄X・Yに入る最適な語を、それぞれ本文中から抜き出しなさい。ただし、Xは六文字以上十文字以内、Yは三文字以上五文字以内とする。

（センター試験・改）

【解答欄】

問1

問2

問3

問4

X

6

Y

3

問1	問2	問3	問4	合計点
/8	/8	/8	/6	/30

第7章　「論」と「例」③

「論」と「例」で解くやや難しい問題

第1章・第4章でも学習した「論」と「例」の関係です。この章では比較的難度の高い設問を扱っています。実際の授業で演習したときも、正答率は低く、問題によっては、半分以上の学生が間違えてしまったものもあります。フィーリングで何となく空欄部に入りそうな選択肢を選んではいけません。少し難しい問題ですが考え方は同じです。もう一度、「論」と「例」の関係を確認して考えてみてください。目指せ、全問正解！　もし全部正解できたら、本当にスゴいです！　自信を持ってください！

演習25

目標時間8分

学習日　／
学習日　／

もっぱら音楽を楽しんだり、手紙を書いたり、身繕いをして有閑のときを過ごすフェルメール*の女たちのなかにあって、《レースを編む女》は、唯一、仕事らしい仕事に携わる女である。画面すぐそばで上半身をかがめて座る女性は、やわらかな光に包まれながら、細心の注意を指先の動きに集中させ、一心にボビン*を繰る。裁縫用クッションから無造作にはみ出し、のびた飴《あめ》のようになって滴り落ちる赤や白の糸が、［X］かのようだ。

レース編みをはじめとした針仕事は、一七世紀オランダで人気を呼んだ風俗画のテーマで、多くの画家の作例が伝わる。主人公は、未婚とおぼしき若い女性のこともあれば、母となった女性、あるいは年老いて暮らす女性のこともあるが、ここではニコラース・マース*の《針仕事をする女》を見てみよう。フェルメール作品より一〇年以上先行して制作されたこの作品には、部屋の片隅の小さな空間に腰を下ろし、若い女性がレースを編んでいるところが描かれている。女性の全身が冬の午後を思わせるような光のなかに浮かび上がるマースの構図は、膝の上に裁縫用のクッション、傍らの椅子の上にもう一つのクッション、足元に縫い物を入れた籠《かご》を配置するなど、叙述性をいささか色濃く漂わせるが、女性が細かい手先の動き以外何も見えず、何も聞こえずといった様子で仕事に没頭しているという点では、フェルメール作

＊フェルメール――ヨハネス・フェルメール（一六三二〜一六七五）。オランダの風俗画家。代表作に「真珠の耳飾りの少女」など。

＊ボビン――紡織用具の一つで、糸を巻き取る筒状の棒のこと。

＊ニコラース・マース――一六三四〜一六九三。オランダの風俗画家。

品にきわめて近い。

この種の針仕事に精を出す女性は、メッツー*、ファン・ミーリス、ネッチェルらの風俗画にも繰り返し登場するが、その人気は、一体、一七世紀の若いオランダ女性の現実とどのように関連するのだろう。

旧約聖書中の箴言《しんげん》三一章一〇～一三節には、家族のために献身的に働く「真珠よりはるかに貴い」有徳の妻の日々がこと細かく描写されている。一六、一七世紀には、この部分を敷衍《ふえん》して、未婚の若い娘は「主婦の仕事を学ばねばならない、／夫に控えめに従い、夫を愛し（神は結婚を使命として与えているのだから）、／子供を育て、／家事を切り盛りし、／買い物をし、／縫い物をし、／糸を紡ぎ、／清潔を保ち、勤勉である術を、／そして女性の使命となるその類のことを学ばねばならない」といった女性教育論が盛んに唱えられるようになっていた。将来担うであろう育児や家事をいかに巧みにこなし、徳に適った円満な家庭を築くか——要するに良妻賢母こそが女性教育の指針だというのである。

そうした女子教育論のなかで、とりわけ裁縫や糸紡ぎが重要な一角を占めていたことは、一七世紀オランダの代表的詩人ヤーコプ・カッツの道徳書『結婚』に掲載された一枚の版画が何よりも雄弁に物語っている。まだ幼い子に授乳する母親の傍らに女の子が二人座り、一人が人形遊びに興じながら子育ての真似事をし、もう一人がレース編みに励んでいる。母親たるもの、女の子供をそんな風に育てねばならないというのだ。画家ユトワールが娘エーファの肖像画を描くに際して裁縫をする情景を選んだのも、娘が裁縫好きだったという現実的な理由があってのことではなく、むしろ有徳の娘という印象を強めようとした結果であろう。描かれる人物の徳を強調するようなアトリビュート*を描き込むのは肖像画制作に欠かせぬ慣習であった。

とすれば、一七世紀オランダ風俗画で針仕事をする女性のテーマが好まれたとしても、それは必ずしも当時の女性の実態を反映するわけではなく、有徳の女性という望ましい女性像を視覚化した作品を市場が求めていたことの現れということになりはしないか。

（小林頼子『フェルメールの世界　17世紀オランダ風俗画家の軌跡』）

check!　漢字　**語句**　文学史

〈敷衍〉

▼意味として最適なものを選びなさい。

① ふまえた上でわかりやすく展開して
② 従来の意味をより広く解釈して
③ 全く正反対の意味合いで用いて
④ 多くの人に伝わるよう語句を簡単にして
⑤ 自分の都合のよいように曲解して

*メッツー、ファン・ミーリス、ネッチェル——いずれも一七世紀オランダの風俗画家。

*アトリビュート—西洋美術において、伝説や歴史、神話や宗教などに現れるさまざまな人物、神、存在などとそれぞれに深く関連すると理解され、作品にも示されていった特定のアイテム。しだいに世俗的世界を題材とした作品にも描きこまれるようになった。

答　①

問1　空欄Xに入る表現として最適なものを一つ選びなさい。

①　彼女の流れるような手さばきを表現している
②　彼女の作る製品の出来の良さを窺わせる
③　彼女の忘我の状態を物語っている
④　彼女の立場の不安定さを象徴している

問2　傍線部について、この問いかけに対する本文に即した答えの説明として最適なものを一つ選びなさい。

①　レースを編むことを生業とする若い女性が一七世紀のオランダには数多く存在し、そうした彼女たちの日常的な労働の現実が、フェルメールやニコラース・マースをはじめとする数多くの風俗画家の作品に格好の題材として反映されている。
②　針仕事をする女性が題材として好まれていたとしても、それは有徳の女性という、一七世紀オランダ社会における望ましい女性像を視覚化した絵画が人々に求められていたことの現れであって、必ずしも当時の女性の実態を語っているとは言えない。
③　家族のために献身的に働き、育児や家事を巧みにこなしていく、成人した女性として円満な家庭を築くことこそ女性の理想であり、義務であるとされた一七世紀オランダ社会に生きる若い未婚の女性の学ぶ姿があるがままに描写されている。
④　描かれている女性が一心に針仕事に没頭しているさまは、裁縫や糸紡ぎが女子教育において重要な位置づけがなされていた一七世紀オランダ社会の道徳観のもと、それを視覚的に印象づけ、強調し、教化する役割をはたす題材であった。

check!　漢字　語句　文学史　66

〈肖像〉
▼「肖」を用いるものを選びなさい。
①　選手登録をマッショウする
②　フショウの息子
③　フショウブショウ引き受ける
④　ショウロウ病死
⑤　ショウチョウを再編成する

答②（抹消・不肖・不承不承・生老・省庁）

演習26

目標時間5分

学習日 ／
学習日 ／

メセナ活動への理解がすすみ、両者を両立させる動きはあるが、メセナ活動は企業による芸術活動への援助なので、経済は富を生み、文化は富を使うという理解をもっている人がいる。「文化は金食い虫」と言ってはばからない向きもある。また、数式は文化論には適用しにくいが、経済学には活用できるから、文化は非合理的だが、経済は合理的だという人もいる。

ことはそう単純ではない。経済は生産と消費、供給と需要、販売と購入からなる。しかし、いかに生産の合理化を追求し、供給ルートを押さえ、販売に力を入れても、人々が消費せず、需要がなく、購入しなければ、経済活動にならない。消費とは経済活動であり、同時に生きる行為である。消費なくして暮らしはない。

暮らしにはスタイルがある。ライフスタイルである。ライフスタイルは個性であり、人間のアイデンティティにかかわる。どのような物をどのように消費・需要・購入するかは一律ではない。性別、年齢、社会的地位、用途、人格、好みなどさまざまな要因に左右される。これらは量に還元できない。人生の質にかかわる。

海外で物を売るには、その地域の暮らし（文化）に合った物を売らねばならない。それゆえ［X］が不可欠になる。古い例では、海外向け輸出車は、イギリス向けは日本と同じ右ハンドル、アメリカ向けは左ハンドルにしたり、地域で仕様を分けた。市場調査とは消費性向、需要動向、購入意欲を調べるものであり、［Y］といってもよい。

生産は消費のためにあり、供給は需要を生むためにあり、販売は購入に支えられる。その点からすれば、生産・供給・販売は消費・需要・購入に従属するとすらいえる。言いかえれば、経済は文化に従属する。あるいは経済は文化のしもべであり、文化の発展に奉仕する活動といってもよいだろう。

（川勝平太『「美の文明」をつくる―「力の文明」を超えて』）

問 空欄X・Yに入る語句として最適なものを、それぞれ一つずつ選びなさい。

① 海外調査　② 地域調査　③ 統計調査
④ 文化調査　⑤ 経済調査　⑥ 市場調査

check!　漢字　語句　文学史

〈還元〉

▼「還」を用いるものを選びなさい。

① 自然カンキョウを保護する
② カンダイな心で接する
③ 任務を終えてキカンする
④ 代表チームのカントク
⑤ ジャッカン二十歳の若者

答 ③（環境・寛大・帰還・監督・弱冠）

演習27 目標時間8分

学習日 ／　学習日 ／

日本にも宗教と政治の厳しい対立はあった。一五世紀末から一〇〇年ほど続いた加賀の本願寺門徒らによる一向一揆、織田信長の比叡山の焼打ち、明治の廃仏毀釈などなど、思い浮かぶ事例はある。宗教と政治の関係が歴史の底流にも認められるという点では、日本もヨーロッパと大きく異なるわけではない。しかし日本の場合、大量の殺戮《さつりく》を伴う大規模な「宗教戦争」が起こっていないという点でヨーロッパとは問題の現れ方は異なっていた。

ここでは「キリスト教と政治」という日本ではやや周辺的とも見える問題に限定し、「足尾銅山問題」をめぐるキリスト教徒の内村鑑三と、［X］に傾斜した田中正造の政治運動の協調と決裂についてふれておこう。

幕末から明治初期にかけて閉山状態に近かった足尾銅山は、民間払い下げを受けた古河市兵衛が、一八八〇年代前半の開削の過程で発見された大鉱脈を、西欧技術を導入することによってわずか一〇年たらずで東アジア有数の銅生産地として発展させたものである。しかし銅の精錬の過程で発生する「燃料の排煙」、「鉱毒ガス（主に二酸化硫黄）」、「排水に含まれる金属イオン」によって、渡良瀬川流域の広大な農地・森林を中心に、近隣の環境を破壊する甚大な被害が発生するようになる。

この足尾鉱毒問題に立ち向ったのが、地元の農民運動と自由民権運動の指導的立場にあった田中正造であった。田中は足尾鉱毒事件について明治天皇へ直訴におよび、その場で警察官に取り押さえられたこともあった。その後も、田中は本郷中央会堂で足尾鉱毒地救助演説会を開くなど、怯むことなく活動を続けて行く。

一方、内村鑑三もこの足尾鉱毒問題に注目し、木下尚江、黒岩涙香、幸徳秋水らの同行を得て、一九〇一年四月二二日、鉱毒被害地を訪れ、その惨状と怒りを「鉱毒地巡遊記」として、『＊萬朝報《よろずちょうほう》』に連載している。内村はその後も、「田中正造翁の入獄」と題する文章を『萬朝報』（一九〇二年六月二一日）に載せ「義の為に責めらるる者は福なり」として獄中の田中正造を激励するほどであった。

だが次第に田中の運動に対して内村は批判的になる。それは、「キリスト教無しの社会主義」への批判として、内村の中にわだかまり続けていた問題と関わっていた。「聖書の研究なんて、そんな事を早く止めて、鉱毒事件に従事しなさい」、あるいは「古書を棄て現代を救え」といった田中の言辞が二人の対立を決定づける。

両者の対立点はどこにあったのか。内村鑑三の政治に対する基本姿勢は、「キリスト教は政治を語らず、しかれども偉大なる国家はその上に建設せられたり」、というところにあった。先にも触れたように、社会主義に対しては「キリスト教無しの社会主義は最も醜悪なる君主主義よりも危険なり。社会主義奨励すべし、しかれどもこれをキリスト教的に奨励すべし。こ

---

check! 漢字　語句　文学史

〈棄て〉

▼「棄」を用いるものを選びなさい。

① 名誉キソンで訴える
② 新人戦をキケンする
③ キチにとんだ会話
④ イッシュウキの法要
⑤ タキにわたる問題

＊萬朝報――明治期の新聞。

答 ②（毀損・棄権・機知・一周忌・多岐）

れをして改心和合一致の結果たらしむべし、制度法律の結果たらしむべからず」と内村は考えていた。したがって聖書の研究こそが社会改良の最良の法であり、渡良瀬川に聖書が行きわたるときが鉱毒問題の解決される時である、というのが内村の動かざる主張となった。貫き「愛心」がなければこの問題の正しい解決は得られないことを強調するのである。

一方、内村に対する田中の共感と敬意は否定できないとしても、足尾の問題が「政治を超えて、あるいはそれを除外しての解決などあり得ない」というのが田中の確信であった。だとすれば、両者の間の溝が深まるのは自然な成り行きであった。「内村氏の聖書研究は吝嗇《りんしょく》の母が袋《ふく》ろの中より饅頭《まんじゅう》一つずつ出して子供に与うる如し」という田中の痛烈な内村批判も、自らを義民「佐倉惣五郎*」に擬していた田中の覚悟の言葉であったと考えられる。

国家によって満たされる人間のこの世の目的と、宗教によって追求される超自然的目的は截然《せつぜん》と二つに分離分割されるわけではない。内村もその点について十分認識していたと思われる。しかしあくまで人間はひとつの超自然的目的のみを持っており、地上的な事柄としての政治はこの目的達成を容易にするための仕事に過ぎないと考えたところに、政治と宗教の捉え方について田中正造との決定的な違いがあったのだ。

（猪木武徳『自由の思想史』）

問１　空欄Xに入る語句として最適なものを一つ選びなさい。

①　自由民権運動　②　天皇への直訴　③　環境保護運動　④　農民運動　⑤　社会主義

問２　傍線部の内容として最適なものを一つ選びなさい。

①　内村は足尾の被害地を訪れながらも聖書の研究に没頭していたが、田中は本郷中央会堂などで足尾鉱毒地救助演説会を開催するなど熱心な活動を続けていた。

②　内村は足尾の惨状に怒りを覚え広くメディアに訴えて正義を求めていたが、田中は地元の運動の代表者として明治天皇に直訴するなどの直接行動をとっていた。

③　内村は鉱毒問題の解決には何よりもキリスト教の慈愛が必要だと考えていたが、田中は政治を超えたところに鉱毒問題の解決策があると考えていた。

④　内村は鉱毒問題においても宗教によって追求される超自然的目的を想定していたが、田中は鉱毒問題を現実の政治的問題としてとらえ国家に対峙していた。

⑤　内村は鉱毒問題の解決につながる社会改良の最良の方法を考えていたが、田中は、主義主張ではなく社会の中での行動こそが解決策だと考えていた。

check!　漢字　**語句**　文学史

〈吝嗇〉

▼意味として最適なものを選びなさい。

①　厳しくすること
②　貧しいこと
③　勇ましいこと
④　やきもちを焼くこと
⑤　もの惜しみすること

＊佐倉惣五郎――江戸初期の佐倉藩の義民。

答　⑤

演習28

目標時間8分

学習日 ／　学習日 ／

そもそも武士とは、戦いに備え、「武」をもって主君を守るというのが本分であり、そのような武人が行政を担当するのはおかしな話なのである。そこで江戸期になると、武士のあいだに、おのれの本分についての懐疑が生まれざるを得なかった。なぜなら、いくつかの争いや事件があったとはいえ、この時代は武力をほとんど必要としなかったからである。「武士道」とは、その結果、形成されたとみてもいい。別言すれば「武士道」とは、おのれの本分に関するサムライの〝反省〟によって生みだされたのだ。

それを端的に示しているのが、山鹿素行《やまがそこう》の『山鹿語類』であろう。このなかに「士道」について論じたくだりがあるが――素行は「武士道」と呼ばず、「士道」といっている――彼はそこでつぎのように語っている。

――この世の万物は陰陽二気の微妙な配合によって、それぞれの使命を保っている。その配合が最も見事に組み合わされているのが人間であり、だから、人間は万物の霊長なのである。そのような人間のなかで、ある者は田畑を耕して食糧を供給し、ある者はいろいろな器物を作り、また、ある者は品物を売買することで人間の生活の必需品を満たしている。こうして農・工・商にたずさわる人たちは、それぞれの使命をもって生活しているのだ。それなのに武士だけは農民のように大地を耕すこともなく、工人のように物をつくることもせず、商人のように売買に従事もせず暮らしていけるのはなぜなのか。

我が身を振り返ってみると、自分は先祖代々の武士で、幕府に奉公する身分にある。つまり、耕さず、つくらず、商売せず、という境遇にいる「士」である。このような「武士」に生まれた以上、とうぜん武士としての職務がなければならない。何の職分もなく徒食しているというのでは、遊民と軽蔑されても返す言葉がないではないか。だから、この点を深く考えなければならない。……（巻第二十一）

ここから素行の、武士の本分についての X が展開されていくわけである。彼が何より忸怩《じくじ》たる思いにかられたのは、「徒食」ということであった。およそこの世に生を受けたものは、人間に限らず、動物や植物にいたるまで「徒食」しているものはない、と彼はいう。

「鳥や獣はあちこちを飛び回って食物を求め、魚や虫も泳いだり這《は》ったりして獲物を探し、草や木でさえ根を深く土に張って養分をとろうと努力しているではないか。だとすれば、人間が徒食するということは、天下の賊民といわねば

---

check! 漢字　語句　文学史

〈忸怩たる思い〉

▼意味を答えなさい。

答 自分の言動に深く恥じ入ること。

ならない」

と素行は断じるのだ。

ここで私は中国の詩人、白楽天の感慨を思い浮かべる。彼は、ある日、麦を刈る農民の姿をながめて、官にある自分の立場をつくづく反省させられるのである。

彼の前には「足を暑土の気に蒸され、背を炎天の光に灼《や》かれ」つつ、ひたすら麦を刈っている男たちがいた。妻や子供たちはお茶を畑の畦《あぜ》に運んでいる。そのかたわらには、貧しいひとりの女が赤ん坊を抱きながら、落穂拾いに余念がない。

そのような情景を前に立ちつくした白楽天は、自分を激しく責めて、こう詠っている。

今我何の功徳ありて、曽《かつ》て農桑を事とせざる。
吏禄《りろく》三百石、歳晏《としく》れて余糧有り。
此《これ》を念《おも》ふて私《ひそか》に自《みづか》ら愧《は》ぢて、尽日《じんじつ》に忘るること能《あた》はず。　（「観刈麦」）

白楽天は武士ではない。役人だった。役人には行政という職務がある。彼はその仕事に努力を傾けていたのだ。にもかかわらず彼は、目の前で汗をたぎらせて働いている農民の姿に打たれ、そのような労働を免れていながら、彼ら以上に禄を得ている自分を、いったい何の功徳があってそんな境遇でいられるのかと、心の中で責めずにはいられなかったのである。

（森本哲郎『サムライ・マインド』）

問１　空欄Xに入る語句として最適なものを一つ選びなさい。

①　思考と実践　②　軽蔑と徒食　③　御恩と奉公　④　反省と考察　⑤　矛盾と葛藤

問２　筆者は山鹿素行と白楽天にはどのような共通点があると述べているのか、本文中の言葉を用いて三十字以内で答えなさい。

---

check!　漢字　語句　文学史

〈感慨〉

▼「概」を用いるものを選びなさい。

①　ガイトウする事象
②　数値をガイサンする
③　パリのガイセン門
④　ガイシュウ一触
⑤　ガイタンする

答　⑤〈該当・概算・凱旋・鎧袖〈鎧袖一触＝相手をたやすく打ち負かすこと〉・概嘆〉

第8章 対比③

論理的関係をつかんで解くやや難しい問題（対比）

第2章・第5章に引き続き、対比関係に注目して文章を読み、問題を解く練習をします。文章・設問ともにやや難度が上がっています。また、記号選択だけではなく、抜き出し問題も入っていますが、設問の形式にとらわれず、ここでも**「何と何が対比関係になっているのか」**を意識することが重要です。では、頑張って！

演習29

目標時間6分

学習日 ／
学習日 ／

神の新たな居場所を見出したのはガリレイ（一五六四～一六四二）であった。一六〇九年、ガリレイは発明されたばかりの望遠鏡を手にして天の川に目を向けた。そして、ミルクを流したようにみえる天の川は、実は無数の「太陽」の集まりであることを発見したのだ。このとき、人々の宇宙は、太陽系から無数の星が散らばる星界へと一挙に拡大することになった。ならば、太陽系の中心にいたがるようなケチな神ではなく、より広い星の世界全体を統括する神こそが、完全なる存在としてふさわしい。神は、この地球から離れて、無限の彼方にまで広がる宇宙を経巡《へめぐ》っているとすればよいではないか（むろん、神を独占したかったら、あなたの心に秘かに匿《かくま》ってもいい）。

　ガリレイが地動説を公然と支持するようになったころ、それまで寛容であったローマ教会からも「地球が動くという説は聖書の記述と矛盾する」という非難がわき起こった。それが一六一六年の第一次ガリレイ裁判につながるのだが、ガリレイは、その前年の一六一五年にクリスティーナ大公妃宛の手紙で、彼の聖書観を述べている。そこでは、「『聖書』には大変難解な箇所があり、文字通りの意味とはまったく異なったことが述べられていたりします。もし、『聖書』の記述を字義通りに受け取ってしまうと、誤りを犯すことがあるかもしれません。というのも、聖霊が述べた『聖書』の言葉は、無学で教養のない庶民にも理解できるようにと、聖なる筆記者が書き留めたもの」なのだから、と書いている。

---

check!　漢字　語句　文学史

〈矛盾〉

▼「矛盾」は楚（昔の中国の国名）の故事を語源にもつ語、いわゆる故事成語である。次の中から、故事成語ではないものを選びなさい。

① 杞憂
② 助長
③ 自然
④ 推敲
⑤ 完璧

答 ③
※③以外には、語源となったエピソードがあるので、調べてみよう。

彼の立場は、神は「最初に自然を通して、次には特にその教えによって理解される。つまり、神の作品である自然と、神の言葉である教えによって」理解される存在であった。「自然についていえば、これは容赦なく X であり」、「この点は、文字通りの意味とはいくらか異なる解釈がありうる『聖書』とは違っている」として、自然研究こそ神の証明にとって重要であると説いたのだ。

（池内了『物理学と神』）

問１　傍線部の意味として最適なものを一つ選びなさい。

①　欲の深い
②　貧乏な
③　厚かましい
④　野心のない
⑤　不景気な

問２　空欄Xに入る語句として最適なものを一つ選びなさい。

①　不変なもの
②　変化するもの
③　過酷なもの
④　自律的なもの
⑤　反応しないもの

check!　漢字　語句　文学史

〈過酷〉（問２③）

▼「過」を用いるものを選びなさい。

①　カト期に特有の社会現象
②　サービスによるフカ価値向上
③　レッカのごとく怒っている人
④　チョッカ型の地震を研究する
⑤　イタリアでキュウカを過ごす

答 ①（過渡・付加・烈火・直下・休暇）

演習30　目標時間7分

学習日　／　学習日　／

もう一人、ソロモン諸島の中でも、もっとも隔離され、かつ自給生活を依然として続けている島から参加した女性教師は、十数種に及ぶ魚・貝の標本を持ち込み、それぞれの伝統的漁法、タブーを解説した後、それらがその地域の経済システム・社会システムの根幹を形成していることを具体的に説明してくれた。

「ソロモン諸島をダイビングの宝庫として訪ねる人が年々増加しています。彼らにしてみれば子供のおもちゃの延長程度にしか思っていないでしょうが、水中メガネやシュノーケル*あるいはモリ、フリッパー*を持ち込んできます。そして滞在中はひたすらスポーツ・フィッシングやシュノーケリングに熱中します。しかし、時間がたちようやく気づいたのですが、これら単純な道具が、じつは私たちの住む集落のエコ・システムを知らず知らずのうちに破壊していたのです。フリッパーとシュノーケルを手に入れた子供たちが、今や、かつては成人した男たちの専業であったアウター・リーフ*まで出掛け、魚を獲るようになりました。水中電灯の普及は、たいまつを使い、ある限られた夜だけ出漁するトビウオ漁を、年間を通じて行なえるようにしてしまいました。女たちが協力して小魚を追い上げる珊瑚礁内の漁も廃れはじめています。子供たちが獲ってくる魚で集落の消費をまかなうのに十分すぎるほどになってしまったからです。そして気がつくと、ある種の魚がリーフ内から消えてしまっていました」

このいかにも女性らしい、きめこまやかな観察を聞いたオーストラリア人学者は、Aこれは逸話のレベルの話であって科学的ではないと一笑に付すのであった。そして真の科学は、すべての条件、問題をまず想定し、統計、データを駆使したうえで結論づけられるものである、と誇らしげに断定し彼女を子供扱いした。

しかし、二四〇〇年前、ギリシャに生まれた哲学者アリストートル*はすでにウニの卵巣が月の満ち欠けと密接に関連していることを観察している。ただそれが科学的に完全に証明されるには近代まで待たねばならなかっただけで、だからといって経験則が科学に劣るということはいえまい。南太平洋の人々の生活はまさにこの延長線上に位置しているのではないだろうか。そもそも漁業とは日常の生活を規制する社会システムそのものであり、それがこの地域で温存されてきた、と解釈すべきであろう。それはまた、島の人々の生存を永続させるため、長年にわたって観察され、語り継がれてきたエコ・システム、すなわち島とそれを取り巻く自然環境との共生関係なのだ。大規模に獲って売る遠洋漁業とはまったく縁のない採取漁法が、じつは根源的な漁業のはじまりであることを、彼女はわれわれにいみじくも教えている。遠洋漁業や、大規模な延縄《はえなわ》漁業、あるいは畜養は、Bその意味で、彼女の訴えるエコ・システムとはもっとも相容《あい》

---

check!　漢字　語句　文学史

〈タブー〉

▼漢字二字で言いかえなさい。

＊シュノーケル――水中に顔を入れたまま息が吸えるようになる息継ぎ用具。これを使って泳ぐことをシュノーケリングという。

＊フリッパー――泳ぐ際に着ける足ひれ。

＊アウター・リーフ――外礁。珊瑚礁の周縁部の外側。外洋に向けて急に深くなっている。

＊アリストートル――アリストテレス（紀元前三八四年～三二二年）のこと。

答 禁忌

れない関係にある。

（堀武昭『世界マグロ摩擦！』）

問１　傍線部Ａ「これは逸話のレベルの話であって科学的ではない」とあるが、そうした「科学的」でない観察が導くものを端的に示す語句を、本文中から五字以内で抜き出しなさい。

□□□□□

問２　傍線部Ｂ「その意味で」とあるが、どういう「意味」でなのか。本文中の語句を抜き出して空欄を埋める形で答えなさい。なお、アは十字以内、イは二字とする。

ア □□□□□□□□□□ を イ □□ するという意味。

---

check!　漢字　**語句**　文学史

〈いみじくも〉

▼意味として最適なものを選びなさい。

① 意外にも
② 偶然にも
③ 拙いながらも
④ 甚だしくも
⑤ 巧みにも

答 ⑤

演習31 目標時間10分

学習日 ／ 学習日 ／

「日本は島国」という見方は、日本人の「常識」として広く通用している。その常識の上に立って、これまで、「近代化」を志向する人々は、国際的視野を欠いた日本人の「島国根性」を批判し、「日本的なるもの」を讃美する人々は、日本文化の個性は「島国」なるが故に育まれたと強調してきた。

しかしこのような見方は、日本を周辺地域から孤立したものと見て、列島をとりまく海を、人と人とを隔てる役割を果たすものとしてとらえることによって、はじめて成立しうるといってよい。しかし、対馬《つしま》と朝鮮半島の間の狭い海峡が人々の交通を妨げ、九州と対馬の間の波荒い玄海灘《なだ》がそうではないなどということは不自然である。北海道から沖縄にいたる日本国内の島々の間の海は、人と人とを結びつけ、北海道と樺太《サハリン》・沿海州、沖縄と台湾の間の海は逆の意味を持つといえないのは、当然すぎるほど当然であろう。

「日本は島国」という主張は、あまりにも A当たり前の事実を無視し、現在の国境をそのまま過去に投影したところから生まれる虚像――学問的な根拠のない偏った「 X 」にすぎない、と私は考える。

これまでの日本の歴史・民俗・文化をめぐる議論をふりかえってみると、海の Y な役割は顧みられることきわめて少なく、その結果、多くの盲点が生まれ、歪《ゆが》んだ歴史像がつくり出されてきたのが現実である。それ故、われわれは、まずそうしたかたより、歪みの大前提となってきた「日本は島国」ときめこむ「 X 」を捨て去るところから出発しなくてはならない。

そしてこの立場に立ったときにはじめて、海に生きた人々――列島の島々を結び、それを大陸に結びつけた、海を旅する人々の姿が、われわれの視野に入ってくる。この人々の役割に注目し、またその人々自身の目から日本列島における人間の社会と歴史を見直してみたとき、Bこれまでとはかなり異なる日本史像が浮かび上がってくることは間違いない。さきのようなかたよりの結果、この分野の研究は著しくおくれており、宮本常一*氏が目ざしたような、「海から見た日本文化論」を本当に展開するまでには、まだかなりの距離がある現状といわざるをえないが、ここではできる限り、こうした視角から問題を提起することにつとめてみたい。

一方、この見方はおのずとわれわれを、列島の内部を旅する人々、商工民、芸能民など、さまざまな遍歴民の役割の追究に導いていく。そしてその道に進んだとき、「日本は島国」という見方と表裏をなす、「瑞穂国日本《みずほのくに》」を基調とした従来の日本文化論、水田稲作をもっぱら日本社会の基礎と見る「通説」のかたよりが、また否応なしにわれわれの前に

*宮本常一――民俗学者（一九〇七～一九八一）。

check! 漢字 語句 文学史

〈志向〉

▼「志向」が当てはまるものを選びなさい。

① 法令をシコウする
② シコウ錯誤を繰り返す
③ 名人のシコウの芸を鑑賞する
④ シコウ性アンテナを設置する
⑤ 健康シコウの人が増加する

答 ⑤（施行・試行・至高・指向・志向）

浮かび上がってくるのである。

もちろん、縄文時代末期以降、西日本にひろがり、やがて東北にまでおよんだ水田稲作が日本の社会に大きな意味を持ち、とくに支配体制の基礎となってきたことはいうまでもない。しかし、その単色で日本文化を染め上げ、C日本人の生活をぬりつぶそうとすることの誤りは、いままで述べてきた海の役割を考えただけでも明らかであろう。

それだけではない。日本の社会には古くから水田稲作以外の農耕——焼畑や畠作に依存する人々、狩猟や採集、多様な織物や編物、木材や鉄・銅などの金属の加工といった手工業によって生活を支える集団、さらにさまざまな芸能に携わる人々が少なからず活動していた。十一世紀に入ると、これらの人々の間には木工道・漆工道から「博奕《ばくち》の道」にいたる、それぞれの職能に即した「道」が生まれ、こうした職能民を「道々の者」「道々の輩《ともがら》」などと総称するようになってくる。また同じころから、手工業の技術までふくむ職能そのものを「芸能」と呼び、「所職《しょしき》」「職《しき》」というようになる。「職人」という呼称が、こうした職能民をさすようになるのは多少おくれ、十四世紀のことであるが、南北朝期以前のこれらの人々は、その範囲の広狭はあっても、自らの「芸能」そのもの、あるいはそれによって生産された製品を持って、遍歴するのをつねとしていた。

こうした遍歴民の生活のあり方には、定住的な農業民とは異質なものがあり、それが日本の社会と文化に、無視しがたい意味を持っていたことは間違いない。なにより、日本列島の諸地域を細かく結びつけていく上で、これら旅する人々の役割は欠くことのできないものであった。

（網野善彦『中世的世界とは何だろうか』）

check! 漢字 語句 文学史

〈顧みられる〉

▼「顧」を用いるものを選びなさい。

① カコの回想
② 会社のコモン
③ コイに負ける
④ コベツに面接
⑤ コテサキの技

答 ②（過去・顧問・故意・個別・小手先）

問1 空欄X（二箇所）・Yに入る語句として最適なものを、それぞれ一つずつ選びなさい。

X
① 定説
② 真理
③ 俗説
④ 結論
⑤ 自説

Y
① 観念的
② 消極的
③ 積極的
④ 相対的
⑤ 内面的

問2 傍線部Aとはどういうことを指すか。最適なものを一つ選びなさい。

① 日本では昔も今も国境が意識されておらず、海を渡って他民族との行き来が盛んであるということ
② 沖縄と台湾とは至近距離ではあるが、民族も異なることもあって、その関係ははっきり区別されたということ
③ 島々をとりまく海は人と人とを結びつけることはあっても、決して島と島とを分断するものではないということ
④ 海にへだてられれば、そこには自ずと断絶ができ、国境も海を境にする場合が多いということ
⑤ 日本国内の島々の間の海は人と人を断絶するが、外国との間の海は人と人とを結合するということ

問3 傍線部Bの内容として最適なものを一つ選びなさい。

① 定住的な農業民とは異質な、海を旅する遍歴民の生活のあり方は、日本列島の諸地域を細かく結びつけていく役割を果たし得なかった。
② 日本列島各地で海上を行き来する人々がいて、古くから大陸や北方・南方の島々との交流があった。
③ 「島国根性」を国際的視野が欠けていると批判する一方、日本文化の個性は「島国」なるが故に育まれたと讃美した。
④ 中世都市においては、定住的な農業民よりも、道々の者といった遍歴民の影響力が強かった。
⑤ 水田稲作をもっぱら日本社会の基礎と見る、「瑞穂国日本」を基調とした日本文化論の正しさを確認できた。

---

check! 漢字 語句 文学史

〈遍歴〉
▼「遍」を用いるものを選びなさい。
① フヘン不党の立場を取る
② 毀誉ホウヘン相半ばする人物
③ ヘンゲン自在の足技を繰り出す
④ イヘン三絶するほど熱中した本
⑤ 読書ヒャッペン義自《おの》ずから見《あらわ》る

答 ⑤（不偏・褒貶・変幻・韋編〈韋編三絶＝読書に熱中すること〉・百遍〈読書百遍義自ずから見る＝難解な書物も繰り返し読めば自然に意味が分かる〉）

問４　傍線部Ｃの内容として適切なものを二つ選びなさい。

①　日本を遍歴民と定住民の混在する国ととらえること
②　日本を稲作文化の国ととらえること
③　東西の区別をつけないで全体を俯瞰《ふかん》すること
④　支配者が稲作による徴収で国家を維持すること
⑤　海の役割を無視して日本を孤立した島国とすること

check!　漢字　語句　文学史

⑴〈**観念的**〉⑵〈**相対的**〉（問１Ｙ①④）
▼それぞれ対義語を答えなさい。

答　⑴実践的・⑵絶対的

演習32

目標時間8分

学習日 ／

学習日 ／

自分の弱さを嘆くというのは、若い学生諸君であれば、かえって好ましく思えることがあります。いい歳をした教師が同じことを言うと、場合によっては居直っているように聞こえたりします。自分の弱さを自分で意識するというのは、自分自身のあり方について、自分自身がどうあるべきかについて、規範性を意識することであり、その上で、自分が何らか規範にもとるということを認めることだと思います。若い人たちの場合には、向上する可能性があるから、自分の弱さを嘆くのを聞いた場合に、その分だけ好ましく思えるのだと思います。それに対して、可能性がない者が嘆いて見せる場合には、白々しく聞こえるばかりだということでしょう。

規範性と可能性ということを言いましたが、私たちはここで、「成熟」という概念を必要としているように思われます。これは恐らく、非常に重要なことです。私たちは、生まれ落ちるとすぐに、走り回れるわけではないし、ましてや、話せるわけでもありません。立ち上がるのにも時間がかかるし、立ち上がって歩けるようになってからも、いつまでたってもまともに他人とつきあえるようにならないかも知れない、というような存在です。ところで、この場合、自然的存在（人類の唯一の生き残りである私たちは自然種「ホモ・サピエンス・サピエンス」と呼ばれる自然的存在です）としての成熟とA人間としての成熟を区別した方がよいと思います。仮に自然的存在として十分成長し成熟したとしても、人間的には未熟であるということは、特に珍しいことではないからです。私たちは、本当にいろんな可能性を持って生まれてくるわけですが、実際に使える能力として実現できる能力というのは、ごく限られていますし、実現するのに、ひどく時間がかかります。自分の考えに従って、目的の実現を目指して意図的に行為する能力というのも、実現可能な能力の一つではありますが、時間をかけずに一挙に実現できるものではありませんし、範囲や程度に関しても限りなく実現できるようなものではありません。

そして、成熟というものは、自然的なそれであろうと人間的なそれであろうと、何らかの仕方で目指されるものだと思います。自然的成熟の場合は、それを目指す意識のようなものは、特に必要ないでしょう。自然的なそれを目指す自然的な仕組みというものが、何らかすでにでき上がっていると考えられるからです。しかし、人間的な成熟の場合は、意識することがどうしても必要になると思います。人間的な成熟を「目指す」というのは、遺伝子的・自然的なできあいの仕組みがすでにあって、私たちは自然にそうするようになるというようなものではなくて、もともと、自分からそうする以外にないという意味で、自発的なものだからです。そして、私たちが自分の弱さを認める、規範性を意識する

---

check! 漢字 語句 文学史

〈居直っている〉

▼意味として最適なものを選びなさい。

① 体裁を取り繕っている
② いずまいを正している
③ 急に強い態度に出ている
④ わざと平静を装っている
⑤ 知らないふりをしている

答 ③
※②の意味もあるが、ここでは③の意味。

というのは、一言で言ってしまうと、B合理性に対する社会的要求に応えようとすることだと思います。この要求は誰に対しても、恐らくは同じように、突きつけられるのですが、それに応えるかどうか、そしてどう答えるかは、結局は一人ひとりの問題です。一人ひとりが自ら、自分で答えを出す以外にない問題だと思います。

（岡部勉『合理的とはどういうことか』）

問１　傍線部Aの一例を示す最適な箇所を三十字以内で抜き出し、初めと終わりの五字を記しなさい（句読点も字数に含むものとする）。

初め						終わり					

問２　傍線部Bの説明として最適なものを一つ選びなさい。

① 社会全体ができる限り無駄な行為をなくそうとする時、人がその努力に応えようとすること。
② 社会がその構成員全員に課す様々な法律や条例をきちんと遵守しようとすること。
③ 人が自分の弱さを認めた上で、自分にできる範囲で社会に貢献しようとすること。
④ 人が社会的存在として守るべき正しい振る舞いを自ら身につけようとすること。
⑤ あらゆる道徳を守らなくてはならないという社会からの要求に人が服従しようとすること。

check!　漢字　語句　文学史

〈規範にもとる〉
▼ここでの意味として最適なものを選びなさい。
① あるべき姿ではない
② 模範的な姿に戻っている
③ きまりに縛られている
④ 約束を破っている
⑤ 規則に違反している

答
①

第9章 一体性・類似性

論理的関係をつかむ(一体性・類似性)

本章では、「一体性・類似性」について学習していきます。

まず「一体性」についてですが、わかりやすい例として表と裏があります。表があるから裏があり、裏があるから表があるのであって、どちらか一方だけがあるということはありません。そのように、不可分、互いに必要とする、といった**「一体性」の関係**に注目して文章を読み、問題を解く練習をします。イメージとしては、上記の通りです。

A ＋ B
(「一体・不可分」等)

●具体的な手順

1 本文を読みながら、**「一体性・不可分性」を示す言葉**に注目しましょう。

2 設問と関係する「一体性・不可分性」について、**「何と何が一体・不可分なのか？」**を考えましょう。

※既に学習した事項(**「論」と「例」**)も用いながら考えましょう！

次に「類似性」ですが、類似関係、つまり、**何かと何かの「類似性・共通性」**に注目して文章を読み、問題を解く練習をします。イメージとしては、次の通りです。

A ≒ B
A ＝～～～～
B ＝……
↓**共通点**は？

●具体的な手順

1 本文を読みながら、**「類似性・共通性」を示す言葉(「～もまた」「同じ」など)**に注目しましょう。

2 設問と関係する「類似性・共通性」について、**「何と何が同じなのか？」**を考えましょう。

3 両者の**共通点**は、どのようなものかも考えましょう。

演習33

目標時間4分

学習日 ／　学習日 ／

画家の創作にとっていちばん大事なことは、何を主張していくか、ということである。一枚一枚の絵についても、そういうことは言えるが、さらに一人の画家が、創作の方向性、芸術観、思想のようなものを、どうつくり上げていったか、という点から見る必要がある。どんな画家でも、最初から具体的な主張をもっているわけではない。それは生涯をかけて追求していくものである。

一般に、絵を描くことが好きで、上手に描けるということは、子供のころからの感性で、形や色を理知的に表現する描写力をもっているということである。それが描き続けているうちに、自然の対象物をいかに感ずるか、美しさというものをどう解釈するかという、基礎的な感性の訓練が行われていく。この段階では、技術に対する自覚はそう強くはないし、画家になろうという気持がなければ、芸術観とか思想といった問題は起こらない。

しかし、画家をめざして表現技術を勉強するようになると、技術と、その人個人の思想的なものとのバランスが大切になってくる。絵さえうまくなればいいんだというので、技術だけ先行させると、達者だが内容がない、ということになりかねない。逆に、技術を勉強しないで頭でっかちになっても、絵は描けなくなる。難しいことだが、技術を身につけながら、自分の芸術観も養っていくというふうに、同時進行していくことが大事だ。

自然というものにどう対し、世界をどう見て、歴史をどう解釈するか。また、人生をどう考えるかという、知的な要素、芸術観、思想的なものを自分の中で育てながら、修練している技術とそれが出会う時を、じっと待つ必要がある。待つといっても、積極的にいろいろな実験を重ねながらであり、焦りも感じるわけだが、時が来なければ、生まれないのが本当の芸術だ。いったん、画家の中で芸術観と技術の連動が起こってくると、描くべきものが何かはおのずとわかってくる。そこに独創性も表れてくる。

作品が独創的で、オリジナリティーをもっているということは、それを描いた画家が優れた芸術観の持ち主であり、芸術に対して、自然に対して、人生に対して、独自の展望をもって制作をしているということだ。芸術の思想が一貫して流れているうえでの、一枚一枚の絵である。

（平山郁夫『絵と心』）

問　本文の内容と合致するものとして最適なものを一つ選びなさい。

① 画家をめざすには表現技術の勉強が大切だと思われがちだが、まずは自分の思想や芸術観を養うことが先決である。
② 作品にオリジナリティーがあったとしても、その画家に優れた芸術観があるとは限らず、慎重な見極めが必要である。
③ 優れた画家というものは、具体的な主張をもって絵を描くという姿勢を生まれながらに身につけていることが多い。
④ 画家の創作における独創性は、自らの芸術観と表現技術とのバランスのよい連動が起こって初めて生まれてくる。
⑤ 自然や世界、歴史、人生に対する洞察や解釈を深めていくと、おのずと画家としての表現技術も身につくものである。

check! 漢字　語句　文学史

〈達者〉
▼「達」を用いるものを選びなさい。
① 目的に向けてシュッタツする
② 宝物をゴウダツする
③ キョダツ感に苛まれる
④ 何事にもセンダツは必要だ
⑤ キリストのタッケイ図

答 ④（出立・強奪・虚脱・先達・磔刑）

演習34 目標時間8分

学習日 ／　学習日 ／

Ⅰ　すこし込み入ったことを考えるとき私はよく部屋の中を歩き回る。ゆっくりと円を描くように。あるとき、それがいつもきまって反時計回りであることに気づいた。それでためしに時計回りに歩いてみたところ、どうにも考えがまとまらない。変な方向に針金を入れられたような感じがして落ち着かないのだ。私に関しては、考えるときに時計回りに歩いてはいけないようだ。

Ⅱ　もちろん考えの中身は重要である。何について考えているのかを明確にせよ。ほかのことに気をとられるな。正しい値を求めようとしているときに、耳元でさまざまな数字を囁《ささや》かれたとしたらどうだろう。あなたはその雑音を断固退けなければならない。

Ⅲ　身体の妙な向きは、考えの内容に関係なく考えを妨げる。内容に関係しないので、妨げになっていることに気づかないかもしれない。雑音のいくつかは、内容に関係するから、明白に思考の邪魔をする。しかし、ほかにもある。内容に深く関係するにもかかわらず、意識されることなく、私たちの考えを左右するものがある。

Ⅳ　先入観は、気づかないうちに人々の思考の幅を狭めると言われる。たとえば飛行機は当然座って乗るものだろう。だがその常識から自由になれば、通勤列車のように乗客全員を立たせたまま飛ぶことを思いつくかもしれない。効率的で画期的な方法だ。先入観は気づいたときに「先入観」でなくなるが、それでも力をもつ。新方式を聞いてもやはり飛行機には座って乗りたいだろう。画期的なら何でもいいわけではない。

Ⅴ　主題や内容に応じて無数の先入観があり、私たちはそれらにとらわれている。そのすべてを意識することはできないし、意識しようとすべきでもない。時間は有限である。人間は無数の事柄を当然の前提としてはじめて、思考を開始できる。先入観は、思考の内容を狭めると同時に、思考を可能にしてくれる。

Ⅵ　A まだある。人はしばしば自分の信じたい内容の事柄を、根拠なく、その自覚なしに、より真実らしいと思ってしまう。たとえば、公平に見て自分は悪くないという考えは、悪いのは自分であってほしくないという願望の結果生じたものかもしれない。

Ⅶ　しかしそれは、望んだとおりに何でも考えられるということではない。事実はむしろ逆だ。紫鏡《むらさきかがみ》というのがある。二十歳のときに紫鏡のことを覚えているとすぐに死んでしまうらしい。紫鏡の恐ろしさは、紫鏡のことを考えないようにしようと努力する過程で、どうしても紫鏡のことを考えざるをえないところにある。

check!　漢字　語句　文学史

〈幅〉

▼「幅」を用いるものを選びなさい。

① 独裁政権がテンプクする
② 失礼な態度にリップクする
③ トンプク薬を処方される
④ ハンプクして学習する
⑤ ゼンプクの信頼をよせる

答 ⑤（転覆・立腹・頓服・反復・全幅）

Ⅷ　さてどうすればいいのだろう。満足いくようにちゃんと考えるのはとても難しそうだ。Bいろいろなものが知らないうちに考えを左右し、Cその多くは自分自身の内側にある。Dいくつかは思考の不可欠な前提を構成しているから、それらのすべてを取り除くことはできない。満足いく思考のためのマニュアルなどないように思える。ただ、自分の考えがほかならぬ自分のせいで予想外の方向に歪められている可能性は、つねに考慮しておいてよいかもしれない。せいぜい言えるのはそんなところだろうか。

（柏端達也「考えるってどうすればいいの？」）

問１　傍線部Ａ「まだある」とあるが、何があるのか。最適なものを一つ選びなさい。

①　私たちが考えるのに必要とするもの
②　私たちが無意識に思い込んでいること
③　私たちの思考の内容に関係すること
④　私たちが思考するのに邪魔になるもの

問２　傍線部Ｂ「いろいろなもの」、傍線部Ｃ「その多く」、傍線部Ｄ「いくつか」とあるが、それぞれ具体的には何か。最適なものを一つずつ選びなさい。

①　身体の妙な向き
②　雑音
③　先入観
④　願望
⑤　身体の妙な向き・雑音
⑥　雑音・先入観
⑦　先入観・願望
⑧　身体の妙な向き・雑音・先入観
⑨　雑音・先入観・願望
⑩　身体の妙な向き・雑音・先入観・願望

問３　段落Ⅰ～Ⅷの中で、本文全体の論旨の展開に影響しないように省略するとしたら、どの段落か。最適なものを一つ選びなさい。

①　Ⅰ　②　Ⅱ　③　Ⅲ　④　Ⅳ　⑤　Ⅴ　⑥　Ⅵ　⑦　Ⅶ　⑧　Ⅷ

check!　漢字　語句　文学史

〈前提〉
▼「提」を用いるものを選びなさい。
①　河川のテイボウを強化する
②　外国の企業とテイケイする
③　隣国と協定をテイケツする
④　美しいソウテイの文学全集
⑤　小学生がタンテイ役の小説

答　②（堤防・提携・締結・装丁・探偵）

演習35

目標時間6分

学習日 ／

学習日 ／

　産業革命以降のテクノロジーは「機械」によって特徴づけられる。これらは内燃機関を中心に組み立てられた技術システムであり、それ以前のテクノロジーが、人間が自らの身体を用いて道具を使ったり、あるいはせいぜい牛や馬の力を利用するだけのものであったのに対して、そのパワーと速度を飛躍的に高めるものであった。産業革命の生み出したテクノロジーとは端的に言って「力と速度のテクノロジー」なのである。

　だが、それはかりではない。そもそも機械や機械システムは道具とは異なり、人間の身体の拡張ではないのだ。そうではなくそれは「身体機能の外部化」であり、身体の運動系─筋肉系の「シミュレーション」なのである。それは動力機関と情報伝達系をもった複合的なシステムであり、人間の身体抜きで労働やものの製作を可能にするまったく新しい「脱─身体」的な──ということは「脱─主体」的な──テクノロジーであった。ここで注目しておきたいことは、それが運動系─筋肉系のシミュレーションであったと同時に、それらの意識からの疎外＝外部化の形態でもあったことである。技術はここで人間主体から切り離され、ひとつの自律的で自動的な外的システムへと変容することになった。

　これらのテクノロジーは労働形態と社会構造を大きく変えていった。そこでは機械に従属するしかない現場の労働者と、その機械を所有する資本家を二つの極とするさまざまな階級を作り出し、大きく言えば機械を所有し、支配する階級と、機械や機械システムに従属し、それらに支配される階級を分離し、細分化した。これから先、われわれは「労働者」という言葉を、この後者の階級に対してのみ使用することになるのである。したがって機械の時代はまた、機械を軸とした「階級社会」の時代の始まりでもあった。

　だが、ここでもそうした変化を支えていた知識構造の変化に目を向けておかなくてはならない。こうした機械テクノロジーを支えていたのは、やはり新しい形態で組織された知識構造だったのである。「科学」（Science）と呼ばれるこの新しい知識構造は、印刷術の発明と進展、知識の世俗化など、知の領域を取り巻く環境のさまざまな変化の上に成り立った複雑に絡み合う「樹木型」の言説システムを作り上げた。

　そこでは、言説は複雑な相互言及の森の中でほとんど自動的に進行していき、一人一人の主体は常に加速度的に増大する知識の一部分にしか関与できない。たとえば、一つの論文や書物を読むためには、それが言及している他の複数の論文に関する知識が必要とされるが、それらはただ読まれるだけではなく、すぐに別の論文や書物の産出につながっていくために、結果としてすべての知識を統合することは誰にとっても不可能になってしまうからである。

check! 漢字 語句 文学史

〈システム〉

▼「システム」の言い換えとして適切でないものを一つ選びなさい。

① 機構
② 組織
③ 制度
④ 体系
⑤ 理性

答 ⑤

このような脱人格化されたシステムとしての知識は、機械の時代にちょうど呼応している。そこで実際に知識を支配しているのは人間ではなく、言説の機械状ネットワークなのである。つまり、ちょうどさまざまな機械が接合しながら工場における一つの生産ラインを作り出していくように、部分的に専門分化したさまざまな〈専門知〉が、一つの目的の中で接合することによって、全体的に巨大で人間の身体を超えた知識システムを作り出していくのだ。

とはいえこうした機械や知識のシステムは、それがたとえば自動車の生産ライン上に組み込まれている限り、全体としてはいまだに理解可能なものにとどまっている。たとえ現場で単純労働に従事する労働者にとってはそうでないとしても、少なくとも生産ラインを管理している責任者や資本家にとっては、どんなに巨大であっても要するに道具的なもの（役に立っているもの）の領域にすぎない。

それと同様に、誰もその全体を把握できない巨大な森のような科学という知識構造も、それがたとえば「真理の探究」「人類の進歩」「ユートピアの理想」とかいった啓蒙主義的な理念と物語に支えられている限りにおいては未だ理解可能な領域にとどまるだろう。問題はそれらの理念が崩壊してしまって、科学がだれもその全体像を捉えられない巨大で怪物的なシステムと化してしまったときだ。そして、それこそが二十世紀後半以降の状況なのである。

（室井尚『哲学問題としてのテクノロジー』）

問　傍線部「ちょうど呼応している」とあるが、なぜそう言えるのか。その理由の説明として最適なものを一つ選びなさい。

① 科学が生み出す知識構造が新たな機械状ネットワークを次々に生み出し続けているという点において、複雑に絡み合う「樹木型」の知識と産業革命以降の機械が共通しているから。

② 「科学」と呼ばれる知識構造と機械が象徴する産業革命以降のテクノロジーが、ともに人間主体から切り離された、自律的かつ自動的な外的システムを作り出している点で共通しているから。

③ 個々の論文や書物の理解が不可能であることと、機械の複雑な構造の理解が不可能であることが、だれもその全体像を捉えられない巨大で怪物的なシステムを作り出している点で共通しているから。

④ 人間の身体を超えた科学の知識システムと人間の身体抜きで生産を可能にする産業革命以降の機械システムが、ともに真理や進歩、理想のために人間を排除している点で共通しているから。

⑤ 言説のネットワークの中で個々の論文や書物の知識が別の論文や書物の生産につながるように、工場のネットワークの中で機械の生産が他の製品の生産につながる点で両者が共通しているから。

答　⑤

check! 漢字 **語句** 文学史

〈世俗化〉

▼ここでの意味としてふさわしいものを選びなさい。

① 複雑かつ高尚なものなること
② 低俗でありふれたものになること
③ 科学に裏打ちされて信頼されること
④ 広く世間に知られるようになること
⑤ 宗教や呪術から分離独立すること

学習日 ／　学習日 ／

＊チェーザレ・パヴェーゼの日記には「何月何日のところに……ということを追加」あるいは「何月何日に書いたことからは……という結論になる」といった記述がしばしば登場してくる。しかも追加される内容は、当日は記さずにあとになって思い出した出来事ではなく、きわめて抽象的な思念である。ただひたすら自分の日記に読みふけっている作者の孤独な姿がありありと浮かんでくるようだ。日記（いちいち断るのはわずらわしいので、ただ日記とだけしておくけれども、journal intime 正しくは個人がその内面を書き記した日記）をつけること自体、あるいはそれを公刊さえすることを、近代精神の《病》と呼んだ＊ポール・ブルジェであれば、病はここで極頂にまで達したと評したかもしれない。だが、いかに病気と呼ばれようとも、ある種の人びとにとって、日記はただ毎日つけるだけでは十分ではない。それを繰り返し読み、かつ意見を追加してゆかなければいけないのだ。再読と記述の追加とは、日記を書くという行為の何か本質的な部分につながっている。

というのも、ここでは日記を一つの保存装置、とりわけ《自己》を保存する容器と考えたいのだが、何であれ、また何のためであれ、保存するということは、その保存したものを将来いつか取り出してくるのを前提としているはずだからである。今日つくったジャムをいつかは食べるなどとはまったく考えもしないで、瓶に密封するひとがいるだろうか。もっとも、時がたつにつれて、保存したことそのものを忘れてしまう場合はあるけれども――われわれの多くの日記のつけ方はこれにあてはまるだろう。しかしパヴェーゼは、けっして忘れることなく、ときどき瓶のふたを開いてはジャムを少しずつなめるような具合に、自分の日記を読みかえし、そのうえ新たな味つけまでしているのだ。つまりA保存という作業の基本を忠実に守っているわけである。

だがそれにしても、保存するものがジャムであるのと自己であるのとでは、保存の姿勢がずいぶんと変わってくる。ジャムの保存は、密封した瓶をあけて内容物を消費しつくした時点でその目的は達成され完結する。他方で日記の再読にあっては、保存の対象はある種のかたちで消費されるとはいえ、しかし減少することはけっしてなく、逆に、記述の追加を通してたえず自己増殖をつづけてゆくだろう。このちがいは小さくない。保存したものが自己増殖するという点で、日記を書くということは、むしろ蓄財やあるいは切手、昆虫などの収集に似ているかもしれない。日記に記された内面と同様に、資本もまた自己増殖をつづける――少なくとも最初からそれが消滅することは願われていない――のであり、しかもそのことを確認するために、資本家はたえず帳簿に目を通さなくてはならない。切手の収集家もまた、日毎《ひごと》ふえ

check!　漢字　語句　文学史

〈抽象的〉

▼「抽」を用いるものを選びなさい。

① チュウリュウする軍隊
② 予想がテキチュウする
③ チュウイを喚起する
④ 要素をチュウシュツする
⑤ 不動産売買をチュウカイする

＊チェーザレ・パヴェーゼ――イタリアの詩人（一九〇八～一九五〇）。

＊ポール・ブルジェ――フランスの作家、批評家（一八五二～一九三五）。

答 ④（駐留・的中・注意・抽出・仲介）

てゆく収集品を前にしてほくそえみ、逆に、せっかく集めたものがたった一つでもなくなればひどく嘆き悲しむであろう。
古代以来の日記文学の伝統のあるわが国は措《お》くとしてヨーロッパにおいては、日記の発達は商人のつける会計簿に一つの起源があるようだ。言いかえれば、自己の内面を日記に綴《つづ》るということは、自己を一種の財と見なして蓄積することであり、それは一方で資本主義、他方で個人主義という、ともに近代ヨーロッパの根幹をなすとも言うべき考え方の成長をまってはじめて現実のものとなった。収集がただの趣味以上のものとして広く行われるようになるのも、おそらくはブルジョワ*社会においてのことであって、<u>ここでも同じ原理が作動している</u>（B）はずである。

（富永茂樹『都市の憂鬱』）

問1 傍線部Ａ「保存という作業の基本」とあるが、日記という作業の基本は何か。最適なものを本文中から十字以内で抜き出しなさい。

問2 傍線部Ｂ「ここでも同じ原理が作動している」とあるが、何について、どのような「原理」が「作動」しているのか。最適なものを一つ選びなさい。

① 近代ヨーロッパにおいて蓄財の精神が働いているのと同じように、ブルジョワ社会においても、財の蓄積を尊ぶ資本主義の原理が働いているということ。
② 自己の内面を日記に綴る営みの背景に資本主義と個人主義の成長という原理が見られるように、趣味の域を超えた収集活動の広がりにもそのような背景があるということ。
③ 収集はただの趣味以上のものであるが、収集活動と趣味活動の双方に、ブルジョワ社会を支える資本主義と個人主義の原理が働いているということ。
④ 資本主義と個人主義という二つの原理が近代ヨーロッパの基本的な精神を形成したように、その二つの原理が同じようにブルジョワ社会を形成したということ。
⑤ 日記の発達の起源に財の蓄積という商業活動の原理があったように、収集活動が趣味以上のものとなっていくのも商業活動のためであるということ。

check! 漢字 語句 文学史

〈ブルジョワ〉

▼対義語として最適なものを選びなさい。

① コミュニスト
② プロレタリア
③ デモクラシー
④ レイシスト
⑤ プロパガンダ

＊ブルジョワ――ここでは近代ヨーロッパの有産者。

答 ②

※「ブルジョワ」は「有産者」、簡単に言えばお金持ちの資本家。対義語は「労働者」を意味する②。

※①は共産主義者、③は民主制・民主主義、④は人種差別主義者、⑤は主に政治的な宣伝の意味。

第10章 「論」と「例」④

複雑な「論」と「例」の関係をつかむ

「論」と「例」の関係の最終章です。この章では複雑な「論」と「例」の関係に注目する設問を扱っています。
この章が全問正解なら、「論」と「例」については免許皆伝です！

演習37 目標時間5分

学習日 ／
学習日 ／

じぶんたちが生き延びるために絶対に削除できない《いのちの世話》を、行政や企業に全面的に譲り渡さないこと。この気概と仕組みをわたしたちは長らく放棄したままであった。そのことのつけが市民生活の未熟さ、ないしは劣化をもたらした。わたしたちはいのちをシステムにあずけすぎてきたのである。このあずけすぎというのがどういうことかについて、かつて丸山眞男が「日本の思想」（一九六一年）のなかで次のように指摘していた――

日本における統一国家の形成と資本の本源的蓄積の強行が、国際的圧力に急速に対処し「とつ国〔外国、著者注〕におとらぬ国」になすために驚くべき超速度で行われ、それがそのまま息つく暇もない近代化――末端の行政村に至るまでの官僚制支配の貫徹と、軽工業及び巨大軍需工業を機軸とする産業革命の遂行――にひきつがれていったことはのべるまでもないが、その社会的秘密の一つは、自主的特権に依拠する封建的＝身分的中間勢力の抵抗の脆《もろ》さであった。明治政府が帝国議会開設にさきだって華族制度をあらためて創設（作られた貴族制というのは本来形容矛盾である）しなければならなかった皮肉からも、ヨーロッパに見られたような社会的栄誉をになう強靱な貴族的伝統や、自治都市、特権ギルド、不入権をもつ寺院など、国家権力にたいする社会的なバリケードがいかに本来脆弱《ぜいじゃく》であったかがわかる。〔……〕「立身出世」の社会的流動性がきわめて早期に成立したのはそのためである。政治・経済・文化あらゆる面で近代日本は成り上り社会であり（支配層自身が多く成り上りで構成されていた）、民主化

---

check! 漢字 語句 文学史

〈譲り〉
▼「譲」を用いるものを選びなさい。
① 深窓のレイジョウ
② 米から作るジョウゾウ酒
③ 互いにジョウホする
④ 水はけのよいドジョウ
⑤ オウジョウギワが悪い

答 ③（令嬢・醸造・譲歩・土壌・往生際）

を伴わぬ「大衆化」現象もテクノロジーの普及とともに比較的早くから顕著になった。

わたしたちの生活が行き届いたサービス・システムの恩恵をこうむるなかで、「主」たる市民が「顧客」という受け身で無能力な存在に成り下がっている。こういう苦々しい事実には、個人と国家のあいだ、つまりは地域社会や職業社会といった中間集団の空洞化という事態が深く関連していると、丸山はいうのである。たとえば、家族、地域社会、会社、労働組合。小さな個人と巨大な社会システムとのあいだで、いわばその蝶番《ちょうつがい》として、あるいはクッションとして、機能してきたそういう中間集団の紐帯《ちゅうたい》が、この国でも、まるで乾いたスポンジのように空洞化してきたことは、だれもの実感としてある。個人を護る被膜が破けて、あるいは薄くなって、個人が社会のシステムにむきだしでつながるほかなくなってきた。

（鷲田清一『しんがりの思想』）

問　傍線部の説明として最適なものを一つ選びなさい。

① 支配者層がテクノロジーの可能性を過信しているために、個人が持つ意思や能力が十分に引き出されることなく放置されていること。
② 国家や権力者の方針に対して、日頃から追随的に賛同しているために、自身にとって不都合な事態が発生しても異議申し立てができないこと。
③ 政治・経済・文化といったあらゆる分野において、民主化を伴わない大衆化が進んだために、個人が意思表示を行うことが困難になったこと。
④ 直面する課題に対して、自身で解決をすることなく、金銭の支払いによって行政や企業のサービスに依存するようになってしまったこと。
⑤ 近代において都市化に伴う社会の流動性が加速したことにより、生産者の側に位置していた人々が、急速に消費するだけの存在になったこと。

check! 漢字 **語句** 文学史

〈紐帯〉
▼意味として最適なものを選びなさい。
① しきりとなるもの
② 中心を作るもの
③ 衝撃を和らげるもの
④ 結びつけるもの
⑤ 対峙させるもの

答 ④

演習38　目標時間7分

学習日　／　学習日　／

エジソンの蓄音機の発明が登録されたのは一八七七年でちょうど西南戦争の年であった。太平洋を隔てて起こったこの二つの出来事にはなんの関係もないようなものの、わが国の文化発達の歴史を西洋のと引き合わせてみる時の一つの目標にはなる。のみならず少なくとも私にはこの偶然の合致が何事かを暗示する象徴のようにも思われる。

エジソンの最初の蓄音機は、音のために生じた膜の振動を、円筒の上にらせん形に刻んだみぞに張り渡した錫箔《すずはく》の上に印するもので、今から見ればきわめて不完全なものであった。ある母音や子音は明瞭に出ても、たとえばSの音などはどうしても再現ができなかったそうである。その後にサムナー・テーンターやグラハム・ベルらの研究によって錫箔の代わりに蠟管《ろうかん》を使うようになり、さらにベルリナーの発明などがあって今日のグラモフォーンすなわち平円盤蓄音機ができ、今ではこれが世界のすみずみまで行き渡っている。もしだれか極端に蓄音機のきらいな人があってこの器械の音の聞こえない国を捜して歩くとしたら、その人はきっとにがにがしい幻滅を幾度となく繰り返したあげくにすごすご故郷に帰って来るだろうと思われる。

蓄音機の改良進歩の歴史もおもしろくない事はないが、私にとっては私自身と蓄音機との交渉の歴史のほうがより多く痛切で忘れ難いものである。

西南戦争に出征していた父が戦乱平定ののち家に帰ったその年の暮れに私が生まれた。その私が中学校の三年生か四年生の時であったからともかくも蓄音機が発明されてから十六七年後の話である。ある日の朝K市の中学校の掲示場の前におおぜいの生徒が集まって掲示板に現われた意外な告知を読んで若い小さな好奇心を動揺させていた。今度文学士何某という人が蓄音機を携えて来県し、きょう午後講堂でその実験と説明をするから生徒一同集合せよというのであった。これはたしかに単調で重苦しい学校の空気をかき乱して、どこかのすきまから新鮮な風が不時《ふじ》に吹き込んで来たようなものであった。生徒の喜んだことはいうまでもない。おもしろいものが見られ聞かれてその上に午後の課業が休みになるのだから、文学士と蓄音機との調和不調和などを考える暇《いとま》はないくらい喜んだに相違ない。その時歓声をあげた生徒の中に無論私も交じっていた。

校長の紹介で講壇に立った文学士は堂々たる風采《ふうさい》をしていた。頭はいがぐりであったが、そのかわりに立派な漆黒なあごひげは教頭のそれよりも立派であった。大きな近眼鏡の中からは知恵のありそうな黒い目が光っていた。引きしまった清爽な背広服もすべての先生たちのよりも立派に見えた。

---

check!　漢字　**語句**　文学史

〈しゃちこ張り〉

▼「しゃちこ張る」の意味として最適なものを選びなさい。

① 遮二無二前に進む
② いかめしく構える
③ 人前で緊張する
④ わがままを押し通す
⑤ 気持ちがくじける

答 ②
※「鯱張《しゃちこば》る」の転。

まず器械の歴史から、その原理構造などを明快に説明した後にいよいよ実験にとりかかった時には異常な緊張が講堂全体に充満していたわけである。いよいよ蠟管に声を吹き込む段となって、文学士は吹き込みラッパをその美髯《びぜん》の間に見える紅《あか》いくちびるに押し当てて器械の制動機をゆるめた。そうして驚くような大きな声で「ターカイヤーマーカーラア、」と歌いだした。

私はその瞬間に経験した不思議な感じを三十年後の今日でもありありとそのままに呼び返すことができるように思う。

（中略）

この一日の出来事はどういうものか私の中学時代の思い出の中に目立って抜き出た目標の一つになっている。一つにはこの泰西科学の進歩がもたらした驚異の実験が、私の子供の時から芽を出しかけていた科学一般に対する愛着の心に強い衝撃を与えたためであろうが、そのほかにまだ何かしらある啓示を与えたものがあるためではないかと思っている。私は今でも事にふれてこの文学士の「高い山から」を思い出す。あの時にあの罪のない俚謡《りよう》から流れ出た自由な明るい心持ちは三十年後の今日まで消えずに残っていて、行きづまりがちな私の心に有益な転機を与え、しゃちこ張りたがる気分にゆとりを与える。これはおそらく私の長い学校生活の間に受けた最もありがたい教えの中の一つではなかったかと思う。業に疲れ生に倦《う》んだ時に私はいろいろの形式でいろいろの「高い山から」を歌う。そうして新しい勇気と希望を呼び返すのである。

（寺田寅彦「蓄音機」）

問　傍線部について、筆者はなぜそのように思ったのか。最適なものを一つ選びなさい。

①　自分の生年と時を同じくして発明された蓄音機のたどった改良の歴史は、物理学者としての自己の運命を暗示するものとして、自身にとって身近なものと感じられたから。

②　自分が生まれたのと同時期に発明された蓄音機の歴史が、他の西洋文明の移入物と同様に日常生活にも密接なものとして普及したが、そこには自己の精神的な成長の歴史も刻まれているから。

③　自分が蓄音機の発明されたのと同じ頃に生まれたという偶然が、蓄音機への思い入れをいっそう深いものとし、科学者としてその改良の歴史にさまざまな示唆を受けてきたから。

④　西南戦争の年に蓄音機が発明されたことは、西洋と日本との文明の発達段階を端的に示す指標となり、両者を引き合わせるかたちで近代日本における文明開化の歴史を見ていたから。

⑤　西南戦争が日本の近代化に及ぼした影響と蓄音機の普及は、一見無縁のように見えるが、両者から社会や科学の発展には既存の権力や権威を相対化することが重要であると学んだから。

check! 漢字　語句　**文学史**

〈寺田寅彦〉

▼寺田寅彦にとって、高等学校時代の恩師であり、また文学上の影響を与えた人物を漢字で答えなさい。

答　夏目漱石

演習39 目標時間9分

学習日 ／　学習日 ／

二〇〇一年、歳末の渋谷の街で蜷川《にながわ》幸雄演出『四谷怪談』を観た。蜷川幸雄の演出する芝居を観る時の第一の楽しみは幕の開く前である。今度の芝居ではどんな仕掛けで驚かしてくれるだろうかという期待である。今回の幕開きもその期待を裏切らなかった。シアターコクーンの舞台は全体が回り舞台になっていて、板の下―奈落―が観客にまる見えになる仕掛けだった。

蜷川幸雄の『四谷怪談』が構築した劇構造の基本はこの［X］舞台の仕掛けにあった。『東海道四谷怪談』が初演された江戸時代の芝居小屋を再現しようという、趣向の次元のアイデアに止まるものではない。これには少なくとも三つの問題提起がある。一つは流転する人間のドラマをぐるぐると回る世界―舞台―によって表象し得ること。今一つは、侍や町人の愛と死と悪が展開する劇的世界が、社会から疎外された制外人たちの存在や活動と無縁ではないことを示し得ること。もっとも重要なもう一つの意味は、眼前で展開する虚構のドラマに見入る観客に、いやおうなしに異化の作用をもたらす効果が得られる点である。回り舞台とその奈落を同時に見せる意表を突いた舞台の設営が蜷川版『四谷怪談』の突出した個性であり、この芝居を成功させた原点だったと言っていいと思う。

蜷川演出の『四谷怪談』は新作ではない。文政八年（一八二五）七月に初演した四代目鶴屋南北作『東海道四谷怪談』である。原作の『東海道四谷怪談』は決して観客を怖がらせるだけの「お化け芝居」ではない。しかるに、近代の歌舞伎では「浪宅」のお岩の髪梳《す》きと亡霊の活躍する蛇山庵室《へびやまあんしつ》の場の上演に焦点が当てられ、ややもすると単なる「お化け芝居」と誤解されてきた。南北の戯曲が全体としてすぐれた構成を備え、現代性を主張しているのを発見したのは、歌舞伎よりも現代演劇の人たちだった。むろん蜷川演出もその線上にある。蜷川は歌舞伎の模倣をしようなどとは毛頭思っていないし、歌舞伎に対抗しようとも思っていない。江戸時代に作られた鶴屋南北の戯曲をそのまま使って、まったく別の現代演劇を創造しようというのである。

閉塞的な時代状況の中、混沌として先の見えにくい現実がある。それでいて、やり場のないいらだちや怒りが屈折してあり、若者はいよいよ自己中心的になっている。本能的に悪を犯し、自堕落に闇に向かう。この時代の精神状況を、蜷川は「若者は政治体制への反抗ではなく、明確に敵が見えないまま自己崩壊する。自分勝手で、明るいニヒリズムが覆っている」と捉えた。

演出で目についた、特色のある箇所の例を思いつくままにあげる。浪宅や三角屋敷の怪奇の生じるシーンで多数の蛾

---

check! 漢字 語句 文学史

〈虚構〉

▼「虚構」を意味する語を選びなさい。

① フォーマット
② ファンタジー
③ フェイク
④ フィクション
⑤ ファクト

答 ④

※①は形式・仕様、②は幻想・空想、③はにせもの、⑤は事実の意味。

を飛ばしたこと、地獄宿の道具の屋根板を隙間だらけにして、上からの照明が屋内に差し込む効果をあげたこと、伊藤喜兵衛宅の屋根の朝顔の花が印象的に日常を象徴していたこと、浪宅の幕開きに、いつも見慣れているように傘を張っている伊右衛門の姿がなかったこと、お岩が上手の柱に刺さっている小平の刀で絶命して後、帰った伊右衛門がその刀を抜くまで立ち姿でいたこと、お岩が死ぬ時、原作にあるように大きな鼠を屋根の上に出し、猫を噛《か》み殺して血がしたたる場面を演じたこと。地獄宿へ薬売りの相棒がやって来て、直助の使った金が実は親方の所に届けるべきものだったと暴露する件《くだ》り、回文状や吉良への仕官を約束する懐紙の件り、また形見の櫛と守り袋の意味をしっかりと観客に伝達する件りなどは、いずれも原作どおりで、それぞれ意図のわかる演出だった。現行歌舞伎はこれらの局面をいい加減に扱っている。そのための欠陥がよくわかったのも収穫である。「三角屋敷の場」を近頃の歌舞伎は時間の関係から省略することが多くなった。だが、この重要な場を演ずることで、地獄宿における与茂七、お袖、直助三者の構図がはっきりと再現して示されるし、この芝居の重要人物の一人である直助が隠亡堀以後消えていなくなってしまう重大な欠陥はなくなる。あらためてこのことを確認した。原作に忠実に、丁寧な演出をすると、奥にあって気づかなかったものがいろいろと見えてくる。

（服部幸雄「蜷川幸雄演出の『四谷怪談』」）

問1　空欄Xに入る語句として最適なものを一つ選びなさい。

①　大胆な　②　可視的な　③　露骨な　④　再現的な　⑤　精緻な

問2　傍線部「奥にあって気づかなかったもの」とは何か。最適なものを一つ選びなさい。

①　原作の場面に込められた意図を故意に無視した現代演劇の欠陥
②　原作と異なる演出によってより深く理解できる物語と展開
③　原作が内包する若者たちの政治批判精神や愛憎のドラマ
④　原作のもつすぐれた構成力とそこに内在している現代性
⑤　原作の正確な再現から生まれる江戸時代の侍や町人の世界

check!　漢字　語句　文学史

〈欠陥〉

▼「陥」を用いるものを選びなさい。

①　味方をオトシイれる
②　カマビスしい音
③　事情をオモンパカる
④　ホシイママにする
⑤　手のひらをヒルガエす

答　①（陥れる・喧しい・慮る・恣にする・翻す）

演習40

目標時間7分

複雑系としての自然や社会は、「複雑化すると新しい性質を獲得する」という性質を持っている。そして、このため、我々が自然や社会を理解するために、これらを分割し、分析し、研究しようとした瞬間に、それらが獲得した新しい性質が失われ、我々の目の前に存在した世界は、かつて「全体性」を持って存在していたときの生命力や瑞々《みずみず》しさを失い、色褪《いろあ》せてしまうのである。

（中略）

複雑系としての世界を理解するために、我々はどうすればよいのだろうか？

その答えは明確である。

「洞察」や「直観」という方法を用いるべきなのである。

現在の科学の分野では市民権を得ていない洞察や直観という古典的な方法を用いるべきなのである。すなわち、社会を分割して分析するのではなく、社会の全体を、ありのままに観察し、その本質を直接的に把握する洞察や直観という方法である。

たとえば、市場現象の本質を知るために、タウン・ウォッチングと呼ばれる洞察的な方法が用いられることがある。これは、ショッピングモールやデパート、そしてブティックやレストラン、さらには、それらの店舗に出入りする人々の行動などを、ただ、ありのままに観察することによって、市場における次のトレンドやブーム、消費者の潜在的ニーズなどを直観的に把握する方法である。

また、こうしたフィールドワーク的な方法は、そもそも、文化人類学などにおいては、とくに重視されてきた方法である。たとえば、未開地域のコミュニティーに長期間滞在し、原住民と生活をともにしてフィールドワークでの観察を行うことによって、これらの原住民文化の本質や特徴を洞察的・直観的に把握していく方法がとられてきた。

こうした、社会や市場などの全体を、ただありのままに観察し、その本質を直接的に把握する洞察や直観という方法は、一見、きわめて簡単な方法と思われるが、けっして容易な方法ではない。こうした方法の難しさは、実は、「ただありのままに観察する」という行為の難しさなのである。

通常、こうした方法においては、観察という行為そのものに、かならず、なんらかの考えが生まれてしまい、その結果、予断や先入観が入ってきてしまう。しかし、こうした観察を正しく行うためには、むしろ「頭で考える」ことではなく、

---

check! 漢字 語句 文学史

〈直観〉

▼「観」を用いるものを選びなさい。

① 友人の様子に違和カンを抱く
② 質問にはカン髪入れず答えよ
③ カン太平洋火山帯
④ 彼こそまさに熱血カンだ
⑤ 価値カンの相違を乗り越える

答 ⑤（感・間・環・漢・観）

「体で感じる」ことが求められるのであり、それは、実は、かなり高度で長期の修練によらなければ身につけることのできない力量なのである。

このように、「ただありのままに観察する」ということの本質は、頭で考えるのではなく、体で感じることなのであるが、このことを別な表現で述べたものが、古くから言われる、次の言葉にほかならない。

［X］。

すなわち、我々の日常的な体験に素直に従うならば、多くの場合、ある問題に直面したときにピンとくる「直観」が存在する。しかし、それにもかかわらず、その後、いろいろな情報や論理にもとづいて分析的思考を行ってしまい、直観とは異なった「判断」に到達してしまうことがある。しかし、こうした状況においては、ほとんどの場合、直観が正しく、のちの判断が過《あやま》っている結果となる。

こうした「［X］」という言葉が真実であることは、実社会において豊かな経験を積んできた年長者ほど、よく理解している。逆にいえば、この言葉を真実とするためには、豊かな体験を積むことが必要なのである。

（田坂広志『複雑系の知―二十一世紀に求められる七つの知』）

問1 傍線部「こうした方法」の内容を、本文中から最適な語句を抜き出して、次の空欄を埋める形で答えなさい。ただし、Aは十一字以上十五字以内、Bは三十字以上三十五字以内とする。

A［　　　　　　　　　　　　　　　］ための B［　　　　　　　　　　　　　　　　　　　　　　　　　　　　　　　　　　　］という方法

問2 空欄Xに入る最適なものを一つ選びなさい。ただし、空欄Xは二箇所ある。

① 判断は過たない。過つのは直観である
② 直観は体で感じることだ。頭で考えることではない
③ 直観は過たない。過つのは判断である
④ 判断は頭で考えることだ。直観は考えることではない
⑤ 直観は修練によるものだ。経験によるのは判断だ
⑥ 判断は修練によるものだ。経験によるのは直観だ

check! 漢字 語句 文学史

〈予断〉

▼「断」を用いるものを選びなさい。

① 世間のシダンを受ける
② ダンカイの世代
③ フダンの努力こそが大切だ
④ ダンショクを取り入れた服装
⑤ ダンだら模様

答 ③（指弾・団塊・不断・暖色・段）

論理的関係をつかんで解く難しい問題（対比）

対比関係に注目して文章を読み、問題を解く練習の最終章です。文章・設問ともにかなり難度が上がっていますが、結局また**「何と何が対比関係になっているのか」**を意識することが重要です。ここまで根気よく続けてきたあなたなら、恐れるものは何もありません。今まで学んできたことを信じて、全問正解してください！　こちらも全問正解なら、対比関係の免許皆伝です！

演習41

目標時間3分

学習日　／

学習日　／

体験される時間は、様々な要因によって伸びたり縮んだりする。たとえば、身体の代謝が盛んであるほど体験される時間は［a］感じられる。これは、時間の長さの認知の基礎にあると想定される「内的時計」の「針」が、身体の代謝が激しい状態ではより速く進むためと考えられている。子供の頃に比べると大人は同じ時間をより［b］感じる。このことも「内的時計」の進み方と関係がある。子供に比べると成人では代謝が低下しており、それと対応して内的時計もよりゆっくり進む。そのため、自分の感覚と比較すると、時間が速く過ぎるように感じられ易い。また、同じ個人内でも、代謝の状態によって時間の感じ方が変化する。たとえば、朝の起床直後の時間帯は代謝が低下しているため、代謝の上昇する昼間頃と比べると、時間が［c］感じられる。運動や入浴、病気で発熱した際には代謝が上昇するので、時間が［d］感じられ易い。

（一川誠「体験される時間と客観的時間」）

check!　漢字　語句　文学史

〈要因〉

▼「要」を用いるものを選びなさい。

① ヨウガイの地
② ボンヨウな作品
③ メンヨウな事件
④ はやりのカヨウ曲
⑤ ジヨウのある食事

答 ①（要害・凡庸・面妖・歌謡・滋養）

問　空欄a～dに入る語の組み合わせとして最適なものを一つ選びなさい。

① a 短く　b 短く　c 長く　d 短く
② a 短く　b 長く　c 長く　d 短く
③ a 長く　b 短く　c 長く　d 短く
④ a 長く　b 短く　c 短く　d 長く
⑤ a 長く　b 長く　c 短く　d 長く

check! 漢字 語句 文学史

〈短く〉〈長く〉（問）

▼□に「長」「短」のいずれも入らないものを選びなさい。

① □幼の序
② □兵急な話
③ 軽薄□小
④ 武運□久
⑤ 深謀□慮

答 ⑤（長幼の序・短兵急な話・軽薄短小・武運長久・深謀遠慮）

演習42

目標時間5分

学習日 ／

学習日 ／

近代の中心的構造を考察するときに、抽象的であるが、次の三点を押さえておくと便利である。すなわち、第一に、自己との関係、第二に、他人との関係、第三に人間と自然との関係、である。

（中略）

人間は自己との関係を基礎にしながら、同時に他人とも関係する。この他人との関係を、ここでは「市民社会」と呼んでおきたい。ここでいう「社会」とは、交通（付き合い）と考えておくといい。独立した個人が、個人的利害関心を中心にして他人との交通／付き合いをするのが「社会」という他人との関係のありかたである。これと対照的な他人との関係は、「共同体」的交通である。歴史的に存在した共同体は無数にあるが、それらに共通する特徴は、個人的利害関心ではなくて集団の利益である。集団のなかに個人はいわば「埋もれて」いる。あるいは個人は、共同体から自立しては生きることができないし、また共同体の中に埋もれて生きるほうが価値的に高いともみなされてきた。ところが近代人は、こうした共同体的人間関係から離脱する、あるいはそれを解体して、別の人間関係を作る。歴史的に存在してきた種々の共同体の崩壊と再編をよびおこす理由はじつに多様であるが、ともかく結果だけを指摘するなら、社会的価値の基準が集団から個人のほうに移動したといえる。

近代の対他関係は、こうした個人のつくる市民社会であるとまずは言えるだろう。そしてこの市民社会は、第一に、市場経済を中心にする経済的市民社会（後に産業資本主義となる）、第二に、政治的市民社会（具体的には国民国家）である。経済面でも政治面でも、近代人がつくりあげる社会関係は、近代以前の宗教的等々の対他関係とは異質の、独特の人間関係を作り出した。そして経済的市民社会も政治的市民社会も、相互に深い連関を結びながらも、互いから相対的に独立したそれぞれに独自の領域を樹立し、その幅を広げていく。普通、社会科学が研究するのは、こうした市民社会の現象である。経済学や政治学が社会の科学として成立するのは、近代になってからであり、近代でしか生まれなかったのもそこに理由がある。近代以前では、政治も経済も入り交じっているだけでなく、宗教や道徳とも渾然一体になっていた。だからそれらは独自の学問を要求しないで、伝統的な仕方で行われる哲学的、道徳的、宗教的な考察の対象であった。

（今村仁司『近代の思想構造』）

check! 漢字 語句 文学史

〈近代〉

▼「近代（的）」をカタカナ三文字で言い換えなさい。

答 モダン

問 傍線部について、「社会の科学」が「近代でしか生まれなかった」のはなぜか。最適なものを一つ選びなさい。

① 社会の科学の対象となる経済や政治という領域が、近代以前にはなかったから。
② 経済や政治という領域を研究する方法が、近代以前には確立していなかったから。
③ 近代になって成立した共同体は個人を重視するため、これを管理する経済学や政治学が新たに必要になったから。
④ 近代になって、経済や政治の領域が、宗教や道徳から切り離され、独立したから。
⑤ 市民社会における政治や経済が、近代になって哲学的、道徳的、宗教的な考察の対象となったから。

check! 漢字 語句 文学史

〈共同体〉

▼「共同体」を意味するものを選びなさい。

① コスモス
② コーポレーション
③ コミットメント
④ コミュニティー
⑤ コラボレーション

答 ④
※①は宇宙、②は会社、③は関わり、⑤は共同作業の意味。

学習日 ／ 学習日 ／

やはり写真術の誕生が、自然のイメージを根本から変えてしまったのかもしれない。さらにコンピューターの登場が、自然科学の方法論を大きく変化させている。肉体をもった人間は街角を歩いているが、彼または彼女は同時に、コンピューターのなかにも存在している。ヒトゲノム解析プロジェクトの驚くほど早い進展をもたらしたのは高速解読装置の開発だった。人間は自分自身をゲノムという単位に還元されることになった。いまや「自然」はデータとしてコンピューターのなかにも存在している。人間だけではない。地球の生態系や気象もまたそっくりそのままコンピューター・グラフィックスによるモデルとして存在している。宇宙の涯《は》てまでがデータとなって公開されている。

今日の自然はシミュレーションという方法のもとにその姿を見せる。科学はコンピューターのなかに「情報システムとしての自然」を作り出しているとも言える。顕微鏡や望遠鏡といったレンズの装置を使い、手によって描いていた博物学の時代とは根本的に異なり、野山や動植物にカメラを向けているわたしたちでさえ、Aもはやそのような仕方では「自然」は見えないと思うほどだ。「自然の写し」とはいったい何だろう。「自然を描く」ことは可能なのだろうか。地球丸ごとの情報化がそこまで来ている。地球全体をデータとして複製し、それを研究するという方法論的な大転換である。レンズを通して自然を認識していた「光の時代」から、コンピューターのなかに自然を丸ごとデータ化するという「記憶の時代」へ。観察や認識といった概念は近代西欧において発達し、写真術において頂点をみる十九世紀の視覚装置を内包していた。今日の情報データという「第二の自然」は、Bそれとは異なるモデルを要請する。それは全体ではなく断片としてしか存在しない自然である。わたしたち人間も当然、この自然の内にある。

わたしは依然としてカフェに座り、眺めている。いま遠くに見えているあの木立は何なのだろう。そこの街角を足早に通り過ぎる女性は何なのだろう。C全体を見ることが難しくなりつつある。

（港千尋「命令と物語」）

問1 傍線部A「もはやそのような仕方では『自然』は見えないと思う」とあるが、なぜか。最適なものを一つ選びなさい。

① 近代西欧において発達した観察や認識という自然のとらえ方は、自然をデータとしてそっくりそのままに情報化

---

check! 漢字 語句 文学史

〈博物学〉

▼「博」を用いるものを選びなさい。

① ハクシュ喝采を浴びる
② 彼の発表は好評をハクした
③ ハクヒョウを踏む思い
④ 先頭集団にニクハクする
⑤ 多くのハクヒョウが投じられた

答 ②（拍手・博・薄氷・肉迫（薄）・白票）

するという今日の方法論とは異なるから。

② コンピューターにとりこまれ、情報化された自然を観察し、研究しただけでは、自然界に存在するデータを単に丸写ししたことにしかならないから。

③ 地球全体をデータとして丸ごと複製する方法論は、近代西欧で発達した観察や認識といった概念に基づく、今日の自然に対する考え方にはそぐわないから。

④ 近代西欧的な観察や認識という過程を経ることで断片化される、博物学時代の自然のとらえ方は、地球全体を丸ごと情報化するシステムと相容れないから。

問2 傍線部B「それとは異なるモデル」とは、何を指すか。最適なものを一つ選びなさい。

① レンズを通して自然を認識すること

② コンピューターのなかに自然を丸ごとデータ化すること

③ 観察や認識といった方法論を発達させること

④ 人間を全体としての自然のうちに含めること

問3 傍線部C「全体を見ることが難しくなりつつある」とは、どのようなことか。最適なものを一つ選びなさい。

① 現代を生きるわたしたちは、外界の事柄をデータとして蓄積はしても、観察を通して全体を認識、理解せずにすますことに慣れてしまっているということ。

② 情報化社会を生きるわたしたちは、断片として存在する自然を直接観察や認識することはできても、全体の中での意味をデータ化することができないということ。

③ 現代を生きるわたしたちにとって、視覚装置を通して認識した自然をデータ化するのは易しいが、その意味するもの全体をデータ化することは難しいということ。

④ 情報化社会を生きるわたしたちは、自然を丸写ししたデータを観察する力を失いつつあり、正しく全体を認識し理解するための方法を探しあぐねているということ。

check! 漢字 語句 文学史

〈西欧〉

▼「欧」を用いるものを選びなさい。

① リョクオウショク野菜を食べる

② 日本のオウカ政策

③ オウドウと覇道の違い

④ 芸術の有するナイオウの生命

⑤ 微笑を浮かべつつ自らをオウダする

答 ②（緑黄色・欧化・王道・内奥・殴打）

演習44

目標時間7分

学習日 ／ 学習日 ／

この十年間くらい、大学で学生に文章を書いてもらい、添削する授業をしているのだが、やっていて一番気になるのはいわゆる「言葉の乱れ」（言葉の崩れ）をどう考えるかということである。

例えばもう何年も前、新聞に使える漢字の制限がきつくなり、見出しに堂々と「ろ過」とか「ら致」とか「えん罪」という表記が現れるようになったことがある。その時わたしは、そこに「イヤーな」ものを感じた。しかしそれからしばらくして、学生の書く文章にも同様の「交ぜ書き」が頻出するようになった時、これを厳格に正す、というのも自分の言語感覚に照らして、「違うな」という感じをもったのである。

世間には「言葉の乱れ」を憂えていまなお「歴史的かな遣い」に固執する著述家もいる。若い小説家の文章が文法的になっていないと叱る評論家の文章も読んだことがある。

そういう言葉に対して、わたしは同じように、「違うな」、ちょっと硬直してるな、間違いだな、と感じる。

何か言葉が崩れる形で生きていることへの共感のようなものがわたしを動かす。

汚れた言葉への連帯感が、わたしのうちにめばえるのである。

とはいえ、その汚れた言葉への連帯感は、わたしを難しい場所に連れていく。学生が「ろ過」とか「えん罪」と書いてくる。中には「しゅん間」などと書いてくる学生もいる。それをわたしはどう「指導」するのがよいのか。言葉はたしかに崩れながら変化する。それでも言葉が一つの体系として生き続け、例えば今度の『岩波国語辞典』の改訂のように辞典を不断に改訂させつづけるのは、どんなに崩れても損なわれない本質が、生きた言葉の中には備わっているからである。でも、だからといって、言葉が崩れるのにまかせるのがよいなどと言えるだろうか。そんな主張は、イデオロギーで動く人ならともかく、まともな言語感覚の持ち主なら、誰もがおかしいと思うだろう。

（中略）

わたしは授業では、「ろ過」という言葉に対しては、それを使うのはよいがそれが崩れた言葉であることを意識して使うことが大事だといまのところ、言っている。崩れた言葉を使うのはよい。ただそれが崩れた言葉で、崩れない言葉は別にあることを知っていることが大事だというのがわたしの言い分である。でも、「しゅん間」については、これはダメだよ、単なる無知だよ、恥ずかしいよ、などと言うので、学生からは、ちょっとおかしいんじゃないですか、論理的じゃないですよー、などと文句が出る。

---

check! 漢字 語句 文学史

〈ろ過〉〈ら致〉〈えん罪〉

▼辞書などで調べてもよいので、それぞれをすべて漢字で書きなさい。

答 濾過・拉致・冤罪

むろん、論理的ではない。わたしは非論理的にいろんなことを言う。「ろ過」は条件つきで許す。でも「しゅん間」はナンセンスだ。でも、ま、それでも自分でいいと思うなら書いてごらん。

自分でも非論理的であることはわかっているのだが、でも同時に、自分は生きている言葉の理解者だと思っている。

（加藤典洋『ポッカリあいた心の穴を少しずつ埋めてゆくんだ』）

問 傍線部「論理的じゃないですよー」とあるが、次のa〜fのうち、この文脈でいう「論理的」な態度に合致するものをすべて選び、その組み合わせとして最適なものを、後の選択肢から一つ選びなさい。

a 自分の感覚によって言葉の表記を決定する
b 崩れない言葉と崩れた言葉を選別する
c 無知であることと慣習に従うことを区別する
d 意識して使われるなら言葉の崩れは差をつけずに許容する
e 崩れた言葉を明確に認識せずに使用する
f 意識しているかどうかに関係なく、崩れた言葉を認めない

① aとd
② bとe
③ cとd
④ dとf
⑤ aとcとe
⑥ bとdとf
⑦ cとdとe
⑧ dとeとf

check! 漢字 語句 文学史

〈しゅん間〉

▼「しゅん」を漢字で書くとき、同じ漢字を用いるものを選びなさい。

① 駅前のビルがシュンコウする
② シュンビンな身のこなし
③ シュンの食べ物を味わう
④ シュンパツ力を高める
⑤ シュンショウ一刻値千金

答 ④（竣工・俊敏・旬・瞬発・春宵）

第12章 リニア②

論理的関係をつかむ（リニア）

第3章で学習した「リニア」について、問題の難度を上げています。「変化前・原因→変化後・結果」の「→」の前後の内容について理解するのがやや難しいもの、応用として「リニア」の関係性以外も問うているものが収録されています。しっかりと考えて全問正解を目指してください！

演習45

目標時間6分

学習日 ／

学習日 ／

一二、一三世紀の西欧で、キリスト教的な秩序のもとに大学が生まれます。当時、中世都市の全ヨーロッパ的ネットワークとして拡大した西欧中世社会において、異なる価値がぶつかり合うなかで「普遍的な価値とは何か」が問われたからです。そこで価値の普遍性を探究していく機関が、キリスト教社会にも、近代社会にも必要でした。だからこそ八〇〇年以上にわたり大学が存続してきたわけで、Aこの普遍性は人類的なものです。大学が普遍的な価値の探究に向かうことが、めぐりめぐって人々のためにもなるという考え方を、ヨーロッパは受け入れてきたのです。

人類的な価値とは、今日ではグローバルな価値ということになりますから、大学はグローバルな価値と国民社会を媒介していく役割を担います。いわばメディアです。単純に政府や国民に従う役割ではあり得ません。人類性とか普遍性、グローバル性は、大学にとって根本的なものです。つまり大学は、今日的な用語で言うならば、何よりも「グローバルなエクセレンス（優秀なこと、長所）の実現」に奉仕しなければなりません。たとえ国に批判的で、国民的な通念とは対立しても、真にクリエイティブに地球的な価値を創造していくことができる研究者や実践家を育てることが、大学の社会に対する意味ある責任の果たし方なのです。

このように、大学の知が「役に立つ」のは、必ずしも国家や産業に対してだけとは限りません。神に対して役に立つこと、人に対して役に立つこと、そして地球社会の未来に対して役に立つこと――。大学の知が向けられるべき宛先にはいくつものレベルの違いがあり、その時々の政権や国家権力、近代的市民社会といった臨界を超えています。

そしてBこの多層性は、時間的なスパンの違いも含んでいます。文系の知にとって、三年、五年ですぐに役に立つこ

---

check! 漢字 語句 文学史

〈普遍〉

▼「遍」の訓読みを答えなさい。

答 あまね（く）

とは難しいかもしれません。しかし、三〇年、五〇年の中長期的スパンでならば、工学系よりも人文社会系の知のほうが役に立つ可能性が大です。ですから、「人文社会系の知は役に立たないけれども大切」という議論ではなく、「人文社会系は長期的にとても役に立つから価値がある」という議論が必要なのです。

（吉見俊哉『「文系学部廃止」の衝撃』）

問1 傍線部Aについて、大学はその「普遍性」をどのように育んできたか。その説明として最適なものを一つ選びなさい。

① 人類的な価値がグローバルな価値となった今日、近代社会で大学が追い求めてきた価値の普遍性は、地球全体に適用されるものになった。
② 中世ヨーロッパで生まれた大学は、異なる価値のぶつかり合いを超えて、人類にとってためになるような普遍的な価値を追究してきた。
③ 西欧の中世社会で育まれた大学は、八〇〇年以上もの時間を超えて人類とともに歴史を歩み、現在では人類にとって普遍的な遺産となっている。
④ キリスト教社会で生まれ、近代社会を通じて存続してきた大学は、今日までヨーロッパにとっての普遍性を人類全体のものだと錯覚してきた。
⑤ 社会と普遍的な価値を結びつける役割を担ってきた大学は、政府や国民が要望するような価値に奉仕することで人類に貢献してきた。

問2 傍線部Bについて、それは大学の知にどのような性質をもたらしているか。その説明として適切なものを二つ選びなさい。

① 大学の知が、神の秩序や人間社会、また地球の未来といった、水準の異なる様々なものにとって有用であること。
② 大学の知が、その時々の政治権力や市民社会といった、時代で変化するものに合わせて有益でありつづけたこと。
③ 大学の知が、常に所属する政府や国民に批判的でありながら、それを超えた人類や地球にとって価値をもつこと。
④ 大学の知が、三年や五年、三〇年や五〇年といった定期的な区切りのなかで、普遍的な価値を証明してきたこと。
⑤ 大学の知が、すぐ成果の出るものだけでなく、長い年月をかけて成果の出るものまでを含めて成立していること。
⑥ 大学の知が、八〇〇年以上の時間のなかでその価値を試され、様々な時代で成果を出す責任を果たしてきたこと。

check! 漢字 語句 文学史

〈臨界〉
▼「臨」を用いるものを選びなさい。
① 文壇にクンリンする
② 市街地にリンセツする
③ 顔のリンカクを描く
④ ジンリンにもとる行為
⑤ クブクリン間違いない

答 ①（君臨・隣接・輪郭・人倫・九分九厘）

演習46

目標時間5分

学習日 ／
学習日 ／

「勉強」と立身出世との関係が密接不可分なものとなるにつれて、「学ぶ」ことは目的から人生行路での成功を獲得するための手段へと事実上変化し、学歴の重要性は、たとえば入学試験の心理的なハードルを高くし、個人にとっても家族にとっても一大事件になっていった。これによって「学ぶ」ことの高度化や充実が図られたと同時に、こうした「勉強」を取り巻く環境はいわゆる学校秀才を生み出すことも否定できない事実である。彼らは何を「学ぶ」かに関心を向けるよりも誰よりも早く教えられたことを習得し、記憶する点で卓抜な能力の持ち主であった。実際、明治時代の大学での「詰め込み」授業は苛酷というべき水準に達していた。他方、学校で卓越した成績をものにしたにもかかわらず、時間の経過とともにその内容はきれいに記憶から失われることも珍しくない。「学ぶ」ことが手段化した究極の姿がここに見られる。

学歴社会という言葉は今や死語に近いが、私が大学生時代を送った昭和30～40年代にかけてはなお一定の現実感があった。学歴社会が成り立つためには、高学歴の人材が比較的に少ないこと、人事管理における明確なメリット主義の存在などが条件になるが、その後における大学や学部の急増と職場における待遇の格差縮小によって、日本社会におけるその存在感は急速に失われた。経済構造的に言えば、第二次世界大戦以前の日本社会は俗に言うところのアングロサクソン型の格差容認型社会であり、総力戦を経て規制と平等化が導入され、戦後の高度成長は「一億総中流」という形で格差是正型社会に現実味を与えたのであった。

これはどこで「勉強」しようと、何を学ぼうと人生行路にとっては影響の少ないような社会の到来であり、年功序列・終身雇用といった制度はそれを象徴するものであった。経営を担う人々と平社員との給与格差は戦前とはくらべものにならないほど縮小し、それによって膨大な中間層が誕生したのであった。こうした中で比較的後まではっきりしたメリットシステムを維持したのが官僚制であり、そこではどの種類の試験に合格して入省したかが、その後の処遇を占う目安であり続けた。社会的な平等化の風潮からすれば、官僚制は異物のように見え、批判の対象になりやすい存在であった。こうしたことを含め、１９９０年代以降、官僚制は絶え間のない批判にさらされることになった。

（佐々木毅『学ぶとはどういうことか』）

---

check! 漢字 語句 文学史

〈俗に〉

▼意味として最適なものを選びなさい。

① 噂で
② 最近
③ 口語で
④ 昔から
⑤ 世間で

答 ⑤

問　傍線部の理由として最適なものを一つ選びなさい。

① 学校でどんなに優秀な成績を修めても、学校を卒業した後、時間が経過するにつれて勉強した内容が記憶から失われてしまうことが珍しくなくなったため。

② 昭和50年代以降、大学や学部の新設が相次いだことで入学試験の重圧が軽減するとともに、大学卒業後に勤める職場でも待遇の格差縮小が図られたため。

③ 第二次世界大戦以前と比べ、経営者と労働者の給与格差が急激に縮小したことによって、多くの国民が「一億総中流」という意識を持つようになったため。

④ 大学や学部が急増するとともに職場において待遇の格差が縮小したことによって、どの大学で何を学んでも人生にとっては影響の少ない社会になったため。

⑤ メリットシステムを維持し続けていた官僚制が１９９０年代以降、国民からの厳しい批判にさらされ、メリットシステムを放棄せざるを得なくなったため。

check!　**漢字**　語句　文学史

〈占う〉

▼「占」を用いるものを選びなさい。

① センバイ特許
② ドクセン禁止法
③ 一級カセン
④ 選手センセイ
⑤ ショホウセン

答 ②（専売・独占・河川・宣誓・処方箋）

演習47

目標時間7分

さてここで、あるモノ・コトのデザインによって変化した行為を「行為′（こういダッシュ）」と呼ぶこととする。これまでとは異なる現実が知覚されているのである。もはやそこは、このデザイン以前と同じくふるまえるような同じ現実ではないのである。そうした現実に対応した行為にはダッシュをふってみよう。例えば、前後の内容を読んで、本の中から読みかけの箇所を探す時の「記憶」・「想起」と、ページ番号を憶えていて探し出す時の「記憶」とでは、その行いの結果は同じだがプロセスはまったく異なる。読み手から見た作業の内容、掛かる時間や手間はページ番号の有無でまったく異なる。読みさしの場所の素朴な探し出しが昔ながらの「記憶」活動ならば、ページ番号という人工物に助けられた活動は「記憶′（きおくダッシュ）」活動ということだ。台所でコップを割ってしまったが、台所ブーツをはいているので破片を恐れずに歩くのは、もうそれまでの歩行とは違う「歩行′」。「今日話す内容をテストする」、と言われた時の受講者の記憶は「記憶′」。人工物化された（アーティフィシァライズされた）新たな環境にふるまう時、私たちのふるまいはもはや単なるふるまいではなく、「デザインされた現実」へのふるまいである。

買い物の際の暗算、小学生の百マス計算での足し算、そろばんを使った足し算、表計算ソフトでの集計、これらは同じ計算でありながらも行為者から見た課題のありさまが違う。それは「足し算′」だったり「足し算″」だったり「足し算‴」……する。ただし、これはどこかに無印（むじるし）の行為、つまりもともとの原行為とでも呼べる行為があることを意味しない。原行為も、文化歴史的に設《しつら》えられてきたデフォルト*の環境デザインに対応した、やはり「行為′」であったのだと考える。ページ番号がふられていない本にしても、それ以前のテキストの形態である巻き物から比べれば、読みさしの箇所の特定はたやすいだろう。人間になまの現実はなく、すべて自分たちでつくったと考えれば、すべての人間の行為は人工物とセットになった「行為′」だといえるだろう。

人間は環境を徹底的にデザインし続け、これからもし続けるだろう。動物にとっての環境とは決定的に異なる「環境′（かんきょうダッシュ）」を生きている。それが人間の基本的条件だと考える。ちなみに、心理学が批判されてきた／されているポイントは主にこのことの無自覚だと思われる。心理学実験室での「記憶′（きおくダッシュ）」を人間の本来の「記憶（むじるしきおく）」と定めた無自覚さが批判されているのである。

「心理′学（しんりダッシュがく）」の必要性を指摘しておきたい。人間の、現実をデザインするという特質が、人間にとって本質的で基本的な条件だと思われるからである。人間性は、社会文化と不可分のセットで成り立っており、

学習日 ／

学習日 ／

＊デフォルト――もともとそうなっていること。初期設定。

check! 漢字 語句 文学史

〈受講者〉

▼「講」を用いるものを選びなさい。

① ハイスイコウ
② コウゾウ主義
③ 定期コウドク
④ コウワ条約

答 ④（排水溝・構造・購読・講和）

＊ヴィゴツキーが主張する通り私たちの精神は道具に媒介されているのである。したがって、「原心理」なるものは想定できず、これまで心理学が対象としてきた私たちのこころの現象は、文化歴史的条件と不可分の一体である「心理／学」として再記述されていくであろう。この「心理／学」は、つまり「文化心理学」のことである。文化心理学では、人間を文化と深く入り交じった集合体の一部であると捉える。この人間の基本的条件が理解された後、やがて「／」は記載の必要がなくなるものだと思われる。

（有元典文・岡部大介『デザインド・リアリティ―集合的達成の心理学』）

問　傍線部「『心理／学（しんりダッシュがく）』の必要性」とあるが、それはどういうことか。その説明として最適なものを一つ選びなさい。

①　人間が文化歴史的条件と分離不可能であることに自覚的ではない心理学は、私たちのこころの現象を捉えるには不十分であり、自らがデザインした環境の影響を受け続ける人間の心理を基本的条件とし、そのような文化と心理とを一体として考える「心理／学」が必要であるということ。

②　人工物に媒介されない行為を無印の行為とみなし、それをもともとの原行為と想定して私たちのこころの現象を捉えるこれまでの心理学に代わって、人工物化された新たな環境に直面した際に明らかになる人間の心理を捕捉して深く検討する「心理／学」が今後必要であるということ。

③　価値中立的な環境に生きる動物と文化的意味や価値に満ちた環境に生きる人間との決定的な隔たりに対して、従来の心理学は無関心であったため、心理学実験室での人間の「記／憶」を動物実験で得られた動物の「記／憶」とは異なるものとして認知し研究する「心理／学」が必要であるということ。

④　私たちのこころの現象を文化歴史的条件と切り離した現象として把握し、それを主要な研究対象としてきた既存の心理学よりも、環境をデザインし続ける特質を有する人間の心性を、文化歴史的に整備されたデフォルトの環境デザインに対応させて記述する「心理／学」の方が必要であるということ。

⑤　ある行い（「行／為」）の結果と別の行い（「行／為」）の結果とが同じ場合には両者の差異はないものとして処理する心理学の欠点を正し、環境をデザインし続ける人間の心性と人間の文化的実践によって変化する現実とを集合体として考えていく「心理／学」が必要であるということ。

check!　漢字　語句　文学史

〈記載〉

▼「載」を用いるものを選びなさい。

①　最新型をトウサイする
②　ひときわイサイを放つ
③　無病ソクサイを祈る
④　拍手カッサイを受ける
⑤　貸し借りをソウサイする

＊ヴィゴツキー――レフ・ヴィゴツキー（一八九六～一九三四）。旧ソ連の心理学者。

答　①（搭載・異彩・息災・喝采・相殺）

演習48

目標時間8分

数年前の年末年始、パリで冬休みを過ごした。私が投宿したのはセーヌ川左岸のカルチェ・ラタン地区、メトロのモベール・ミチュアリテ近くの安ホテルだった。（中略）

ホテルから南に向かう坂は緩い上りになる。サント・ジュヌビエーブの丘である。丘と言ってもさほど高さはなく、斜面は細い街路が縦横に走り、建物がびっしりと張りついている。丘の頂上にはパンテオンが聳《そび》え立つ。

これをやり過ごして細い道を進むと、今度は賑やかなゆったりとした下り坂となる。ムフタール街だ。道の両側にはベトナムや中国の食材を扱う店やレストランが目立つようになる。ムフタール街に入らず、広場を越えて東へ少し戻ると、デカルト通りという名の短い道に出会う。そう、かのルネ・デカルトはこのあたりに住んでいたことがあるのだ。

正確には、デカルトの家はデカルト通りではなく、さらに細い路地を入った場所にある。今では何の変哲もない、ごく普通のアパルトマンになっているが、入口には、デカルトの居所であったことを記した小さな銘板が貼ってある。その前に立って建物を仰ぎ見ていると、折から冷たい雨が降ってきた。傘を用意していなかった私は、あわててコートの襟を立て、コントレスカルプ広場まで走り、カフェに入って熱いミント・ティーを飲んだ。そして、デカルトの X について考えてみた。

もうかなり前のことになるが、私は『ヒューマン　ボディ　ショップ』（アンドリュー・キンブレル著、化学同人）という書物を翻訳した。タイトルはヒューマン・ボディ（人体）とボディ・ショップ（自動車の板金・修理工場）が掛けてあり、あたかも機械部品を修理交換するような感覚で、生命の「パーツ」が商品化され、操作されるに至った経緯と、主に米国の状況をルポルタージュしたものだった。

生命部品の商品化は売血という形で始まり、やがて臓器の売買、生殖医療を担う精子、卵子、受精卵、そして細胞へと波及していった。

現在、私たちは、遺伝子が特許化され、ES細胞が再生医療の切り札だと喧伝されるバイオテクノロジー全盛期の真っ只中にある。私たちが、ここまで生命をパーツの集合体として捉え、パーツが交換可能な一種のコモディティ（所有可能な物品）であると考えるに至った背景には明確な出発点がある。それがルネ・デカルトだった。

彼は、生命現象はすべて機械論的に説明可能だと考えた。心臓はポンプ、血管はチューブ、筋肉と関節はベルトと滑車、肺はふいご。すべてのボディ・パーツの仕組みは機械のアナロジーとして理解できる。そして、その運動は力学によって数学的に説明できる。自然は創造主を措定することなく解釈することができる――。

---

check! 漢字　語句　文学史

〈銘板〉

▼「銘」を用いるものを選びなさい。

① メイガを鑑賞する
② 肝にメイじる
③ ケイメイ狗盗
④ メイヤクを結ぶ
⑤ 校則をメイブン化する

答 ②（名画・銘・鶏鳴〈鶏鳴狗盗＝つまらない人間・つまらない技能でも役に立つこと〉・盟約・明文）

学習日　／　学習日　／

この考え方は瞬く間に当時のヨーロッパ中に感染した。そして、デカルトを信奉する者、すなわちカルティジアン（デカルト主義者）たちは、この考え方を先鋭化させていった。

デカルト主義者は言う。たとえば、イヌは時計と同じだ。打ちすえると声を発するのは身体の中のバネが軋《きし》む音にすぎない。イヌ自身は何も感じてはいないのだ。イヌには魂も意識もない。あるのは機械論的なメカニズムだけだ――。

デカルト主義者たちは進んで動物の生体解剖を行い、身体の仕組みを記述することに邁進した。デカルト本人は人間と動物とのあいだに一線を画したが、カルティジアンの中には、やがてそれを乗り越える者たちが現れた。

十八世紀前半を生きたフランスの医師ラ・メトリー（唯物論の哲学者として知られている）は、人間を特別扱いする必然は何もなく、人間もまた機械論的に理解すべきものだとした。

現在の私たちもまた紛れもなく、この延長線上にある。生命を解体し、部品を交換し、発生を操作し、場合によっては商品化さえ行う。遺伝子に特許をとり、臓器を売買し、細胞を操作する。これらの営みの背景にデカルト的な、生命への機械論的な理解がある。

（福岡伸一『動的平衡』）

問1 空欄Xに入る最適なものを一つ選びなさい。

① 「理」　② 「徳」　③ 「夢」　④ 「罪」　⑤ 「愛」

問2 傍線部について、「これらの営みの背景」にある「デカルト的な、生命への機械論的な理解」とはどういうことか。最適なものを一つ選びなさい。

① 臓器売買や遺伝子の特許化等、生命のパーツの商品化の背景にある、生命を部品の集合体ととらえ、交換可能なものとして理解できるという考え方。

② 売血、臓器売買、精子・卵子・受精卵にまで及ぶ再生医療の背景にある、創造主を措定することによって、生と死のあり方を問い直そうという考え方。

③ 心臓や血管、筋肉と関節などのボディー・パーツに解体しようとする風潮の背景にある、生命が魂や意識と身体を切り離すことができる存在として説明できるという考え方。

④ 人間の身体を交換可能なコモディティととらえようとする傾向の背景にある、人間と動物のメカニズムの違いを記述することで、すべての運動を力学によって解釈できるという考え方。

⑤ 人間を特別扱いする必然は何もなく、人間もまた機械論的に理解すべきものという思想的営為の背景にある、生命や遺伝子、臓器や細胞を操作して商品化できるという考え方。

check! 漢字 語句 文学史

〈アナロジー〉

▼同じ意味の語を選びなさい。

① 演繹　② 帰納　③ 抽象　④ 類推　⑤ 論理

答 ④

●評論● 復習問題2

目標時間15分／30点

学習日　／

学習日　／

次の文章を読んで、後の設問に答えなさい。

印章と貨幣を考えてみよう。メソポタミアの円筒形の印章は、そこに刻まれている図を粘土板のうえに転がして、痕跡を残す。版の一種としていくらでも同じ像を作り出すことのできる、最初の複製技術である。印章はひとつひとつ異なる。その痕跡のもつ価値は、その印章からしか生まれないというところにある。

いっぽう、ある物体が貨幣として機能するには、物理的な質と量が認められるだけでは十分ではない。物体は交換されてはじめて価値をもつ。動物や貝などが通貨として使われる場合でさえ、それは人間の手から別の人間の手へと渡らなければならない。メソポタミアの印章や粘土板、そしてギリシアやローマの貨幣は、イメージの遍在性を考えるうえで重要なヒントを含んでいる。

印章は確かにそこに刻まれているひとつのモチーフを無限に転写することができるが、その持ち主の使用の範囲によって限定される。ふつう印章は、それを転写する人間と一義的に結びついている。形式的には署名と同じものと見なされているのは現代と変わらない。

それにしても情報化時代になぜ印鑑が使用され続けているのか、不思議といえば不思議である。歴史を知らない外国人のなかには、簡単にコピーすることのできる印鑑が、どうして署名と同格の扱いを受けることができるのか訝《いぶか》しがる人もいるだろう。

形式的に似てはいても、署名と印章は異なる。署名と捺印がセットになってきたことは、歴史的な文書に明らかである。文書は、書字とイメージがセットになって、つまり知的身ぶりにA象徴が伴うことによって、オーソライズされてきたのだ。

ギリシアのコインも、その初期には限定された地域で使用されていたと言われる。流通よりも象徴としての機能のほうが強く、鋳造されても特定の場所にとどまるケースもあった。Bその初期にはまだ印章性を保っていた。

だがコインに刻まれた女神や皇帝の横顔は、やがて広い世界を渡ってゆく。ローマ帝国の初期には、ギリシアのコインが受け継がれて使用されていたが、貨幣に刻まれたイメージは地中海世界へと拡がっていった。今日わたしたちが「マネー」と呼んでいるものの本質は、その過程で備わったものである。

マネーの語源が女神の名モネータにあることはよく知られている。モネータの横顔が彫られたコインもあるところか

---

check! 漢字　語句　文学史

〈貨幣〉

▼「貨」を用いるものを選びなさい。

① キカ居くべし
② キカ熱を利用する
③ 日本にキカする
④ キカ級数的な増加
⑤ 名将のキカに参ずる

答 ①〈奇貨〈奇貨居《お》くべし＝好機を逃さず利用しなくてはならない〉・気化・帰化・幾何・旗下〉

ら、「お金の神様」と思われることも多いが、もともとモネータは福や富をもたらす神ではない。ローマのカピトリーノの丘近くにあったモネータの神殿には、度量衡の原器が納められていたと言われる。モネータは［X］の神様だったのである。ある物体が正貨として認められるための核心は、質量の保証にある。モネータの神殿はまた、行政文書の記録を預かる保管庫とも通じていた。物質を計る神は記録を管理する神、すなわち［Y］を測る神だったのである。

ローマ神モネータが計量と記録というふたつの働きを司るのは、そのギリシア名に由来する。それはギリシア神話では、記録の神として知られるムネモシュネである。ムネモシュネは芸術の神々ムーサの母として知られ、西欧の芸術に多様なインスピレーションを与えてきた神であるが、ローマ時代には別の顔を伴って、丘のうえに君臨していたことになる。別の顔、すなわち土地の大きさや貨幣の重さを保証し、経済を安定させる神としての顔である。

モネータが度量衡の神であると同時に、記憶の女神であることは、イメージの遍在性を考えるうえで興味深い。記憶が集団的な行為となるとき、わたしたちの社会ではそれを記念と呼ぶ。記念物すなわち「モニュメント」もまた、ムネモシュネやモネータと語源を同じくする言葉である。ローマのコインはギリシアのそれとは異なる歴史を歩んだが、そこに皇帝の顔をはじめとした帝国の系譜が刻まれている。貨幣は帝国がそのイメージを複製し流通させるための、重要な複製技術となっていった。

このような女神の来歴が物語るのは、貨幣が価値であると同時に、イメージでもあるということだろう。それが資本となりいわゆるマネーとして地球の隅々に行き渡るのは、それからさらに時代を経てからだが、「資本の増殖」という現象は、すでにこのときに胚胎していたと考えてもよいかもしれない。

これを貨幣のモネータ性と仮に呼ぶならば、その性格は基本的に今日でも変わらず続いている。それはどの国であっても、通貨のデザインに端的に表れている。通貨のデザインが表すのは権力のイメージであり、国民国家を代表するイメージである。この点で、EUの共通貨幣「ユーロ」のデザイン、特にその紙幣の図案は非常に特異なものであると言える。補助通貨、つまりコインについては加盟国がそれぞれ独自にデザインをしているが、紙幣のほうは共通である。この「共通通貨」の特徴は紙幣にある。

各国の紙幣には、多くの場合、何らかの意味でその国を「代表する」とされる人の顔が印刷されているが、ユーロの紙幣にはそれがない。顔の代わりに使われているのは建築物である。ギリシア人もドイツ人もそれがどこかにある建物だと漠然と思っているかもしれないが、そうではない。Cユーロのデザインは、世界中どこを探しても見つからない、架空の建造物を「顔」にしているのである。

---

check! 漢字 語句 文学史

〈与え〉

▼「与」を用いるものを選びなさい。

① 神のヨゲン者を自称する
② 本家のヨツギとなる少年
③ 白河ヨフネの高いびき
④ 生殺ヨダツの権利を握る
⑤ キュウヨの一策

答 ④（預言・世継・夜船・与奪・窮余）

発効してから十年あまりのあいだ、ユーロは幾度かの危機に見舞われてきたが、そのたびに共通通貨の矛盾が指摘されてきた。通貨は共通でも、財政政策はEUに加盟する各国に任されており、しかもそれぞれのあいだに深刻な対立が存在するからである。紙幣に描かれる建造物は、何であってもよいというわけではない。常識的には、その価値を保証する建物がそこにあるべきだろう。

共通通貨は歴史上幾度か創設されてきた。経済史でよく知られているのは、フランス、イタリア、ベルギー、スイスが中心となった「ラテン通貨同盟」だろう。一八六五年に発行されたとき、フランスの硬貨にはナポレオン三世の横顔がほられていた。

二十世紀がアメリカの時代だったなら、EUは二十一世紀のローマ帝国を描いていたかもしれない。だが残念ながら、ヨーロッパにモネータの神殿は存在しない。ユーロという通貨には、未だに責任を負える建物がないのである。ユーロは基軸通貨かもしれないが、「顔」をもたないかぎり、それは永遠に疑似通貨のままかもしれない。そのユーロを破綻の危険にまでさらしているのが、ギリシアやイタリアだという事実を、古代の神々はどう見ているだろうか。

いやそれは神々に失礼というものだろう。言うまでもなく問題はユーロだけのものでないからである。マネーはグローバル資本主義そのものである。マネーの影響から逃れることのできる地域は、事実上存在しない。その［Z］は神々以上のものであり、それに比することのできるのはおそらくイメージだけだろう。人間が生み出したもののなかで資本とイメージほど強大になったものはない。その力、その速度、その自在性はますます増すばかりである。

（港千尋『芸術回帰論―イメージは世界をつなぐ』）

問1　傍線部A「象徴」とあるが、何の「象徴」か。本文中の語句を用いて五字以上十字以内で記しなさい。

問2　傍線部B「その初期にはまだ印章性を保っていた」とあるが、ここで言う「印章性」とはどういうことか。その説明として最適なものを一つ選びなさい。

①　印章が、契約を保証する徴となること。
②　印章が、実体を離れてイメージとなること。
③　印章が、複製技術と不可分の関係にあること。
④　印章が、ある人物と密接な対応関係にあること。

check!　**漢字**　語句　文学史

〈疑似〉

▼「疑」を用いるものを選びなさい。

①　ギソウ請負を告発する
②　昆虫のギタイを観察する
③　ギギを呈する
④　ジギを得た発言
⑤　一連のサギ事件の被害者

答 ③（偽装・擬態・疑義・時宜・詐欺）

問３ 空欄Ｘ・Ｙに入る語として最適なものを、それぞれ一つずつ選びなさい。

① 過去　② 形式　③ 尺度　④ 時間　⑤ 重量　⑥ 本質

問４ 傍線部Ｃ「ユーロのデザインは、世界中どこを探しても見つからない、架空の建造物を『顔』にしている」とあるが、このことを指摘することで、筆者はどういうことを暗示したかったと思われるか。その説明として最適なものを一つ選びなさい。

① ユーロというイメージに頼る通貨が、ヨーロッパとしての本質を奪ったということ。
② 貨幣は価値で、通貨はイメージだと言えるが、ユーロは価値よりもイメージが先行しているということ。
③ ユーロは理念だけがあって、それを通貨として保証する制度が弱いので、信頼性が十分確保できていないということ。
④ ユーロは二十一世紀の帝国を目指していたかもしれないが、古代の建造物のような、帝国を象徴する建造物を持ち得ていないということ。

問５ 空欄Ｚに入る最適な語句を本文中から三字で抜き出しなさい。

（早稲田大学・改）

【解答欄】

問１	問２	問３	問４	問５
（10字）		Ｘ　Ｙ		（3字）
/5	/5	/6	/6	/8

合計点 /30

check! 漢字　語句　文学史

〈尺度〉（問３③）

▼「尺」を用いるものを選びなさい。

① シャクハチの見事な演奏
② シャクにさわる言い方
③ タイシャク対照表を作成する
④ 情状シャクリョウの余地
⑤ シャクドウの腕時計

答 ①（尺八・癪・貸借・酌量・赤銅）

第13章 心情読解

心情を理解する

ここでは、小説読解の基本である心情理解を学習します。最も大事なことは、書いてあることに忠実に読むということです。登場人物の気持ちを「自分だったらこう思うかな」と想像するのではなく、「心情」の「情」は「情報」の「情」と考え、「情報」と割り切って、書いてある通りに読むことが重要です。「腹が立つ」と書いてあれば、あれこれ想像するのではなく、「腹が立っているんだな」と素直に読みましょう。

また、問題によっては、心情の変化（変化前の心情→変化のきっかけ→変化後の心情）や、心情を引き起こした原因まで考える必要があります。様々な視点から考える問題を収録していますので、しっかりと学習し、小説を得点源にしましょう！

演習49

目標時間4分

学習日 ／

学習日 ／

「ぼく、根本芳子先生のことを考えているの」

「根本先生？」

「うん、ぼく一年生の時におならいした先生だよ」

「その先生がどうかしたのか」

いく分憂鬱そうな信夫の様子に、根本先生に叱責されたのかと貞行は思った。

「先生をやめて、お嫁にいくんだって……」

信夫がつまらなそうにいった。

「それは、おめでたいお話じゃありませんか」

次の間で縫いものをしていたトセが口をはさんだ。

「おめでたくなんかない」

根本先生が退《や》める話を、信夫はきのうきいたばかりだった。根本先生に、どこにも行かないで自分のお嫁さんになってほしいと頼んだ一年生の時のことを信夫は忘れていた。しかし、先生の退職はやはり淋しかった。廊下であうと、にっこり笑って礼を返してくれる先生が、もういなくなってしまっては困るのだ。なぜかわからないが無性に淋しいのだ。

「何ですね、信夫、その口のききようは。ほかの学年の先生が退めていかれたって、信夫と何の関係がありますか」

check! 漢字 語句 文学史

〈むっつりと〉

▼意味として最適なものを選びなさい。

① 無愛想に
② 苦々しく
③ 不満げに
④ 我に返って
⑤ 悲しそうに

答 ①

※「むっつり」は〈愛想のない様子〉を意味する。

トセが、縫う手をとめて、たしなめた。

（関係だか何だかわからないが、やめて行ったらいやなんだ）

信夫はむっつりとトセをみた。

「そんな女の先生のことなど、男の子は考えるものではありませんよ」

トセはおはぐろを塗った黒い歯をあらわにして、糸をきった。トセの言葉が何となく信夫を不快にさせた。

（何で女の先生のことを、男の子が考えたら悪いんだろう）

「おかあさま。先生をしたうことはよいことではありませんか」

貞行がいった。母のいない信夫が、女の先生をしたうあわれさが貞行の心にしみた。祖母のトセでは母の代りにはならないのだと貞行は思った。

「男の子が、女の先生を思うなんて、めめしい恥ずかしいことですよ。貞行。お前がいくらすすめても、再婚をしないから、信夫が女の先生などをしたうのですよ」

その口調に、妙に意地の悪いものを感じて、信夫は貞行をみあげた。

「これは、これは」

貞行は苦笑して、キセルの灰をぽんと落した。

「どうだ、信夫。おとうさまと菊人形を見に行こうか」

貞行はそういって立ちあがった。

「菊人形？　ほんとう、おとうさま」


（三浦綾子「塩狩峠」）

問　本文から読み取れる人物の様子として適切なものを一つ選びなさい。

① 貞行は、信夫が女の先生をしたうことをとがめるトセの考えを理解し、信夫に先生への思いを断ち切らせようとした。
② 根本先生をしたうことに対するトセの非難にとまどう信夫のことも思いやり、貞行は信夫と外出することにした。
③ 信夫は、一年生の時にお嫁さんになってもらうことを頼んだ根本先生が他の人と結婚することを知り、裏切られたと思い失望した。
④ 母のいない信夫の母の代わりを務めるべきトセの愛情が足りないことに、貞行は不快と嫌悪の念を禁じえなかった。
⑤ 父親がトセからたしなめられるのを見て、信夫は結婚して退職する根本先生の話をしたことを後悔した。
⑥ 信夫の気持ちをわかろうとせず、黒い歯を見せて不快な言葉を口にするトセへのあてつけに、貞行は信夫を菊人形見物に誘った。

---

check!　**漢字**　語句　文学史

〈灰〉
▼「灰」を用いるものを選びなさい。
① ヤッカイな頼みを引きうける
② 議会での失言をテッカイする
③ セッカイで地面にラインを引く
④ 大雨でダムがケッカイする
⑤ 神の前で罪をコッカイする

答 ③（厄介・撤回・石灰・決壊（潰）・告解）

演習50

目標時間8分

学習日 ／

学習日 ／

千枝は節《たかし》*の世話になっている先生が突然死んで、丁度節が学会で発表しなければならない日なので、自分が葬儀に出るべきかしらと母に訊いた。

「そうね。そうした方がいいんじゃないかしら。ちゃんとした黒いお洋服、持ってないわね」

百合枝は言った。

「おばあちゃまは、お母さんが結婚するとき、一通りのものは、揃えてくれたけれど、お母さんは千枝に何もしてあげなかったわね。でも、何もかもして貰ったということが、あの貧しい時代には周囲の恨みを買うようなところもあったのよ」

百合枝は千枝をかまわないことを言いわけするように言った。

「おばあちゃまは娘時代、家が没落して、昔、同じ階層だった人たちからとり残されて、惨めな感じがあったので、きっと自分の娘には無理して普通以上のことをしたのかもしれない」

百合枝は口の中でぶつぶつ言った。

こういう母の物言いに、千枝は母の気の弱さを感じた。

「喪服を買ってあげるわ」

百合枝は言い、東急*の本店に行って、千枝は少し見たが、気に入ったのが見つからなかった。

「黒いスーツにしたら」

と百合枝は言ったが、千枝は自分にはスーツは似合わないと言った。

「やっぱり要らない。何かありあわせの黒い服を着て行くわ」

と言って店を出ようとするとき、アンサンブル*風の上衣とスカートにふと目を止めて、急に、それに決めた。

千枝は買物をするときいつもそうなのだが、一通りさっと見て目に止るものがないとあっさりとその場を離れ、折角その気になってつき合っている百合枝が、何でもよいから決めてしまいたいと思っているのをはねのけるように軽蔑的な目つきをする。そして百合枝にその気がないときでも、通りすがりに気に入ったものに目を止めると、即座に自分だけの意志で買うのを決めた。

横からどんなに気をそそるようなことを言われても、一目で気に入らないものには見向きもしないという娘のやり方に、百合枝はA挑戦的なものを感じた。そして、自分の方からは滅多にものをねだろうともしない千枝には［X］よ

---

check! 漢字 語句 文学史

〈没落〉

▼空欄に「没」が入らないものを選びなさい。

① □交渉
② □我
③ □個性
④ □意見
⑤ □趣味

＊節――千枝の夫。

＊東急――東急百貨店。

＊アンサンブル風の上衣とスカート――組み合わせて着ることを意図して作られた上衣とスカート。

答 ④

※選択肢の「没～」は〈～がない〉という意味。〈意見がない〉ことに「没意見」という言葉は用いない。

り［Y］があるように感じた。

気に入らないものなどあげると言われても欲しくはないと、母親の好みで買い与えられたものは有難がりもしないので、百合枝は千枝にものを買い与えることもいつの間にかしなくなった。つまらないもので恩を売るつもりにならないでくれ、ともとれたし、わたしたちは欲望の種類が違う、と宣言しているようでもあった。アメリカで育てたせいか、経済的に自立しようという気持が早くからあって、普通の子供にくらべるとお金のかからない子供だったが、その代り、親の機嫌をとろうとするところもなくて小憎らしいぐらいだ。機嫌をとったり、とられたりすることの中に、弱みと悲しみと忍耐と自己犠牲といったものを感じとろうとしない高慢さを、指摘しようと思えば指摘できなくもないが、そういうことは生きていく中で学ぶ以外にはあるまいと百合枝は思った。

その昔、解説づきで大人たちから与えられた教訓は多くの場合、若い百合枝を反抗にしか駆り立てなかったように思えるからだ。しかし、そうは言っても、死んだ人たちが歎かわしげに首を振って呟いていた言葉は、ずっと後になって甦ってくるものだから、その都度、何かを表現しておくことは義務かもしれないと思うが、沈黙を選んでしまう方が多い。そして、沈黙のたびに、過去の他人の沈黙が妙なリアリティでふくれあがり、胸がしめつけられる。多くの［Z］の繰り返しだけが永遠性を持っているように思える。

「欲望が少なければ少ないほど楽よ」

そのとき千枝が言った。ばかにしているような響きがあった。親たちの欲望を白々と眺めて育ったんだわ、この世代は、と百合枝は思った。あなたたちが欲しがったものでわたしたちは幸福になったのかしら、と言っているようでもあった。飢えなかった世代の自分の選択をかざすだけのB想像力の無さが百合枝を寂しくした。

（大庭みな子「啼く鳥の」）

---

check! 漢字 **語句** 文学史

〈白々と〉

▼意味として最適なものを選びなさい。

① 喜んだ様子で
② さめた様子で
③ さげすんだ様子で
④ さとり切った様子で
⑤ あきらめた様子で

答 ②
※「白々と」は〈あからさまな様子〉〈みえすいた様子〉〈興ざめな様子〉などの意味がある。

問1 傍線部A「挑戦的なものを感じた」とあるが、百合枝が感じた千枝の「挑戦」の内容を具体的に述べた最適な箇所を含む一文を選び、冒頭の五字を記しなさい（句読点は字数に含まない）。

問2 空欄X・Yに入る語として最適なものを、それぞれ一つずつ選びなさい。

X
① とっつきにくさ
② はかなさ
③ いじらしさ
④ よそよそしさ
⑤ そっけなさ

Y
① 強情さ
② 傲慢さ
③ 頑固さ
④ 無気力
⑤ 打算

問3 空欄Zに入る語として最適なものを一つ選びなさい。

① 衝突　② 悔悟　③ 非難　④ 弁解　⑤ 徒労

問4 傍線部B「想像力の無さ」とあるが、想像力がないため、母親に対する千枝の態度がどうなっていると百合枝は思っているか。具体的に述べた最適な箇所を含む一文を選び、冒頭の五字を記しなさい（句読点は字数に含まない）。

---

check! **漢字**　語句　文学史

〈打算〉（問2Y⑤）

▼「算」を用いるものを選びなさい。

① 戦争でサンイツした文書
② 兄から王位をサンダツする計画
③ ワサンボンを土産に買う
④ サンビを極める事故現場
⑤ 勝利のセイサンがある作戦

答 ⑤（散逸・簒奪・和三盆・酸鼻・成算）

演習51　目標時間4分

（高校に進学して二ヶ月、私（長谷川初実＝ハツ）はクラスの中で孤立している自分に気づく。中学のとき、親友だった絹代も新しい環境に順応してハツを一人残して別の友達グループに入ってしまい、所属している陸上部でも孤立状態が続いていた。）

学習日　／
学習日　／

運動場で部活の練習が始まってすぐに、大粒の雨がばたばたと降り始めた。部活の練習は中止され、部員たちは体育館の屋根下に避難した。屋根下はひんやりしていて、濡れた背中にブラジャーの線が透けているみんなは、タオルで身体を拭きながら、地面に叩きつけられる雨音の大きさに圧倒されて、無言だった。しかし煙ったような雨の中、運動場からこっちに向かって歩いてくる先生を発見した途端に、活気づいた。

「先生の頭、溶けてる！」

トレードマークである天然パーマが、雨に濡れておでこに貼りついている。指差して笑われると先生は早速とぼけた表情をして、驚いたように目をしぱしぱさせた。器用になったものだ、本当はああいう人じゃないくせに。次に部員たちが言い出すことは分かってる、先生だってきっと分かっている。

「ねー先生、もう雨だから部活中止にしましょうよー。」

見慣れた一部始終。でも先生が光化学スモッグ警報を隠した日以来、こういうのを見るのが前より苦痛になっている。マットの上に座っている私の横に、先輩が腰を下ろした。

「この雨じゃいくらなんでも練習できないね。せっかく着替えたのにもったいないないな。」

「これ、夕立でしょう。もうすぐ止むと思いますよ。」

「うん、私も気づいてた。だから今、おねだり部隊に〝急げ！〟っていうサイン出したの。雨が止む前に先生を説得できるかが勝負だよね。」

先輩は楽しそうな瞳で、先生を取り囲んでいる部員たちを見ている。暇だから話しかけてるのか、本当の親切で話しかけてくれているのかどうか、分からない。

「疲れたなら、帰ってもいいよ？」私が何も言わないでいると、先輩は言った。

「いえ、後片付けします。雨にハードルをさらしていると、錆びるし。」

---

check!　漢字　語句　文学史

〈途端〉

▼「端」を用いるものを選びなさい。

① 作業をブンタンする
② タンガン書を提出する
③ 計画がハタンする
④ ダイタンな行動に出る
⑤ 準備バンタンととのう

答 ⑤（分担・嘆願・破綻・大胆・万端）

「〝こんな雨の中で片付けしたくない〟って女子部員全員で言ったら、きっとやらなくて済むよ。大丈夫、先生は物分かりいいから。」

先生は物分かりいいから。運動場を整備し忘れても、体育倉庫の鍵を閉め忘れても、これぱっかり。軽蔑するような響きはまったくない。だからこそ、頭に白髪の混じった大人が、物分かりいい、なんて言われているのを聞くと、やるせない。長く生きる意味ってあるのかと思ってしまう。

「陸上部もいい雰囲気になったよ。去年の顧問はやたらスパルタで、記録の数字しか見てないような奴だったから、やめてく新入部員も多かった。今年は先生ともみんな仲良しで、部活楽しー。」

「先生は飼い慣らされてるだけじゃないですか。」

吐き捨てるように言ってから、しまった、と思った。空気が不穏に震え、肌寒くなる。先輩は前を向いたまま、低い声で吐き捨てた。

「あんたの目、いつも鋭そうに光ってるのに、本当は何も見えてないんだね。一つだけ言っておく。 X 」

（綿矢りさ「蹴りたい背中」 省略した箇所がある）

問 空欄Xに入る最適なものを一つ選びなさい。

① 私たちは先生を、好きだよ。あんたより、ずっと。
② 私たちは先生が飼い慣らされているだけだなんて、わかってるよ。それでやってるんだよ。ずっと。
③ 私たちは、先生も、あんたも、みんな好きだよ。
④ 私たちはあんたを好き。先生なんか較《くら》べものにならない。
⑤ 私たちは先生も、あんたも、いいってなんて思ってないんだよ、ずっと前から。

---

check! 漢字 語句 文学史

〈綿矢りさ「蹴りたい背中」〉

▼二〇〇四年、綿矢りさが「蹴りたい背中」で受賞した、純文学の新人に与えられる賞の正式名称を答えなさい。

答 芥川龍之介賞（「芥川賞」は通称）

※なお、受賞時綿矢りさは一九歳であり、最年少での受賞であった。

演習52

目標時間5分

学習日 ／　学習日 ／

〔次の文章は、「私（伊都子）」が子供時代のある夏の出来事を回想している場面である。〕

「また入院することになったの」

夕方、従姉と一緒に手を洗っていると、母が洗面台の前にやって来てそう言った。母は背の高い女性と一緒だった。

「入院している間、あなたたちの面倒を看《み》てくださる日置さんよ。おばあちゃまの実家から来てくださることになったの。ご挨拶なさい」

洗面台の鏡に映った紀江を見ただけで、私は胸がどきどきした。真夏だというのに黒いスーツを着た彼女は、母よりも頭一つ分くらい背が高く、波打つ髪をかき上げるようにしていた。その髪は、額の右上の部分だけが根元から真っ白になっていた。そんな女を見たのは初めてだったから、何だか怖いような気がして振り向くのにも勇気が要ったし、挨拶しようにもすぐには声が出せなかった。

母がその場から立ち去ると、紀江は身をかがめて紙石鹸の匂いを嗅ぎ、「野苺の香りがする」と言った。

「野苺と苺とはまるで違う香りがするのよ。伊都子さんは、そのことをご存知？」

私は黙ったままで首を振った。彼女は頷き、「日置紀江です」と言って頭を下げた。それを見ただけで従姉は笑った。従姉は紀江のやり方に［X］のだ。紀江は下げた頭を従姉と私の間に押し込むようにし、私たちの頬っぺたや脇腹をつねった。見た目はほっそりとしていたのに、彼女の手はとても柔らかかった。

「紀江さんて、面白い方でしょ」

従姉は笑い声を上げながらそう言った。一緒になって笑いながら、私は「うん」と答え、慌てて「はい」と言い直した。

「紀江さん、これからも時々はうちにもいらしてね」

従姉は紀江の手を摑《つか》んでそう言った。紀江は「うん」と答え、すぐに「はい」と言い直した。そして、両手で私たちの頭を抱えるようにして何遍も頬ずりをした。私と従姉は頭や頬をこすり合わせながら何度も笑い声を上げた。紀江が手を放すと、私はすっかり上気した気分で鏡の中の彼女を見上げた。紀江は鏡を覗《のぞ》き込み、指先で目尻や頬をさすりながら忙《せわ》しく頭を動かした。

「この鏡は悪くないわ」

---

check! 漢字　語句　文学史

〈嗅ぎ〉

▼「嗅」を用いるものを選びなさい。

① キュウソ猫を嚙む
② 何とかキュウダイ点を取る
③ 人並外れたキュウカクの持ち主
④ 公約違反をキュウダンする
⑤ ハッキュウゆえつつましく暮らす

答 ③（窮鼠・及第・嗅覚・糾弾・薄給）

彼女はそんなことを言って微笑《ほほえ》み、もう一度、私たちの頬をつねった。仲良くしてね。耳元でそう囁《ささや》かれたけれど、何も答えられなかった。

（蓮見圭一「1989、東京」）

問1 空欄Xに入る最適なものを一つ選びなさい。

① 不穏な意図を感じとっていた
② もう慣れっこになっていた
③ いつも通り従うしかなかった
④ 隠していた嘲りの念を出してしまった
⑤ 戸惑いながらも迎合していた

問2 傍線部「耳元でそう囁かれたけれど、何も答えられなかった」とあるが、このときの「私」の様子の説明として最適なものを一つ選びなさい。

① 「仲良くしてね。」と言いながらも頬をつねるという矛盾した行動をとる紀江は「私」にとって得体の知れない存在であり、自分にとって敵なのか味方なのかが判断できず、態度を決めかねている。
② 背が高く、年をとっていて、奇妙な行動ばかりする紀江に対して「私」が強い恐怖を感じていたため、一刻も早く彼女の前から逃げ出して、安全なところに行きたいと、そればかり考えている。
③ 従姉の言葉によって紀江が実は怖い人ではないと知ったため、すっかり安心した「私」は、紀江の言葉にきちんと答えなければならないというそれまでの緊張感から解放され、ぼんやりしている。
④ 紀江の態度に非常に親しみを感じ、すっかり打ち解けた「私」は、母が入院することへの心配とこれからの生活への不安の反動が出て、ふてくされた態度をとることで紀江に甘えようとしている。
⑤ 風変わりな言動をする紀江は子どもにとって非常に魅力的な存在であり、すっかり彼女に夢中になってしまった「私」は、まともな受け答えをする余裕もなくなるほど、気持ちが高ぶっている。

check! 漢字 語句 文学史

〈仲良く〉
▼「仲」を用いるものを選びなさい。
① 誹謗チュウショウ
② 組織のチュウセキたる九人
③ 和洋セッチュウ
④ 実力がハクチュウする
⑤ チュウゲンは耳に逆らう

答 ④（中傷・柱石・折衷・伯仲・忠言）

演習53

目標時間8分

学習日　／
学習日　／

奈良県大宇陀《おおうだ》の旧家上谷家に養子に入った伊佐夫は、交通事故で植物状態になった妻の昭代を介護しながら農業を続けてきた。一人娘の陽子は学生時代から家を出て東京で仕事をしている。年の初めに昭代が亡くなり伊佐夫は一人で暮らすことになった。新盆を迎える夏、陽子が突然、ニューヨークへ出張に行く間、高校生の孫の彩子を預かってほしいと言ってきた。彩子を迎えた伊佐夫は、この日、彩子とともに地元の花火大会にやってきた。

やがて次第に打ち上げの間隔が狭まってゆき、次々に開く花火で山間のそれほど広くない空に火薬の煙が白々と照り輝く。菊。牡丹。菊。菊。千輪菊。花雷。花雷。花雷。昇り龍。菊。牡丹。しだれ柳。ドン、ドン、ドン。ひゅう――、ドン、ドドン。いつの間にか幼児を肩車した父親の説明の声も絶え、伊佐夫の耳のなかは夜空に降りそそぐ音と丘陵を埋めた人びとのどよめきだけになる。否、そこにはかつてここにいたことのある昭代の声や、榛原下井足《はいばらしもいだに》の花火会場のほうにあった家族三人の声がひそみ、一つ一つの音節は聞き取れない断続的な耳鳴りになって、伊佐夫の内耳の奥へ、蝸牛神経へ、一次、二次、三次聴覚野へと伝わってゆくのだ。すると、それはやがて大脳辺縁系へと伝播して、何とは特定できない感情の波のひと揺れが起き、伊佐夫は落ち着かない心地になって無意識に足踏みをする。そうだ、先日今年もジャガイモを送るからと言ったとき、孫が見せた一瞬の空白の表情は何だったのだろうか――。

（中略）

あのね、ここの花火、手を伸ばしたら届きそうな感じで好きだな。来年も見たいな――。帰り道、孫は言い、見に来たらいいと伊佐夫は応じたが、A そういえばそのときも、返ってきたのは「うん」という少しくぐもったひと声だったものだ。

（中略・二人は別の部屋で寝る）

ぽとぽと、ばたばた、ぽとぽと、ばたばた。雨音に呑《の》み込まれるままに眠りの淵を漂っていたのは、どのくらいの時間だったろうか。頭の芯にビリッと電気が走ったかと思うと、岩のような雷鳴の塊が空気を断ち割って轟《とどろ》き、伊佐夫は覚醒へと引きずりあげられる。山々を走る稲妻が雨戸の隙間を光らせ、闇が降り、また光が走る。放電の衝撃波は雷雲と大地の間を瞬時に伝播しながら杉山へ、棚田へ、集落へと駆け回る。上谷の古家の屋根や柱を震わせ、ガラスを鳴り響かせて寝間へ迫ってきたかと思うと駆け去り、遠くで渦を巻く。落ちたか――？　数秒の静寂があり、次いでまた

---

check!　漢字　語句　文学史

〈渦〉

▼「渦」を用いるものを選びなさい。

① 混乱のカチュウにいる
② 後世にカコンを残す
③ カッカ掻痒の感がある
④ カダイに評価される
⑤ ゲンカに否定する

答 ①（渦中・禍根・隔靴・過大・言下）

新たな稲妻が走り出す。雷鳴が空を割り、耳を割り、眼を冴えさせて伊佐夫はついに眠れなくなる。孫は寝ているだろうか。寝られないと、明日のテニスがしんどくなるだろう。

そうして孫の顔を思い浮かべたのは虫の知らせだったか、暗がりで「おじいちゃん」と呼ぶ当人の声がし、見ると自分の蒲団を抱えた孫が寝間の入り口に立っていた。どうした、寝られないのか。うん、まあ。雷、凄《すご》いし。孫は運んできた蒲団をさっさと伊佐夫の隣に敷き、横になる。山の雷は地面から湧いてくるんだもの、びっくりした——。B孫は、怖いとは言わない。そうだな、花火と一緒だ。雷と地面の距離が近いから、湧いてくるように聞こえるんだろう。伊佐夫は説明してみたが、孫の眼はもう、寝間のそこここで層をなしている古本や土壌のモノリス*のほうへ向かっており、話はそこへ飛ぶ。あの土の標本、上野の国立科学博物館にあるのと同じでしょう？　私の友だちが土や石が好きで、一緒に見に行ったことがある。日本じゅうの石や隕石《いんせき》を集めた展示室は面白かったな。土を掘るの、楽しい？　楽しいかと聞かれてもすぐには言葉を集められず、真夜中に話すことでもない気がして、伊佐夫はうん、まあとだけ応える。孫もそれ以上は言わない。埃《ほこり》を被《かぶ》った土のモノリスたちも、稲妻を浴びて薄っすらと輝きながら沈黙し、代わりに孫がまた口を開いて言う。ほんとうのことを言うね。お母さん、ニューヨークで新しい仕事見つけたの。だから、向こうで働くことになるし、私もアメリカへ行くことになると思う。お母さんを一人で置いておけないし。でも、アメリカはヴィーナス・ウィリアムズとセリーナ・ウィリアムズがいるから——。

孫は、もっと早く話したかったが話せなかったと言って、わびた。ここに至るまでに山ほどの怒りや困惑や悲哀を乗り越えてきて、もう何も残っていないといった乾いた声だった。とまれ、話の大半はずっと前から予想できたことであり、伊佐夫にも強い感情の起伏はやってこなかった。娘と孫はこの秋にはニューヨークへ移住する。娘はどこかのシンクタンクで働き、孫は現地のハイスクールに転校し、テニスクラブに通う。そして、たぶんウィリアムズ姉妹のテニスの試合を観に行くのだろう。また娘の陽子は、実は八月六日に正式に離婚をし、孫とともに上谷の姓で新しい戸籍をつくったということだ。おじいちゃん、私、上谷彩子になったのよ。なんか、へんな感じ——。そう言って、C孫は初めて小さく笑った。

（高村薫「土の記」）

check!　漢字　語句　文学史

〈層をなしている〉

▼ここでの意味として最適なものを選びなさい。

① 広がって場所をとっている
② しま模様をつくっている
③ 雑然と散らばっている
④ 重なって厚くなっている
⑤ 集団ごとに整理されている

*モノリス——土壌モノリス。地面に穴を掘り、現れた垂直の断面をそのまま取り出して一枚の板のような標本にしたもの。

答 ④

問1 傍線部Aから読み取れる伊佐夫の気持ちとして最適なものを一つ選びなさい。

① 子供のようにはしゃいでしまったことが、ちょっと恥ずかしくなってしまったのかな。
② 口では楽しかったと言っているが、やはり自分に気を使ってそう言っただけなのかな。
③ 花火は楽しかったとはいっても、やはりこんな田舎に来る気にはならないのだろうな。
④ 花火を楽しんでくれて良かったが、何か他に心にひっかかっていることがあるのかな。

問2 傍線部Bから読み取れるものとして最適なものを一つ選びなさい。

① 本当は怖いから来たのだろうが、恥ずかしいから強がっているのだろう。
② これほどの雷を怖がらないとは、大したものだ。
③ 蒲団を持ってくるなんて、可愛いところがあるなあ。
④ 怖いからきたのではないのなら、どうしてここへきたのだろうか。

問3 傍線部Cから読み取れる彩子の気持ちとして最適なものを一つ選びなさい。

① やっとおじいちゃんに本当のことを話すことができてほっとした。近くにはいられないけど同じ姓になったことが少しは慰めになるかなあ。
② おじいちゃんに聞いてもらってやっと自分もアメリカに行く決意ができた。でもおじいちゃんは初めて聞いてびっくりしただろうなあ。
③ おじいちゃんにもっと根ほり葉ほり聞かれると思ったけど意外に平気で安心した。独り暮らしに慣れているから心配することはなかったんだ。
④ おじいちゃんは寂しいのに無理をしているんじゃないかな。姓が同じになったといってもなんだか冗談にしか聞こえないかもしれないな。

check! 漢字 **語句** 文学史

〈とまれ〉
▼意味を答えなさい。

答 どうであろうとも・ともかく・いずれにしても(「ともあれ」の縮まった形)

第14章 象徴性

象徴性を理解する

ここでは、小説読解の重要事項であり、読解で大きく差がつく「象徴性」を学習します。「象徴性」とは**具体的なものごと**によって、**抽象的な概念や意味など**を表現することです。たとえば、「平和」という目に見えない抽象概念を、「鳩」という目に見える具体的な生き物で表現することです。英語にすると「シンボル」ですね。

この象徴性は、世界的に読まれている村上春樹の作品にも多用されています。中でも「井戸」は有名ですね。『ノルウェイの森』の冒頭を筆頭に、主人公が自己の内面について「掘り下げていく」場面において、「井戸」に関する描写が出てきます。『ねじまき鳥クロニクル』においても、ある人物の大きな人生の転換に関する場面において「井戸」が描かれます。このように〈水を得るために地をほり下げた〉井戸という具体的な存在が、〈自己の内面を掘り下げる〉場面において用いられるわけです。

「象徴性」のイメージについては、次の通りです。

具体的事物（主にタイトルと関係する事物・本文中で繰り返されている事物・設問と関係する事物）
➡
抽象的概念・意味

演習54 目標時間6分

学習日 ／　学習日 ／

大学生になった私は、小学校の同級生の瀬里奈に数年振りに会う。瀬里奈は、小学校の頃《ころ》同様、「くるみ割り人形」の物語の主人公になりきることでしか日常生活を送れないでいた。そんな瀬里奈を、私は、瀬里奈本人としてありのままの姿でいられるようにしようと試みる。

私たちはそれからも何度か予定を合わせては休日に会い、塚本瀬里奈のまま外に出る練習をした。けれど瀬里奈の「嫌い」なところを避けようとすると、静かな住宅街を選んで散歩する位のことしかできなかった。

瀬里奈はどこか泳いでいるように歩く。とても神経が過敏で、大きな音がすると耳をふさいでしゃがんでしまった。

その様子は、まるで小学校のときのまま、あの掃除用具入れ*に冷凍保存でもされていたみたいで、そんなときなのに私はなぜか感慨深く、瀬里奈の骨ばった手のひらが耳を押しつぶしているのをじっと見てしまった。初めて出会った始業式のときも、瀬里奈はこうして耳をふさいでいた。

マリー*になりきることで、瀬里奈が個性的な魅力を得たのだと思っていたが、それは勘違いだった。瀬里奈のままのときのほうが、彼女は突拍子もないのだった。神経質なわりに人目をはばからず、扱いづらくて気難しい塚本瀬里奈が、マリーになりきることでなんとか、ちょっとぶっきらぼうで強気な女王様風、程度で留《とど》まっていたのだと理解するのに、そう時間はかからなかった。

私は瀬里奈とメールのやりとりをして、一日予定がないという週末には、朝から瀬里奈の家へ行った。瀬里奈はそのときだけは、本を読まないで待っていてくれた。

物腰はずっと柔らかくなり、声は低いままか細くなった。最初、私は、壊れ物を扱うように瀬里奈に接した。A けれどすぐにばかばかしくなった。瀬里奈には遠慮というものが存在しないのだ。

「瀬里奈、バスで少し行かなきゃいけないけど、大きい国立公園があるんだ。自然もいっぱいだし、あんまり人もいないし、温室もあって、楽しいよ。出かけてみない?」

瀬里奈はとても儚《はかな》げな表情でこちらを見るので、ああ、瀬里奈は壊れ物なんだ、だから無理矢理、外へ連れ出したりしてはいけない、大切に扱わないと、なんて思わされてしまう。しかし、彼女は唇をゆっくりと開き、かぼそい声と弱々しい表情で、こう言うのだ。

check! 漢字　語句　文学史

〈ぶっきらぼう〉

▼意味として最適なものを選びなさい。

① 話す内容が独りよがりであるさま
② 人への態度に思いやりがみられるさま
③ 立ち振る舞いが自尊心にあふれているさま
④ 言動に愛想がなくそっけないさま
⑤ 普段から細かいことにこだわらないさま

*あの掃除用具入れ――瀬里奈が小学校時代、感情が高ぶって涙が出たときに閉じこもっていた場所。

*マリー――瀬里奈がいつも読んでいる「くるみ割り人形」という物語の主人公。

答 ④

「……ええとね、私、バス嫌い。草が生えている上を歩くのも、足が気持ち悪いの……温室みたいな息苦しいところに、わざわざ行くのも……そもそも、一日の予定を人から決められるのが、あんまり得意じゃないみたい……」

私は首根っこを摑《つか》んで外に引きずりだすか、でなければ見捨てて、「くるみ割り人形」の本を投げつけて帰ってしまおうかと思うが、なんとなく、もう一日だけ我慢してみよう、と思って、次に会う予定の日を決めて、帰ってきてしまう。それは彼女にまったく悪気がないのと、人がどう思うかをつい気にしてしまう私にはその奔放さに惹《ひ》かれるところがあるせいかもしれなかった。

（村田沙耶香「マウス」）

問1 傍線部A「けれどすぐにばかばかしくなった」とあるが、これはどうしてか。その説明として最適なものを一つ選びなさい。

① 「私」は瀬里奈をか弱げな外見や過敏な神経から弱々しい人間だと思っていたが、むしろ彼女は強い自己主張をもっているということに気づいて、これからは対等に話をすればいいのだと思い直したから。

② 「私」は儚げな表情を見せる瀬里奈に同情し、守ってやりたいと思っていたが、瀬里奈を甘やかすと余計にわがままになるだけだということに気づいて、あえて厳しく接するほうが効果的だと考えるようになったから。

③ 「私」は繊細な瀬里奈を傷つけないように気遣っていたが、瀬里奈自身は人を傷つけないように遠慮することを知らずいつも率直であることに気づき、自分が過剰に配慮する必要などないと知ったから。

④ 「私」は瀬里奈が本当にしたいことを根気強く聞き出そうと思っていたが、瀬里奈は「私」の提案を退けるばかりで主体的に何かをする意欲がないことに気づいて、むしろ無理矢理にでも連れ出したほうがいいと考えたから。

⑤ 「私」は気難しい瀬里奈が機嫌を直してくれるようにつとめて気遣いをしていたが、実際は瀬里奈は気分を害していたわけではなく、これが普段どおりの態度なのだと気づいて、安心すると同時に徒労感を覚えたから。

check! 漢字 語句 文学史

〈奔放〉

▼「奔」を用いるものを二つ選びなさい。

① 友人のためにホンソウする
② 英文学をホンヤクする
③ ムホン人を征伐する
④ ホンポウ初公開の絵画
⑤ 郷里をシュッポンする

答 ①・⑤（奔走・翻訳・謀反（謀叛）・本邦・出奔）

問2 傍線部B「『くるみ割り人形』の本を投げつけて帰ってしまおうか」とあるが、これは「私」のどういう思いを表現したものか。その説明として最適なものを一つ選びなさい。

① せめて「くるみ割り人形」の主人公になりきることができれば、外の世界とかかわることも苦痛ではなくなるかもしれないと思っていたが、そんなことをしても結局瀬里奈を変えることなどできない、という思い。

② 瀬里奈が外の世界に馴染《なじ》めないでいるのは「くるみ割り人形」の本を読んで夢を見すぎたことが原因なのだから、思いきって本を捨ててしまえば、瀬里奈が一歩を踏み出す機会になるのではないか、という思い。

③ 瀬里奈にとっては、嫌な思いをしてまで外の世界に馴染もうとするよりも、むしろ家に引きこもって「くるみ割り人形」の主人公になりきり、本の世界に没頭しているほうが、安全で幸せなことなのではないか、という思い。

④ 子どもじみたわがままを言って「私」の提案を聞き入れようともせず、自分から状況を好転させようという気持ちがないのなら、「くるみ割り人形」のような子ども向けの本に夢中になっているほうが瀬里奈にはお似合いだ、という思い。

⑤ 瀬里奈の言葉にうんざりし、やはり「くるみ割り人形」の主人公になりきることしか瀬里奈が外へ出る方法はないと感じ、塚本瀬里奈本人として外の世界に適応させる努力などもうやめてしまおう、という思い。

---

check! 漢字 語句 文学史

〈踏み出す〉（問2②）

▼「踏」を用いるものを選びなさい。

① 前人ミトウの地
② 思いをトウエイした作品
③ ケットウ値を抑える薬
④ 汗牛ジュウトウ
⑤ 敵がトウボウする

答 ①〈未踏・投影・血糖・充棟〈汗牛充棟＝蔵書の非常に多いこと〉・逃亡〉

演習55

目標時間4分

昭和初期、旧制中学二年生だった「私」は、地方の小都市に住む遠縁の咲耶《さくや》の家で一夏を過ごすことになった。若々しく見える咲耶を「私」は慕っていた。海辺の寺で行われる剣道部の合宿に参加する「私」は、咲耶から海で泳がないように約束させられていた。

七日間の合宿は黒川さんのおかげで、何の混乱も事故もなく規則正しく過ぎていった。私は相変わらず海では泳がず、皆が海に入っているあいだ、濃い青い真夏の海の色をながいこと見つめていた。それは時間によっても光の加減によっても様々に変化したが、帯のように青が薄くなったり濃くなったりするのは、いくら見ていても見飽きなかった。庫裡《くり》の窓に群れてくる鷗《かもめ》も、こうした日中には海の上を飛び、沖の赤いブイにとまっているのもたまには見かけた。

咲耶から寺に電報が来たのは合宿が終わる日の朝であった。電文は私にそのまま寺に残るように、ということだった。私はそれを武井に見せなかった。ただ黒川さんにだけ、もうすぐ東京に帰らなければならないから、二、三日、海辺で過ごしたいのだが、と頼んだ。黒川さんはそれを寺の住職に頼み、住職は快くそれを許してくれた。

武井はしきりと憶測を逞《たくま》しくして、お前は咲耶とここで落ち合うのだろうと、私をぎくりとさせるようなことを言った。私はわざとそう思わせるように振る舞ったが、それがかえって彼の思いを外に逸《そ》らせることができると思ったからであった。案の定、武井は、畜生、うまくやってやがる、と言いながら、それは私の作り話であると思いこんでいた。

黒川さん以下剣道部員が出てゆくと、私は広い本堂の縁《えん》の柱にもたれて青い海を眺めていた。それまでも、ひとりで海を見つづけたと思っていたが、部員が去ってまったく一人ぼっちになると、その海を見る意味合いも自然と違ってくるように思われた。

数日のうちに海の波は荒くなり、赤いブイが上下に激しく揺れるのが見えるようになった。沖に午後になると、積乱雲が相変わらず中天まで上り、日ざしはぎらぎら強かったが、本堂のまわりの松に吹きつける風の音に何か違った感触があった。

（辻邦生「夏の海の色」）

学習日 ／

学習日 ／

check! 漢字 語句 文学史

〈慕っていた〉

▼「慕」を用いるものを選びなさい。

① 社員をボシュウする
② 恩師にオセイボを送る
③ 亡き祖母へのシボ
④ ボタイへの回帰願望
⑤ 大キボな開発が認可される

答 ③（募集・歳暮・思慕・母胎・規模）

問 傍線部について、「私」はどのような気持ちで海を見ているのか。その説明として最適なものを一つ選びなさい。

① 仲間の思惑《おもわく》を気にして真意を隠す必要がなくなったので気分が解き放たれ、咲耶に対する思慕の思いを抱いている。
② 剣道や仲間のことを気にせず意識を咲耶に集中させ、これまでの咲耶と自分の関係について冷静に振り返っている。
③ 一人になった孤独な状況の中で自分自身と向き合いつつ、ここへ来るという咲耶の意図を推し量りかねている。
④ 今まで以上に感覚が研ぎ澄まされたことで風景の変化が意識され、季節の推移に咲耶との関係の進展を重ねている。
⑤ 周囲が静かになったので落ち着いて海と向き合えるようになり、咲耶と自分の関係を目の前の海に重ねている。

check! 漢字 語句 文学史

〈研ぎ澄まされた〉（問④）
▼「澄」を用いるものを選びなさい。
① セイチョウな音色
② 水の表面チョウリョク
③ 変化のチョウコウが現れる
④ ホウチョウを研ぐ
⑤ カンゼンチョウアク

答 ①（清澄・張力・徴（兆）候・包丁・勧善懲悪）

演習56

目標時間6分

学習日 ／

学習日 ／

一昨年の秋、夫が旅行の土産にあけびの蔓で編んだ手提げ籠を買ってきた。直子は病床からそれを眺め、快復したらその中に好きな物を入れてピクニックに出掛けることを楽しみにしていた。

「此《この》秋になったら坊やも少しはあんよして行けるだろ、小《ちいさ》い靴を穿《は》かして一緒に連れて行こう。」

とこんな事を楽しんだ。けれどもその秋も籠は一度も用いらるる事なく戸棚に吊《つ》られてあった。直子は秋になると屹度《きっと》何かしら病気をするのであった。その癖一年のうちに秋は彼女の最も好きな季節で、その自然の風物は一枚の木の葉でも一粒の露でも、涙の出るような涼《すずし》い感銘を催させる場合が多いけれども、彼女は大抵それを病床から眺めねばならぬのである。ところが今年の秋は如何《どう》したせいか大変健《すこや》かで、虫歯一つ痛まずぴんぴんして暮らした。直子は明け暮れ軽快な心持ちで、もう赤ん坊を脱して一《い》ッぱしいたずら小僧の資格を備えて来た子供を相手に遊び暮らしながら、毎年よそに見はずした秋の遊び場のそこ此処《ここ》を思いやったが、そうなると又特別に行き度《た》いと思う処《ところ》もなかった。

その内*文部省の絵の展覧会が始まって、世の中は一しきりその取沙汰《とりざた》で賑《にぎ》やかであった。直子の家では主人が絵ずきなので早々見に行って来て、気に入った四五枚の絵の調子や構図の模様などをあらまし話してくれた。二三の知った画家の出した絵の様子なども聞いた。直子は去年も一昨年も見なかったので、今年は早く行って見ようと思った。けれども長い間の望みの如《ごと》く、彼《あ》のあけび細工の籠に好きな食べものを入れてぶらぶら遊びながらと云《い》う事を思いついたのは、其《その》前日の全く偶然な出来心であった。直子は夕方の明るく暮れ行く西の空に、明日の晴れやかな秋日和を想像して左《そ》様《う》しようと思った。

「それが可《よ》い。展覧会は込むだろうから朝早くに出掛けて、すんだら上野から何処《どこ》か静かな田舎に行く事にしよう。」

とそう思うと、誠に物珍《めず》らしい楽しい事が急に湧いたような気がして、直子は遠足を待つ小学生のような心で明日を待った。

あけの日は何時《いつ》もより早目に起きて、海苔《のり》を巻いたり焼き結飯《むすび》を拵《つく》ったり*女中を相手に忙しく立ち働いた。支度が出来ていよいよ籠に詰め終《おわ》った時には、直子はただ訳もなく嬉《うれ》しく満足であった。菓子も入れた。無くてはならぬものと思った柿も、*きざ柿の見事なのを四つ五つ入れた。提げて見ると随分重かった。

「それをみんな食べて来る気かい。」

check! 漢字 語句 文学史

〈一緒〉

▼「緒」の字を用いるものを選びなさい。

① チョメイな人物の業績
② ジョウチョあふれる街並み
③ チョトツ猛進
④ チュウチョしている暇はない
⑤ チョスイ槽を清掃する

*文部省の絵の展覧会――一九〇七年に始まった文部省美術展覧会のこと。日本画・洋画・彫刻の三部構成で行われた。

*女中――ここでは一般の家に雇われて家事手伝いなどをする女性。当時の呼び名。

*きざ柿――木についたまま熟し、甘くなる柿。

答 ②(著名・情緒・猪突・躊躇・貯水)

と云って家の人々は笑った。

（野上弥生子「秋の一日」）

問　傍線部「誠に物珍らしい楽しい事が急に湧いたような気がして」とあるが、それはどういうことか。その説明として最適なものを一つ選びなさい。

① この秋はそれまでの数年間と違って体調がよく、籠を持ってどこかへ出掛けたいと考えていたところ、絵の鑑賞を夫から勧められてにわかに興味を覚え、子供と一緒に絵を見ることが待ち遠しくなったということ。

② 長い間患っていた病気が治り、子供も自分で歩けるほど成長しているので一緒に外出したいと思っていたところ、翌日は秋晴れのようだから、全快を実感できる絶好の日になるとふと思いついて、心が弾んだということ。

③ 珍しく秋に体調がよく、子供とどこかへ出掛けたいのに行き先がないと悩んでいたところ、夫の話から久しぶりに絵の展覧会に行こうとはたと思いつき、手頃な目的地が決まって楽しみになったということ。

④ 籠を持って子供と出掛けたいと思いながら、適当な行き先が思い当たらずにいたところ、翌日は秋晴れになりそうだから、展覧会の絵を見た後に郊外へ出掛ければいいとふいに気がついて、うれしくなったということ。

⑤ 展覧会の絵を早く見に行きたかったが、子供は退屈するのではないかとためらっていたところ、絵を見た後にどこか静かな田舎へ行けば子供も喜ぶだろうと突然気づいて、晴れやかな気持ちになったということ。

check!　漢字　語句　**文学史**

〈野上弥生子〉

▼野上弥生子の文学上の師を選びなさい。

① 三島由紀夫
② 太宰治
③ 森鷗外
④ 芥川龍之介
⑤ 夏目漱石

答
⑤

学習日 ／ 学習日 ／

わざわざ表明したことはないが、実はわたしも石が好きである。どこかへ行くと、自分の思い出にと、石を持ち帰ることが今までにもよくあった。

子供のころも、海や川へ行くたびに、小石を拾っては家に持ち帰ったが、当時は石よりも、石を持ち帰るという行為そのもののほうに、特別の意味があったようだ。部屋に持ち込まれた石はきまって急速に魅力を失い、がらくたの一つになってしまった。そもそも水辺にある小石は、川や海の水に濡《ぬ》れているときは妙に魅力があるのに、乾いてしまうと、ただの石だ。濡れている色と乾いた色って、同じ石でも随分違う。水辺の石の魅力をつくっているものが、実は、石そのものでなく、水の力であったということなのか。

今、わたしの机の上には、イタリアのアッシジで拾ってきた、大理石のかけらが四つある。イタリアの明るい陽《ひ》に、きらきらと微妙な色の差を見せてくれた、薄紅、薄紫、ミルク色、薄茶の四つの石は、これは日本に持ち帰っても、不思議なことに色あせることがなかった。

一人でいる夜、疲れて心がざらついているようなとき、その石をてのひらのなかでころがしてみる。石とわたしは、どこまでも混ざりあわない。あくまでも石は石。わたしはわたしである。石のなかへわたしは入れず、石もわたしに、侵入してこない。その無機質で冷たい関係が、かえってわたしに、不思議な安らぎをあたえてくれる。

人間関係の疲労とは、行き交う言葉をめぐる疲労である。だから、A言葉を持たない石のような冷《ひや》やかさが、その冷たいあたたかさが、とりわけ身にしみる日々があるのだ。こうしてみると、わたしだって、充分、アイセキカの一人ではないか。

そういえば、生まれて初めて雑誌に投稿した詩が、「石ころ」というタイトルだった。夜の公園に残された石ころが、まるで、なにかをつかみそこねた、握りこぶしのように見えた。それだけのことを書いた幼稚な詩だったが。

子供のときは、道に石があれば、とりあえずは、足で蹴ってみた。武器として、なにものかに向かって投げつけたり、水のなかに意味もなく、ぽちゃっと落としてみたり、拾って、それに絵を描いてみたり、積み上げたり、地面に印のかわりに、置いてみたり……。石ころとは、随分、多方面に渡って、つきあってきたものだ。

ひとと石との、こうしたあらゆる関係の先に、石をただ見つめるという、アイセキカたちの、透明な行為がひろがっているのだろう。

check! 漢字 語句 文学史

〈がらくた〉

▼意味として最適なものを選びなさい。

① 乾ききっていて潤いにかけるもの
② 見る者から気力を奪い取るもの
③ 使い道のない、役に立たないもの
④ 太陽の光の下でこそ美しく見えるもの
⑤ 存在するだけで不快になる汚らしいもの

答 ③

さて、そのアイセキカ、山形さんは、普段も石のように無口なひとである。ある地方テレビ局の制作部門に勤務している。おいくつですか、と尋ねたことはないが、五十歳はとうに過ぎているはずだ。

山形さんの担当するインタビュー番組に、わたしが出演させてもらったのが知りあうきっかけだった。

（中略）

終わったあと、暗い夜道を一人で帰りながら、テレビとは、恐ろしく、自分を消費するものだと思った。インタビュアーたちとの関係も、あまりにも希薄で一時的・図式的なものであり、そんなことは彼らにとって、仕事のひとつなのだから当たり前のことなのに、その当たり前のことに傷ついてしまった。

そのうえ、自分の言ったことが、終わったあとも、わんわんと自分のなかで反響している。詩人という肩書きで得意になってしゃべった自分――これは一種の詐欺であると思った。そのことを自覚したうえで、玄人としてりっぱに騙《だま》せたのならそれでもいいが、わたしは半分素人の様な顔をして、詩とは……とか、詩との出会いは……なんて遠慮がちに、そのくせ内心、とくとくとしゃべっていたのだから、なんだか、タチが悪いような気がした。

わたしのそんな落ち込みを、山形さんは、まあ、テレビに初めて出た人間はそんなもんですよ、と石のように表情のない顔で、のんびりとなぐさめてくれた。ここを通過するとね、もう怖くはありません。気をつけてくださいよ、テレビに出ることには、けっこう魅力があるようですからねえ。みんな、そう言いますよ。こいけさんもそのうちね――と山形さんは言った。――ぜったいテレビにどんどん出たくなりますよ。そう、自信を持って決めつけるのだった。

その山形さんから、「石を出品しましたので、ぜひごらんください」という、薄いぺらぺらのはがきの案内状が届いたのは、東京に梅雨入り宣言が出された日のことだった。さらに追い討ちをかけて電話までかかってきて、石はいいですよ、ぜひ、見にきてくださいよ、何日と何日なら、わたしも行ってますから、と。

その、動かぬ大山のような山形さんの言い方には、断《こと》わられることなど、おのれの辞書にはないというようなずうずうしさがあった。

「わかりました、じゃあ行きますよ（行けばいいんでしょ）。わかりましたよ（まったくもう）」

このわたしの返答も、充分すぎるほど失礼な言い方ではあったが、山形さんは、ともかくもわたしが行くと答えると、うむ、と満足げにうなずいて日取りを決め、それじゃあ、と言って電話を切った。

B 当日は雨だった。しかし石を見に行くのにはいい日のように思われた。傘というものがわたしは好きだ。ひとりひとりの頭のうえに開き、ひとりひとりを囲んでいる傘が。そういえば、寂しい、独りきりの傘のなかを、華やかな世界

check! 漢字 語句 文学史

〈タチ〉

▼「タチ」を漢字に改めた場合、正しいものを選びなさい。

① 達
② 柄
③ 質
④ 間
⑤ 口

答 ③

※「質が悪い」という場合は「シツ」ではなく「タチ」と読む場合がある。

と表現した女性の詩人がいたなあ。彼女もまた、雨の日と、傘が、好きだったのだろう。五十を過ぎて、彼女は突然自殺してしまった。顔に刻まれた深い皺《しわ》が、とりわけ素敵な美しいひとだった。

そんなことを思い出しながら、会場についた。表参道の小さなアトリエである。傘の露をふりはらって、ドアを開けた。

（小池昌代「石を愛でる人」）

問1 傍線部A「言葉を持たない石のような冷やかさが、その冷たいあたたかさが、とりわけ身にしみる」とあるが、それはどういうことか。その説明として最適なものを一つ選びなさい。

① 周囲の人の慰めや励ましより、物言わぬ石がもたらす緊張感の方が、自分が確かな存在であることを実感させ、それが人としての自信を取り戻させてくれるということ。

② 石と互いに干渉せずに向き合うことは、言葉を交わす人間関係の煩わしさに疲れていらだった心を癒やし、ほっとするような孤独を感じさせてくれるということ。

③ 物言わぬ石の持つきびしい拒絶感に触れることで、今では失ってしまった、周囲の人との心の通い合いの大切さがかえって切実に思えてくるということ。

④ 現実の生活では時に嘘《うそ》をつき自分を偽ることがあるのに対し、物言わぬ石と感覚を同化させていく時は、虚飾のない本当の自分を強く実感できるということ。

⑤ 乾いて色あせてしまった水辺の石でも、距離を置いて見つめ直してみることによって、他人の言葉に傷ついたわたしを静かに慰めてくれるように思えてくるということ。

check! 漢字 語句 文学史

〈傘〉

▼「傘」を用いるものを二つ選びなさい。

① ラッカサンで降下する
② 物見ユサンにでかける
③ 大企業のサンカに入る
④ 最後のバンサンという名画
⑤ サンバシから舟に乗りこむ
⑥ サンビカ13番をリクエストする

答 ①・③（落下傘・遊山・傘下・晩餐・桟橋・賛（讃）美歌）

問2 傍線部B「当日は雨だった。しかし石を見に行くのにはいい日のように思われた。」とあるが、それはなぜか。その説明として最適なものを一つ選びなさい。

① わたしは今までにも水辺の石を持ち帰ったりすることがあった。この日は雨が降っており、様々な状況によって魅力を増す石を観賞したくなる雰囲気だと感じられ、しかも、傘が石と同じように自分だけの世界を心地よいものにしてくれるように思われたから。

② わたしにとって、石と傘は見方によって様々に姿を変えるため、これまでも気分を高揚させる鑑賞対象だった。そのうえ、雨の世界を華やかと表現しながら突然自殺した女性詩人のことを思い出し、複雑な石の魅力を味わうのに、雨が思わぬ演出効果をもたらすと気づいたから。

③ わたしが以前から好きだった女性詩人の顔の皺には精神的な陰影が刻まれ、水や光によって微妙に表情を変える石に似た魅力があった。この日は雨が降っていたので、五十を過ぎて自殺した彼女も傘を愛していたことを思い出し、孤独な詩人としての共感を覚えたから。

④ わたしは日頃から、じめじめした人間関係の悩みを忘れさせてくれる乾いた石に愛着を覚えていた。しかし、テレビに出演して自己嫌悪に陥ってからは、濡れた石や雨が自分の心を慰め、傘もまた一人一人の孤独な空間を守ってくれるように感じられたから。

⑤ わたしは亡くなった女性詩人と同じように、昔から誰にも邪魔されない孤独を愛していたため、傘に囲まれた空間に安らぎを感じている。そのため、雨の日はかえって外出の億劫《おっくう》さが和らぎ、他人の目を気にせず石を見に行くことができると気づいたから。

---

check! 漢字 語句 文学史

〈素敵〉

▼「敵」の字を用いるものを選びなさい。

① 電車のケイテキ音
② 予測がテキチュウする
③ 若者をバッテキする
④ 昨日のテキは今日の友
⑤ 患部をテキシュツする

答 ④（警笛・的中・抜擢・敵・摘出）

演習58

目標時間10分

学習日 ／

学習日 ／

秋元はずっと富蔵のほうを見ていたけれど、ふとこちらに目を動かした。

――あ。

目が合って、秋元はふっと笑みをなくした。そうして、力ない目で俺を見上げた。

富蔵がまた何か秋元に話しかける。秋元はまたもとのほうに向き直る。――けど、俺の目には秋元の、情けない顔が残像になって残ってしまい、離れない。

そんな顔すんな、秋元。頼むからもういっそ、俺を見るなよ。

痛む。繰り返す。俺は何度だって富蔵と二人、秋元に会って、痛い思いを繰り返すのだ。

同じ高校になんか入らなければよかった。そうしたら俺は秋元のこと、忘れられたと思う。会うことがなくなっていれば、痛くも痒くもなく、水に溶けるようにスムーズに、秋元への感情は消えていったかもしれない。だってしょせんは過去の話なのだ。違ってしまったことは、もうもとに戻りっこない。それをうじうじ思い悩むなんてバカバカしい、できるんならとっくにやめている。

けど秋元はそこら辺にいて、ときどき俺の前に姿を見せる。廊下で、玄関で、体育館で。秋元はいつだって綺麗で――それはもう、耳たぶや膝頭や爪の先まで綺麗で――そうして、すれ違うとレモンの香りがするのだ。秋元が使っているリップクリームの香り。A それは鼻先でぱちんとはじけて、一瞬にしてあの日の空気で俺を包んでしまう。秋元と一緒にいた中三の冬の、寒さと静けさ。

中学校から町の図書館まで、十分くらいの道のりを、何十回も秋元と歩いた。そのほとんどは長い冬の記憶で、思い出す秋元はいつも赤い傘をさして雪の中。俺のほうは見ないで、視線をまっすぐ前に向けて、静かに何か話している。ときどきは鼻唄を歌っている。吹奏楽の曲と、テレビで流れている流行《はや》りの曲と、半々くらいの割合で歌う。秋元の話しかたも鼻唄も、とろとろ降る雪によく似合った。やわらかく、それでいてここちいい程度に冷たい感じがした。

足元の、沈み込む雪の感触。電線にのっかった雪が、風にあおられてぱらぱらと落ちてくる音。眉間の辺りに染みる風の冷たさ。白い道。

そんな道で、雪のにおいを通り越してわずかに香るのがレモンのにおいだった。秋元がちょっとレモンくさいのには、うすうす気が付いていたものの、それがどういう仕組みによるものか、俺にはとうていわからなかった。

---

check! 漢字 語句 文学史

〈レモン〉

▼レモンを「黄金色に輝く恐ろしい爆弾」と表現した作品『檸檬』の作者を選びなさい。

① 梶井基次郎
② 芥川龍之介
③ 夏目漱石
④ 村上春樹
⑤ 太宰治

答 ①

ある日の放課後、先生に呼ばれて教室を出るのが遅くなり、秋元を迎えに行ったらもう見当たらなかったことがあった。先に図書館に行ったんだろうかと思いながら玄関に向かうと、ガラス戸の外に秋元がうつむき気味に立っていた。秋元がまっすぐ前を見ていないのはめずらしいと思ったら、彼女の口元で棒状の何かが動いた。

黙ってガラス戸を開け、秋元の前に立つと、秋元はうすい唇をフニュフニュと動かしてから最後にキュッと結んだ。降る雪を照り返したように、唇はやんわり光った。秋元はふと顔を上げ、「わ、西か」と言った。そのとき、いつもより強くレモンの香りが動いた。俺は秋元の右手に目をやった。その手のなかには、リップスティックがあった。

「もしかして、それがレモン臭のもと？」

俺の唐突な問いに、秋元は少し首を傾《かし》げてから、「ああ、うん」と言った。

「楽器吹いてると、どうしても唇乾くから。いつも塗ってたら、くせになっちゃったの」

「ふーん。でも、レモンって……すっぱくて何かよけいに乾く気がするんだけど」

レモンを唇に塗った感じを想像しながら俺が言うと、秋元は「香料だけでそうはならないって」と妙に冷静な意見を言った。それからじっと俺の目を見た。

秋元の手が俺のコートの襟をつかんで引いた。秋元の顔が急に近くなり、思わず目をつぶったら唇に変な感触があった。目を開けると、秋元が真剣な顔で俺の唇にリップクリームを塗ったくっていた。俺は息をとめて、秋元のまつげの辺りを見ていた。

雪がゆらゆらと降っていた。雪のひとかけが地面に落ちるまでの時間が、長くなった気がした。

一通り塗り終えると、秋元はふうと息を吐いてから笑った。

「どうよレモン」

俺と秋元の間に、本物のレモンよりゆるくて甘い、つくりもののレモンの香りが漂っていた。どうよと訊かれて俺の口から思わずこぼれたのは、「秋元がくっついてるみたいだ」という感想だった。言ってしまってから、「何だその感想、エロいって！」と思ったけれども、秋元は黙って傘をさしただけだった。俺も傘をさして、後ろから秋元の顔をうかがうと、頰の輪郭がぷっくりとふくらんでいた。何だあのふくらみは、と思った途端、秋元は小さくふきだして口元を押さえた。笑っているのだ。

恥ずかしさで顔が火照るのに加えて、傘のなかではさっきのリップクリームが自分の唇からふわふわと香り、どうしようもなかった。その日は何が何やら、秋元とうまく話せないし、問題集を解けばつまらないミスをするしで、散々だっ

check! 漢字 語句 文学史
〈火照る〉
▼読みを答えなさい。

答 ほて(る)

た。B散々だったけれど、その胸苦しさはどこか嬉しかった。

あの感情までなまなましくよみがえる。秋元を見ると、息が止まるように感じられる。そうしてその度、これが俺の独り相撲であることを、自分に言い聞かせるのだ。秋元は俺のことなんてどうだっていいんだ、秋元にとって俺は今「富蔵の友達」でしかないんだと。

なのに。秋元は富蔵と話している時に俺と目が合うと、申し訳なさそうな顔をするのだ。あの顔を見る度、秋元は一応、俺と一緒にいたことを覚えているのだとわかる。何て残酷なんだろう。いっそ俺のことなんか無視して、ただ富蔵だけ見ていてくれたらと思う。――けれども、俺だってのこのこ富蔵にくっついて、隣の教室まで秋元に会いにいくのだから、おあいこかもしれない。甘さの度合いでは。

これはいつまで続くんだろう。秋元と富蔵が付き合ったりすれば、少しは変わるだろうかと思う。ああ、でも、それだって本当は見たくない。俺は結局、秋元にこっちを向いてほしいのだ。叶わない願いなら捨てたい。捨てられるだけの潔さがほしい。

（豊島ミホ「檸檬のころ」）

問1 本文を三つの場面に分けるとすると、第二の場面、第三の場面はどこから始まるか。それぞれ初めの十字を抜き出しなさい。

第二の場面 □□□□□□□□□□

第三の場面 □□□□□□□□□□

問2 傍線部A「それは鼻先でぱちんとはじけて、一瞬にしてあの日の空気で俺を包んでしまう」とあるが、ここにはどのような表現の効果がみられるか。その説明として**適当でないもの**を一つ選びなさい。

① 秋元と一緒にいた中三の冬の寒さと静けさが、レモンの香りによって瞬時にしてよみがえる様子と、また、そのときの情景が今でも「俺」の心に焼き付いている様子をうかがわせる。

② すれ違う秋元からにおうレモンの香りが、秋元との恋の切なさを象徴し、また、「俺」にとっては中三の冬のなまなましい感情を思い出す契機となっていることを表している。

check! 漢字 語句 文学史

〈散々〉

▼「散」を用いるものを選びなさい。

① 問題がサンセキしている
② 各地にシサンした一族
③ サンサンゴゴに帰っていく
④ ソクラテスのサンバ術
⑤ かつてヨウサン業で栄えた町

答 ②（山積・四散・三三五五・産婆・養蚕）

③　レモンの清々しい香りは、秋元のここちいい程度の冷たい感じを暗示すると同時に図書館までの道を二人で歩いたときの雪の感触や風の冷たさにもつながっている。
④　レモンの香りは、秋元と「俺」との二人の時間を思い出させるきっかけとなっているが、同時に、その時間がもう二度と取り戻せないという切なさをも表現している。
⑤　秋元の使っているリップクリームのレモンの香りは、秋元のかれんさをイメージさせる一方で、これから秋元と「俺」との仲が修復されていくことを想像させている。

問3　傍線部Ｂ「散々だったけれど、その胸苦しさはどこか嬉しかった」とあるが、それはなぜか。その理由の説明として最適なものを一つ選びなさい。

①　いつもは少し冷たい感じがする秋元だが、「何かよけいに乾く気がするんだけど」という疑問に対してリップクリームを塗ってみせたり、われながら恥ずかしい感想を思わず言っても笑って許してくれたりするところに心の奥の優しさを感じ取ることができたから。
②　秋元が息もできないほど近くに顔を近づけて、唇にリップクリームを塗ってくれたことで、秋元を異性としてはっきりと意識してしまってうまく話せなくなってしまったが、自分の秋元への気持ちが本物であることもはっきりと自覚できたから。
③　秋元に思わず言った感想に、自分ながら恥ずかしさを感じ、また実際に「秋元がくっついてるみたい」なレモンの香りを自分の唇から感じて意識するあまり、なにもかもがぎこちなくなってしまったが、秋元をより身近に感じることができたから。
④　自分のつまらない質問に「香料だけでそうはならないって」と妙に冷静な意見を言われてしまい、気が動転し失敗を重ねてしまったが、真剣にリップクリームを塗る秋元のまつげの辺りを間近に見たとき、秋元を身近なものとして感じることができたから。
⑤　秋元に「どうよレモン」と訊かれて答えた感想が、秋元にふきだされてしまうようなものだったので、自分も恥ずかしさで赤くなったが、「秋元がくっついてるみたいだ」という感触を味わうことで、秋元の自分への好意を確かなものとして感じることができたから。

check! 漢字 **語句** 文学史

〈独り相撲〉
▼意味として最適なものを選びなさい。
①　まわりと対立してでも意地をつらぬくこと
②　状況を無視して都合よく思いこむこと
③　孤独だが着実に成果を積みあげていくこと
④　周囲と関係なくひとりで意気込むこと
⑤　知らぬ間に自分自身を傷つけていること

答④

●小説● 復習問題

目標時間20分／30点

学習日 ／

学習日 ／

次の文章を読んで、後の設問に答えなさい。

1 私は掘割を見下ろしていた。もう秋の初めの頃のように厭《いや》な臭いが鼻を突くこともなかったが、水はやはり澱《よど》んだまま流れなかった。そこに種々雑多なものがゆらゆらと揺れていた。包装紙や、木切れや、藁《わら》や、ブリキの罐《かん》や、土瓶のかけらや、その他いろいろのものが。濁った水面には油が浮いてぎらぎらし、乏しい日光を反射していた。

2 私は昔ギリシャ神話を読んで、うろ覚えに忘却の河というのがあったのを覚えている。三途《さんず》の河のようなものだろう、死者がそこを渡り、その水を飲み、生きていた頃の記憶をすべて忘れ去ると言われているものだ。しかし私にとって、忘却の河とはこの掘割のように流れないもの、澱んだもの、腐って行くもの、あらゆるがらくたを浮かべているものの方が、よりふさわしいような気がする。この水は、水そのものが死んでいるのだ。そして忘却とはそれ自体少しずつ死んで行くことではないだろうか。あらゆる過去のがらくたをその上に浮かべ、やがてそれらが風に吹かれ雨に打たれ、それら自身の重味に耐えかねて沈んで行くことではないだろうか。

3 私はその時、彼女の生家を訪ねて行った。実にはるばると、日本海のほとりまでその住所を頼りに探しに行った。その家で応接に出たのは、眼《め》を病んでいるらしくて赤く充血した眼をした婦人だった。それが彼女の母親であることは、向こうが、娘のことですか、と言うまでは分からなかった。それほど見すぼらしく窶《やつ》れてはいたが、どこか彼女に似ているところがないわけではなかった。娘のことですか、と言って、訛《なまり》の多い方言でぽつりと答えた。娘は死にました。私は事情が分かるまで押し問答を繰り返したが、その間じゅうこの婦人は難しい方言と、赤くただれたその眼とで私をおびやかした。私の話を聞こうともせず、私が何者であるのかを知ろうともせずに、娘は身籠《みごも》ったのを恥じて淵《ふち》から身を投げて死んだ、と言い続けた。その赤くただれた眼は、風雪のせいだったのだろうか、娘を悼む涙のせいだったのだろうか。婦人は私を門口から追い返した。線香を上げさせてもくれなかった。この母親自身も恥じていたのだ。

4 私は嘗《かつ》て彼女の口から聞いたことのある断崖《だんがい》へ行ってみた。私は夢遊病者のように歩いていて、いつ、どういうふうにそこへ達したのか覚えていない。また、そこの風景も何ひとつ覚えていない。確かに下を見下ろすと眼のくらめ

---

check! 漢字 語句 文学史

〈うろ覚え〉

▼意味として最適なものを選びなさい。

① 棒暗記した記憶
② 不確かな記憶
③ 間接的な記憶
④ 誤りの多い記憶
⑤ 無意識の記憶

答 ②

くような恐ろしい場所だったような気がする。そして更に私はふらふらと歩いて、いつしか海岸に出ていた。秋の終わりで、寒い風がびゅうびゅうと吹きつけていたが、私は少しも寒いとは感じなかった。

5 そこが賽《さい》の河原だった。洞窟《どうくつ》もあった。あたりには人一人いず、海には舟一艘《いっそう》見えなかった。私は河原の岩を踏んでその洞窟にはいって行った。白い涎掛《よだれか》けをつけたお地蔵様があり、小さな石仏があり、その前や横には幾個所《かしょ》にも小さな石が積み重ねられていた。蠟涙《ろうるい》のこびりついた蠟燭《ろうそく》の跡があり、子供の形見らしい襦袢《じゅばん》や着物などがあった。もっと色々なものがあったのかもしれない。しかしこの仄暗《ほのぐら》い洞窟の中は、打ち寄せる浪《なみ》の響きが凄《すさ》まじく木霊して、ぞっとさせるような妖気《ようき》を含んでいた。子供たちの多くの霊が、生き返らせてよ、生き返らせてよ、と叫んでいるような気がした。私はそこにしゃがみ、小石を取って、重ねてある上に一つ載せた。また一つ載せた。その塔はぐらぐらし、あっというまに崩れた。私はまた、必死の注意を籠《こ》めて、一つずつ小石を積み重ねて行った。それが魂の、死んだ魂への、何等《なんら》かの救いになるものだろうか。いや私は、私自身への救いのつもりで、この難しい作業を続けていたのだ。私はそれを終えると、最後に手にあった石をポケットに入れ、逃れるようにそこをあとにした。その洞窟を、その賽の河原を、そのさみしい彼女の故郷の村を、A<u>最も恐ろしいもののようにあとにした。</u>

6 私は手摺《てすり》に凭《もた》れて、長い間掘割の濁った水を眺めていた。美しい大きな眼をしていた彼女、赤くただれた眼をしていたその母親、鬚《ひげ》だらけの顔を微笑させていた戦友、生きながら死顔をしていたその若い妻、私は幾つもの顔を思い出した。戦後パージ*になって死んだ父、そのあとを追って老け込んだ顔に涙を浮かべながら死んだ母、幼い頃のもう記憶がさだかではない実の両親、同胞《はらから》たち、そして生まれると間もなく、名前もつけられずに死んでしまった私の子供。そして彼女と共に、遂《つい》に命というものを天から授かることもなくて死んだもう一人の私の子供。その顔を私は決して、決して、知ることはないのである。

7 私は立ち上がり、着て来たオーバーのポケットを探って小さな石を一つ取り出した。それは私が賽の河原から拾って来て、今まで大事に保存して来たものだ。妻は恐らく気がついたこともなかっただろうが、それは私にとって、彼女と彼女の生むべき筈《はず》だった子供との唯一の形見だった。その小さな石には、私が忘れようと思い、忘れてはならないと思い、しかも私がもう何年も、いや何十年も、忘れたままになっていた無量の想《おも》いが籠められていた。その石は私の罪であり、私の恥であり、失われた私の誠意であり、惨めな私の生のしるしだった。石は冷たく、日本海の潮の響きを、返らない後悔のようにその中に隠していた。

8 B<u>私は再び窓へ行き、その石をじっと掌《てのひら》の中であたためてから、下の掘割の中へ投げた。</u>ゆるやかな波紋が、そ

---

check! 漢字 語句 文学史

〈押し問答〉

▼意味として最適なものを選びなさい。

① 相手を黙らせ一方的に主張すること
② 互いに体を押し合って言い争うこと
③ 交互に質問し互いに答え合うこと
④ 休む間も無く問答を続けること
⑤ 互いにかみあわないまま言い合うこと

*パージ――ここでは、太平洋戦争終了直後、戦争指導者や協力者と見られた人々が、公職や特定の会社、報道機関、教職などから追放されたこと。

答 ⑤

こに浮かんでいるがらくたを、近いものは大きく、遠いものはかすかに揺るがせながら、しかし、いつのまにかその輪を広げて、やがて消えて行った。

（福永武彦「忘却の河」）

問1 本文の1～8の段落の中で、「私」が回想している場面が描かれている段落はどれか。その組合せとして最適なものを一つ選びなさい。

① 1・2・8　② 2・3・6　③ 3・4・5　④ 4・5　⑤ 6・7

問2 本文の3の段落における「母親」の態度の説明として最適なものを一つ選びなさい。

① この「母親」は、娘の死を悼むあまりに、娘の知り合いである「私」を家に入れることを、親として恥ずべきこととして拒絶し、線香すらも上げさせないのである。

② この「母親」は、娘が身籠って自殺したことを自分に恥をかかせたとして、娘を訪ねて来た「私」に対して娘のことを話したがらず、「私」の弔いも拒絶しているのである。

③ この「母親」は、訪ねて来た娘の知り合いの「私」に、身を投げて死んだ娘のことを話すと、自分の恥を責められるので、話したがらず家にも入れないのである。

④ この「母親」は、娘が身を恥じて死んだのを、単に娘だけのこととしないで自らも恥じ、「私」の話を聞こうともせず、「私」の弔いすらも拒否しているのである。

⑤ この「母親」は、娘を自殺させてしまったことを、はるばる娘を訪ねて来た「私」に恥じて、家にも入れず、「私」に弔ってもらうことも遠慮しているのである。

問3 傍線部A「最も恐ろしいもののようにあとにした」とあるが、それは「私」のどんな様子を表しているか。その説明として最適なものを一つ選びなさい。

① 賽の河原でわが子の魂を救おうと塔をつくり、その成果として小石を一つポケットに入れた「私」が、この地から一刻も早く一歩でも遠く離れたがっている様子を表している。

② 賽の河原で塔をつくったくらいで救われるとは思えない「私」が、自分の罪をまざまざと感じさせられ、その戦《おのの》きに襲われている様子を表している。

check!　漢字　語句　文学史

〈無量の想い〉

▼意味として最適なものを選びなさい。

① 数少ない想い
② 正体不明の想い
③ とるに足りない想い
④ はかり知れない想い
⑤ 大雑把な想い

答 ④

③　賽の河原がいかにさみしいものであったかを身をもって知った「私」が、死者たちへの切ない思いを懸命に振り払おうとしている様子を表している。

④　賽の河原のぞっとする妖気のなかで、子供たちの霊の叫びを聞いた「私」が、心の底から震え上がって、まだ心身ともにそれから脱しきれないままでいる様子を表している。

⑤　賽の河原で自分の罪の救いとして難しい作業を終えた「私」が、罪から救済された思いを失うまいとしている様子を表している。

問4　傍線部Ｂ「私は再び窓へ行き、その石をじっと掌の中であたためてから、下の掘割の中へ投げた」とあるが、それは「私」にとってどのようなことを意味しているか。その説明として最適なものを一つ選びなさい。

①　かつて自分の子を宿した女性を死に追いやったことに激しい悔恨を覚えている「私」は、生まれるはずであった子供の唯一の形見である「小さな石」を掌で暖めてから掘割に投げ込むことで、そこに深い鎮魂の思いを託しているのである。

②　自身の過去を振り返る時、犯してきた様々の罪のみが思い返される「私」は、それら幾つもの罪の証《あか》しである「小さな石」を掘割に投げ入れることによって、そうした過去の一切から目をそむけ、新たな心で生き直そうと決心しているのである。

③　これまで数々の死に立ち会ってきた「私」にとり、「小さな石」とはそれら死んでいった人々への自己の不実さを常に突きつけるものであったが、それを掘割の底に沈めることで、「私」は自責の念を心の深部に抱き続けようと決意しているのである。

④　「私」にとって過去とは多くの人々との死別や生別を意味するものであり、「小さな石」はそうした惨めな生のしるしに外ならなかったが、それを掘割に投げ放つことのうちに、「私」は幸福な人生の新たな始まりを予感しているのである。

⑤　深い罪の意識の中で過去につきまとわれている「私」にとって、「小さな石」とはそのような過去を象徴するものであり、それを掘割に投げすてることに、「私」はそうした過去に対する拘泥から解き放たれることへの願いをこめているのである。

（センター試験・改）

【解答欄】

問1	問2	問3	問4	合計点
/7	/7	/8	/8	/30

〔メ　モ〕

〔メ　モ〕

現代文読解標準《げんだいぶんどっかいひょうじゅん》ドリル

著　　者　池《いけ》　尻《じり》　俊《とし》　也《や》
発 行 者　山　崎　良　子
印刷・製本　日経印刷株式会社

発　行　所　駿台文庫株式会社
〒101－0062　東京都千代田区神田駿河台1－7－4
小畑ビル内
TEL. 編集 03(5259)3302
販売 03(5259)3301
《②－ 240pp.》

落丁・乱丁がございましたら，送料小社負担にて
お取替えいたします。

ISBN978－4－7961－1457－8　Printed in Japan

駿台文庫 Web サイト
https://www.sundaibunko.jp

解答・解説

駿台受験シリーズ

標準

演習1　三井秀樹『美のジャポニスム』

正解　③

設　問：空欄補充問題

空欄部：文化はこの美を愛でる耽美的な思想の、いわば X の所産なのである。

◉空欄部直前が具体例になっているので、次の「論―例」の関係に注目する。

論＝日本には先祖代々脈々と受け継がれてきた～美意識の血が流れているのである。
美は**生活に根ざした日常性**にこそ在る。

例＝時にはゆったりした気分で**空**を仰ぎ、**雲**の流れを追い、**風**の音に耳を澄まし、騒音から離れ、**鳥**のさえずりに耳を傾けてみよう。

論＝ジャポニスムの美の原点は自然に在る。文化はこの**美を愛でる耽美的な思想**の、いわば X の所産なのである。

◆右の「論―例」の関係から、「**生活に根ざした日常性**」にある「空」「雲」「風」「鳥」といった**自然**の中の「**美を愛でる耽美的な思想**」と対応する選択肢をさがす。簡単に言えば、**日常生活の中の自然の美しさを愛で、うっとりしてそれに耽る**、という態度である。そこから③「快楽主義」が正解となる。

空欄部直前の「自然」から⑤「自然主義」を選んだ者がいたかもしれないが、芸術や文学において「自然主義」という場合、〈あるがままを表現しようとする考え方〉という意味になるので、この場合は適当ではない。

演習2　原研哉『日本のデザイン―美意識がつくる未来』

正解　問1＝②　問2＝①・⑤

◉1・2段落が例であり、3・4段落が論であることに気づければよい。

例＝（精度のいい）ボール

論＝（よくできた）デザイン

例＝精度の高いボール…宇宙の原理を表象

論＝優れたデザイン…人の行為の普遍性を表象

例＝球が丸くないと球技が上達しない

論＝デザインが**人の行為の本質に寄り添う⬇暮らし・文化が熟成**

⬅

デザイン＝暮らしを啓発する、もののかたちの探求

問1

設　問：傍線部の例を出した理由説明問題

傍線部：ボールは丸い。

◉傍線部自体が具体例になっているので、次の「論―例」の関係に注目する。

例＝球が丸くないと**球技が上達**しない

論＝デザインが**人の行為の本質に寄り添う⬇暮らし・文化が熟成**

◆右の関係を踏まえている②が正解となる。選択肢の構造に注目できればよい。「ために」の前が「論」、「ために」の後ろが「例」になっている。「ために」の前が「暮らし」「文化」について、「ために」の後ろが「上達」について述べている選択肢が正解となる。

① 単純な幾何学形態に関する議論がより高度なデザインにも当てはまることを示すために、ボールの精度と近代科学の発達の関係を例にとっている。

② もののデザインの優劣によって人間の技能や生活の質が大きく左右されることを示すために、ボールの精度と球技の上達の関係を例にとっている。

③ デザインが実生活の必要を満たすだけでなく人間の遊戯的な活動の洗練を促すものであることを示すために、ボールの精度と球技の発展の関係を例にとっている。

④ 優れたデザインにはそれを必然的なものとする理由が常に存在することを示すために、ボールの精度と物理法則の表象の関係を例にとっている。

⑤ 生活文化の洗練のためには常に一定のリアクションを返すデザインが必要であることを示すために、ボールの精度と球技の訓練の関係を例にとっている。

問２

設　問：傍線部の言い換え問題

傍線部：僕らはボールを丸くつくり得ているだろうか。

◉例「ボール」に対する論「デザイン」の内容を述べているものが正解。

例 ＝ 精度の高いボール…宇宙の原理を表象
論 ＝ 優れたデザイン…**人の行為の普遍性を表象⬆選択肢①の根拠**

例 ＝ 球が丸くないと球技が上達しない
論 ＝ デザインが人の行為の本質に寄り添う⬇暮らし・文化が熟成
⬅
デザイン ＝ **暮らしを啓発する、もののかたち**の探求⬆**選択肢⑤の根拠**

① 私たちが作り出したものは人の行為の普遍性を表象しえているだろうか。

② 私たちが作り出したものは技術を上達させる丸み（**「技術を上達」「丸み」はボールの内容**）を帯びているだろうか。

③ 私たちが作り出したものは宇宙の原理を表象する精度（**ボールの内容**）をもちえているだろうか。

④ 私たちが作り出したものはスタイリングとして成立（**3段落４文目「デザインが単なるスタイリングではない」と矛盾**）しているだろうか。

⑤ 私たちが作り出したものは暮らしを啓発するものになりえているだろうか。

演習3

須賀敦子『ミラノ　霧の風景』

正解　問1＝②　問2＝⑤　問3＝虚構

◉以下の「論―例」の関係に注目する。

論＝この都市（ヴェネツィア）自体に組み込まれた**演劇性**
たえず興行中のひとつの大きな**演劇空間**
自分自身を**劇場化**し、**虚構化**

例＝（コルナーロスラ／ヴェネツィアの具体的な描写）

論＝かつて、私がヴェネツィアのほんとうの顔をもとめたのは、誤りだった。**仮面**こそ、この町にふさわしい、ほんとうの顔なのだ。

論＝ヴェネツィアの X ＝**演劇性**

例＝（水上バス／自分の意志に先行して、波が、水が時間を決めている。）

論＝そう思うと～ヴェネツィアの時間が、ちょうど**舞台のうえの時間**のように、**ここだけにしか通用しない法則に司られている**と感じたのだった。

問1
設　問：傍線部の理由説明問題
傍線部：かつて、私がヴェネツィアのほんとうの顔をもとめたのは、誤りだった。

◆「ヴェネツィア」という街が「**演劇空間**」であり「**仮面**」こそ「ほんとうの顔」なのだから「ほんとうの顔をもとめたのは、誤りだった」という内容になっている選択肢をさがす。「仮面」に言及しているのは②と⑤であり、さらに「演劇性」に言及している②が正解となる。

① ヴェネツィアという島＝町の二面性のどちらも、ほんとうの顔ではないと理解したから。**（「演劇性」「仮面」なし）**
② ヴェネツィアは島全体が一つの演劇空間を形成しているので、仮面のようにさまざまな姿を見せるのだと分かったから。
③ ヴェネツィアは外界への拡張をあきらめたため、もはやほんとうの顔を見せる余地もなくなったと考えたから。**（「演劇性」「仮面」なし）**
④ ヴェネツィアには、その地を訪れた観光客にしか分からない側面があると知ったから。**（「演劇性」「仮面」なし）**
⑤ ヴェネツィアという都市は次々に新しい魅力を発揮し、そのたびに新しい仮面をつけるのだと納得したから。**（「演劇性」なし）**

問2
設　問：傍線部の説明問題
傍線部：波が、水が時間を決めている。

◆傍線部自体が「例」なので、前後の「論」に注目する。ヴェネツィアの時間が「演劇性」＝「**舞台のうえの時間**のように、**ここだけにしか通用しない法則に司られている**」ことを「（人間ではなく）波が、水が時間を決めている」という擬人法で述べているわけである。

① 「波まかせ」のヴェネツィアの時間は、すべて波と水に支配されたものであり、もはやそこからはなにも得られるものはないと考えた。

② 水上バスのヴァポレットに乗り衝撃的な体験をしたことで、だれにも分かってもらえないがその進行方法にも利点があると納得した。

③ ヴェネツィアという都市は、さまざまな側面を有しており、そこにいる人の意志に即したヴェネツィア独自の秩序があるのだと確信した。

（「そこにいる人の意志に即した」では、人間が時間を決めることになり、傍線部のように「波」「水」が時間を決めることにはならない）

④ 波や水が決めるヴェネツィア時間は、極めて効率良く運営され、相乗的な作用で他にも影響を与えるものであると感じた。

⑤ ヴェネツィアが水のような頼りないものに依存しているように、そこにはヴェネツィア独自の、他と異なる時間の流れがある（＝**「ここだけにしか通用しない法則に司られている」**）と思い至った。

問３

設　問：空欄補充問題

空欄部：さらにもうひとつ、私がヴェネツィアの［X］＝演劇性を感じさせられたことがあった。

◉１段落の「ヴェネツィアは、自分自身を劇場化し、虚構化してしまった」に注目すればよい。

演習４　前川幸子「『わざ言語』が促す看護実践の感覚的世界」

正解

問(1)＝主客分離の思考法

(2)＝看護師が観る側であると同時に観られる側の関係

設　問：傍線部に関する抜き出し問題

傍線部：このことに疑問を投げかける池川は、自らの看護師体験をもとに患者と看護師の関係について以下のように述べている。

◉傍線部の直後が「池川」の引用になっているので、次の「論―例」の関係に注目する。

論―**例**―**論**

論＝医療の現場において、患者は観察される側、看護師は観察する側として立たされている。このことに疑問を投げかける池川は、自らの看護師体験をもとに患者と看護師の関係について以下のように述べている。

例＝池川の考え

論＝〈人間的事象を対象とする看護学〉

× 一切の対象化を可能とする自然科学的な思考法・**主客分離の思考法**

↕

○ **看護師が観る側であると同時に観られる側の関係**

＝すなわち

○ 看護師が観ると同様に患者からも観られており、またお互いが相互に影響されていくという「相互主観的」で「相互交流的」な関係

◆右の関係から考えていく。なお、設問はいずれも筆者の考えを問うているので、2段落を解答根拠とする。

参考：引用について

「引用」については、原則、筆者と同じ考えと理解する。もちろん、筆者と異なる立場の文章を引用することもあるが、その場合は異なる立場であること、あるいは否定的な評価を明示するのが日本語表現の原則である。本文において、池川に対する否定的な評価は示されていない。したがって、筆者の考え＝池川の考えという前提で理解していく。

(1) 「池川」の疑問視する「患者と看護師の関係」であるから、「ではなく」という否定表現が用いられている「主客分離の思考法」が設問条件にも合致するので正解となる。

(2) 筆者が「望んでいる」「患者と看護師の関係」であるから、「ではなく」の後にある「看護師が観る側であると同時に観られる側の関係」が、設問条件にも合致するので正解となる。その後の「看護師が観ると同様に～「相互主観的」で「相互交流的」な関係」では「二十字以上二十五字以内」という条件を満たさない。

演習5 信原幸弘『情動の哲学入門』

正解 ③

設問：傍線部の説明問題

傍線部：それらに加えて、さまざまな価値的な性質も立ち現れる。

◎**「事実的性質」と「価値的性質」の対比関係に注目する。**

事実的性質…特有の感覚器官をもっている

⟷

価値的性質…特有の**感覚器官が存在しない**

例 〈美しく感じるということ〉

× たんに色や形が見えるということ

⟷ ではなく

○ それ以上の何かが感じられるということであるが、その何かは**視覚器官で捉えられるものではない。**

◆右の対比関係から、**「価値的性質」を捉える「感覚器官が存在しない」つまり〈感覚（器官）で捉えられない〉**という内容の選択肢が正解となる。

① 喜びや悲しみといった感情と直結するもの

② 私たちの目の前に立ち現れてくるもの

③ 感じることができるが感覚で捉えることができないもの

④ 事実的性質と正反対の性質であるもの （**「正反対」では説明として成**

立しない）

⑤ 色や形以上の何かが感じられるもの（これは例である「美しく感じるということ」にのみあてはまることであり、「価値的性質」一般の説明になっていない）

演習６　塚田泰彦『読む技術―成熟した読書人を目指して』

正解　④

設　問：傍線部についての説明問題

傍線部：矛盾しているように聞こえるかもしれませんが、

◉「矛盾」から以下の対比関係を確認する。

読書の目的を明確にしようとすること
⟷ **矛盾しているように聞こえる**
二者択一的な発想からいったん解放されて、自由な立場で「自分の読み」を見つめることができる

◆「読書の目的を明確にしようとすること」と「二者択一的な発想からいったん解放」「自由な立場で「自分の読み」を見つめること」が「矛盾しているように聞こえる」つまり「一見相反した関係」のように聞こえる、という内容の④が正解となる。

① 読書の目的についての二者択一的な発想から解放されることと、自由な立場で「自分の読み」を見つめられることとの直結した関係。

② 読書の目的についての二者択一的な発想から解放されることと、自由な立場で「自分の読み」を見つめられることとの一見相反した関係。

※**「読書の目的を明確にしようとすること」に触れていない。**

③ 読書の目的を明確にしようとすることと、読書の目的についての二者択一的な発想から解放されるということとの直結した関係。

④ 読書の目的を明確にしようとすることと、読書の目的についての二者択一的な発想から解放されるということとの一見相反した関係。

⑤ 推理小説を読む目的が娯楽だといえそうであることと、そうでないともいえそうであることとの一見相反した関係。
⑥ 推理小説を読む目的が娯楽だといえそうであることと、そうでないともいえそうであることとの直結した関係。

演習7　酒井邦嘉『科学者という仕事』

正解　問1＝①　問2＝④

問1

設　問：空欄補充問題

空欄部：[X]、インターネットによる文化は、その便利さと引き替えに活字を通したコミュニケーションの難しさを際立たせる結果にもなっている。

◉空欄直前の段落がインターネットのメリット、空欄部を含む段落がインターネットのデメリットについて述べている点に注目できればよい。

> インターネットの明らかな**メリット**は情報の迅速な流通～
> ⟷ [X]
> インターネットによる文化は、その便利さと引き替えに、**活字を通したコミュニケーションの難しさを際立たせる結果**にもなっている。

◆右の対比関係を接続する①が正解となる。

問2

設　問：傍線部の説明問題

傍線部：インターネットを通して賢くなるためには、その前に賢くなくてはならない。

◉傍線部に「賢くなる」「賢くなくてはならない」というほぼ同じ意味の語がある。こういった場合、その違いを考えればよい。

Ⅰ：「賢くなる」⬆「インターネットを通して賢くなる」のだから、インターネットの⊕面に注目すればよい。

> ・インターネットの明らかなメリットは**情報の迅速な流通**
> ・インターネットによる文化は、その**便利さ**と引き替えに～

Ⅱ：「賢くなくてはならない」⬆Ⅰとの対比関係を考えて「インターネット」の⊖面に注目すればよい。

> ・インターネットから得られる**情報**が～どの程度まで**信頼**できると言えるだろうか。いかに信頼のおけるサイトであっても、誤りを完全になくすことは難しい。
> ・**信頼性**の判断は、その情報を発信する側だけでなく、**受信する側の能力や見識にも大きく依存する**

◆以上からインターネットの⊕面（**情報の迅速な流通・利便性**）を通じて「賢くなる」ためには、インターネットの⊖面（**情報の信頼性が完全ではない点**）について理解していなくてはならない（＝**「賢くなくてはならない」**）という内容の④が正解となる。

① インターネット上の情報を利用する前に、情報を必要とする者が書籍等の出版物から予め知見を得ておく必要があること。

※**「利便性」等の⊕面に触れていないし、「信頼性」等の⊖面にも触れていない。**

② インターネット上の情報を正しく取捨選択するためにも、改善されたサイトと改悪されたサイトを識別する必要があること。

※**「利便性」等の⊕面に触れていない。また「情報の信頼性」はサイトの「改善」「改悪」だけの問題ではない。**

③ インターネット上の情報を利用する場合、個人情報の漏洩やウィルス感染等のリスクを前もって理解しておく必要があること。

※**「利便性」等の⊕面に触れていない。またこれらの「リスク」は「情報の信頼性」についての側面ではない。**

④ インターネット上の情報はその利便性とは裏腹に信頼性が明確でないため、情報を見定める能力が前提として必要である（＝**「受信する側の能力や見識にも大きく依存する」**）こと。

⑤ インターネット上の情報が改悪されることを防ぐため、事前に個々人が能力や知見を身につけておく必要があること。

※**「利便性」等の⊕面に触れていない。また「信頼性」の判断のためでなく、「改悪」を防ぐためとなってしまっている。**

演習8　竹内啓『偶然とは何か―その積極的意味』

正解　③

設　問：傍線部に関する説明問題

傍線部：「不確実性の下における意思決定の理論」

◉**①・②段落の末尾がいずれも「といわれることがある」となっており、③段落が逆接の接続詞「しかし」ではじまっていることから、譲歩の関係、つまり①・②段落が一般論であり、③段落が筆者の主張となっていることに気づければよい。**

次に、⑥・⑦段落も同様に、⑥段落に「とはいえるであろう」とあり、⑦段落が逆接の接続詞「しかし」ではじまっているから、ここも譲歩の関係になっていることが理解できる。

> 一般論：①・②段落＝⑥段落
> ⟷（しかし）
> 主張：③段落＝⑦段落

したがって、傍線部を含む①段落と、⑥段落がいずれも「一般論」の内容になっている。ここから、⑥段落の内容を確認できればよい。

> 人は生きていく中で、**多くの偶然に影響（＝傍線部「不確実性の下」）**されないわけにはいかない。その場合、**事前になるべくくわしく確率を計算**し、いろいろな状況のもたらす**効用を推定**して、**期待効用が最大になるように行動すること**が合理的であるとはいえるであろう。また保険のような制度を利用して、大きい「不運」に襲われたときその損害をなるべく小さくするよう努力することも必要である。

◆**「（事前）の確率計算」→「効用を推定」→「期待効用が最大になるよう行動」**という内容をさがせばよい。なお、⑥段落後半の「保険のような制度を利用」も同様の行動と言える。

① ×「偶然」を排除して行動するための意思決定に関する理論。

② ×「偶然」と「必然」を厳密に切り分けて、必然に対処するための意思決定に関する理論。

③ ○将来起こりうるシナリオを想定（＝**「事前に」**）し、それが生じる確率と得られる利益を計算（＝**「確率計算」→「効用を推定」**）して意思決定を行うとする理論。

④ ×「運」「不運」の程度の大きさを確率で把握して意思決定を行うとする理論。

⑤ 確率計算にもとづいて、×「運」と「不運」を判定し、意思決定のための判断材料を与える理論。

第③章 リニア①

演習9 建畠晢「美術館のジレンマ」

正解 ①

設問：傍線部の内容説明問題

傍線部：私が美術館から距離を置いて思い知らされたことは、それがまぎれもない一つの権力として機能しているということだ。

●まず、「それ」の指示内容を確認しておく。傍線部の直前を確認すると、**「学芸員の思想」**だと理解できる。

では、「学芸員の思想」が**「権力として機能している」**とはどういうことであろうか。**「権力」**について述べている部分を探すと、以下の内容が確認できる。

学芸員という美の司祭がそこで持つべきモラルは、自らが**権力**を行使しているということを自覚することでなければならない。**観客は学芸員の目のフィルターを通してしか作品に接することができない**からだ。

●この部分の関係をまとめると以下のようになる。

〈権力の行使〉
観客 ← 学芸員の思想・目のフィルター ← 作品

◆観客は「学芸員の目のフィルターを通して」しか「作品に接することができない」、つまり、観客は「学芸員」の「思想」「目のフィルター」（視点）の範囲内でしか作品を鑑賞できない。これが本設問での「権力」である。

① 展覧会は、学芸員が作品の選択や展示の方法を決定することによって成り立つが、それは作品をある文脈の中に置くことで個別の作品の自立性を侵すことにほかならず、観客に学芸員の見方に従った鑑賞をさせてしまうということ。**（＝「権力」）**

② 展覧会は～個々の作品が持っている個性が見失われてしまう**（これは「作品」に対するものであって、「観客」への「権力」ではない）**ということ。**（「権力」なし）**

③ 展覧会は～観客が学芸員に対して無理解な批判を行う事態を招いてしまうということ。**（「権力」なし）**

④ 展覧会は～世俗的な価値を抑圧する教条主義と同様な役割を果たしてしまうということ。**（「権力」なし）**

⑤ 展覧会は、～公開された作品によって学芸員の知的権威**（「権威」と「権力」は別）**を誇示することになってしまうということ。

正解　③

設　問：傍線部の内容説明問題

傍線部：このようにして、私たちは人間に特有な情動へと自分を集中していくことができる。

Ⅰ：「人間に特有な情動」の確認

4段落に同内容の記述がある。

それに加えて、**ヒトになると創造の欲求、探索の欲求、美の追求の欲求**などがあらわれる。このような欲求が芸術や科学、探検などの行動として表面化するのであろう。

◆ここから「**人間に特有な情動**」が「**創造の欲求、探索の欲求、美の追求の欲求**」だと理解できる。

Ⅱ：「欲求」の確認

「欲求」については2段落に以下のような記述がある。

おそらく脳の機構が、**物質的な欲求や名誉欲を充足**させておかないと、**精神的な欲求に対する満足**を得られないようにできているのであろう。（略）**物質的な欲求や名誉欲**は際限のないものであるから、**その欲求を充足させておく**もっとも**確実な方法**は、**そのような欲求の価値を否定すること**である。

◆関係性をまとめると以下のようになる。

物質的な欲求や名誉欲…際限のないもの
⬅
そのような欲求（＝「物質的な欲求や名誉欲」）の価値を否定する
⬅
その欲求（＝「**物質的な欲求や名誉欲**」）**を充足**させておく
⬅
精神的な欲求に対する満足を得られる

◆**物質的な欲求や名誉欲**の価値を否定することで、その欲求を**充足**させることができ、それによって**精神的な欲求に対する満足**を得られるというわけである。この内容について述べている③が正解となる。

① 人間に特有な情動とは人間の文化に貢献しようとする欲求のことで、物質レベルの欲求とは対極的なものである。

② 人間に特有な情動とは名誉（「**名誉**」**は**「**物質的な欲求**」）や美の追求の欲求のことで、これらに集中するには物質的な欲求を抑える必要がある。

※本文で述べられているのは「**物質的な欲求や名誉欲**」**の**「**価値を否定する**」**ことによって、その欲求を**「**充足させておく**」**ということであって、**「**物質的な欲求や名誉欲**」**を**「**抑える必要**」**については述べられていない。**

③ 人間に特有な情動とは精神的な欲求のことで、これに向かうためには、物質的な欲求を満たしておく必要がある。

④ 人間に特有な情動とは物質的な価値を否定することで高まる（「**物質的な欲求や名誉欲**」**の**「**価値を否定する**」**ことは、その欲求を**「**充足させておく**」**ことになるのであって、**「**人間に特有な情動**」**＝**「**精神的な欲求**」**が**「**高まる**」**わけではない**）もので、社会的な活動への欲求などに代表される。

⑤ 人間に特有な情動とは完全に満たされはしないもので、物質的欲求とバランスをとりながら存在するものである。

演習11　服部雅史「推論に関する対称性、対称性に関する推論」

正解　問1＝③　問2＝②　問3＝③

問1

設　問：空欄補充問題

空欄部：まず、リンゴが「リンゴ」と呼ばれることを学ぶのは、「[A]→[B]」という方向の対応付けの学習である。それに対して、「リンゴ」と聞いてリンゴを選択するのは、「[C]→[D]」という逆方向の対応付けができていることを示すのである。

◉**まず、空欄部の前に書かれているテストの手順を確認する。**

> Ⅰ：リンゴが「リンゴ」と呼ばれることを学んだ後
> ⬅
> Ⅱ：「リンゴ」と言われてリンゴを選べるかテストする

ここから、リンゴ（かぎかっこナシ）がリンゴそのもの、つまり**実物**であり、「リンゴ」がリンゴという言葉、つまり**ラベル**であることが理解できる。この関係を当てはめて考えると以下のようになる。

> Ⅰ：リンゴ（**＝実物**）が「リンゴ」（**＝ラベル**）と呼ばれることを学ぶのは、「[A]→[B]」という方向の対応付けの学習である。
> ⟷それに対して、
> Ⅱ：「リンゴ」（**＝ラベル**）と聞いてリンゴ（**＝実物**）を選択するのは、「[C]→[D]」という逆方向の対応付けができていること

◆以上から③が正解となる。

問2

設　問：傍線部の根拠となる事実を問う問題

傍線部：チンパンジーでも対称性が成立しないという事実は、二つの意味で驚きである。

◉「**対称性」が成立しているか否かについては、問1でみたテストによって確認されるものであった。**

> Ⅰ：リンゴ（実物）が「リンゴ」（ラベル）と呼ばれることを学ぶ
> ⬅
> Ⅱ：「リンゴ」（ラベル）と言われてリンゴ（実物）を選ぶ

◆本文に「一方の対応付け**（リンゴ→「リンゴ」）**を学習すれば逆向き**（「リンゴ」→リンゴ）**を学習しなくてもよい」とある通り、**【Ⅰ→Ⅱ】**ができれば、「対称性」が成立したと言える。ということは、チンパンジーにおいてそれが成立しなかったわけであるから、正解は②となる。なお、③については、「リンゴを「リンゴ」として認識できな」い、つまり両者の関連づけができないわけで、「対称性」以前の問題である。「**一方の対応付け（リンゴ→「リンゴ」）**」ができたのに「**逆向き（「リンゴ」→リンゴ）**」ができないからこそ「対称性」が成立しないというわけである。

①　チンパンジーは「リンゴ」が名前にすぎない×（**「リンゴ」が名前であることを理解することは「対称性」と関係ない**）ことが理解できなかった。

②　チンパンジーは「リンゴ」をリンゴとして認識できなかった。○

③　チンパンジーはリンゴを「リンゴ」として認識できなかった×（**リンゴを「リンゴ」として認識するのはⅠの段階であり、この段階で判断できることは、リンゴ（実物）と「リンゴ」（ラベル）との関連付けができ**

ているかどうかということであって、「対称性」が成立しているかどうかは判断できない）。

④ チンパンジーはものに名前をつけることをいやがった（「いやがった」かどうかは「対称性」と関係ない）。

問3

設　問：推論問題

傍線部：何が逆なのか、よくわからないことも多い。

◉筆者の考える「逆」とは「逆の推論をすること、すなわち、推論における「対称性」の成立」のことである。別の部分では「一方の対応付けを学習すれば逆向きを学習しなくてもよい」とされている。要するに、**一方が理解できれば、もう一方は自然と理解できるもの**をさがせばよいわけである。

①「アジサイが好き」であってもそれが必ず「バラはきらい」となるわけではない。「アジサイ」の反対が「バラ」というのはすべての人に成立するわけではない。

②「海を見ると気持ちが落ちつ」いてもそれが必ず「人込みの中にいるといらいらする」となるわけではない。「海」の反対が「人込み」というのはすべての人に成立するわけではない。

③ 私が「弟の倍の数の団子を食べた」が理解できれば、弟が「私の半分しか食べられなかった」というのは自然に理解できる。「倍」の反対が「半分」であることは一般的に理解可能なことである。

④「八」が「末広がり」であっても、そこから必然的に「四」が「死につながる」となるわけではない。前者は漢字の形からの連想であり、後者は音からの連想であって、全く無関係である。

演習12　前田英樹「なぜ〈日本刀〉は生まれたのか」

正解　⑤

設　問：空欄補充問題

空欄部：けれども、私はこの矛盾のなかに、［X］的に転換されたひとつの意味を感じます。

◉空欄部を含む一文に「転換されたひとつの意味」とあるので「剣」についての変化をまとめればよい。

ですから、「三種の神器」のなかに剣があることは、それ自体が矛盾であるとも言えます。剣は**殺戮の武器**なのですから。けれども、私はこの矛盾のなかに、**［X］的に転換されたひとつの意味**を感じます。「草那芸剣」は、『日本書紀』の注記に従えば、もとは「天叢雲剣」と呼ばれる武器でした。これが途中で名を変え、やがて「三種の神器」のなかに入ってくるわけです。**武器としての剣は、農具の粋を表わす神器に変わる**。農具の粋を表わす神器は、そのまま稲作民の暮らしの道徳や信仰を表わす器でもありました。

〈剣〉
殺戮の武器
⬆（変わる・転換）
農具の粋を表わす神器・「三種の神器」のなかにある剣
…［X］的に転換されたひとつの意味

◆「剣」が「殺戮の武器」という否定的な存在（㊀）から、「神器」という肯定的な存在（㊉）へと変化したということである。よって、**〈否定的な存在（㊀）から肯定的な存在（㊉）への変化〉**を表わす⑤**「積極」**が正解となる。

①「効果」的は〈なんらかの効き目があること〉、
②「抜本」的は〈根本的に扱うこと〉、
③「通俗」的は〈世間一般で好まれるさま〉、
④「断続」的は〈切れたり続いたりするさま〉、
であり、いずれも〈否定的な存在（㊀）から肯定的な存在（㊉）への変化〉と対応していない。

第４章 「論」と「例」②

演習13 苫野一徳『「自由」はいかに可能か―社会構想のための哲学』

正解 問１＝③ 問２＝② 問３＝⑤

問１

設　問：空欄補充問題

空欄部：そして周知のように、多くの現代思想家たちは、これまで「X」と主張し続けてきた。

◉次の「論―例」の関係に注目する。

論＝多くの現代思想家たちは、これまで「X」と主張し続けてきた。
例＝ボードリヤール／ルーマン
論＝こうした**「自由」のある種の否定**は～様々なヴァリエーションをもって今日も見られるものだ。

◆自由そのものを否定している③が正解となる。自由が〈本質か否か〉〈表象たり得るか得ないか〉という問題ではない。

問2

設　問：空欄補充問題

空欄部：ドイツの社会学者ニクラス・ルーマンもまた、人間を、「自由」で［Y］存在ではなく、社会システム内において自己組織化する〜「システム」と捉えた。

◉次の「論―例」の関係に注目する。

［例］＝人間
×「自由」で［Y］存在
⟷（ではなく）
○社会システム内において自己組織化する〜「システム」

［論］＝こうした「自由」のある種の否定は、**社会システム決定論や歴史決定論、宇宙決定論**から、遺伝子あるいは脳決定論にいたるまで、様々なヴァリエーションをもって今日も見られるものだ。こうした見方に立てば〜**一切は、社会や遺伝子、あるいは脳などに、そもそも決定されている**のだから。

◆右の関係から、「人間」が「社会や遺伝子、あるいは脳」によって**一切が「決定」されていない**、つまり**人間自身が自ら決定できる**という内容となる②「主体的な」が正解となる。

問3

設　問：傍線部の説明問題

傍線部：こうした見方に立てば、わたしたちに因果からの自由などはないということになるだろう。

Ⅰ：「こうした見方」が「**社会システム決定論や歴史決定論、宇宙決定論**」に類する見方であることから、その点に言及している④と⑤に絞れる。

① わたしたちは自分の行為をすでに自分以外の何かに決定されていることに気付かず、因果の表象として受け入れているという見方。

② あらゆる因果法則の内側に本当の自由は存在するかもしれないが、わたしたちは、その外側に留め置かれた存在であるという見方。

③ 人間は死という自然法則から自由であることはできず、自由の表象である因果法則の外には出られないという見方。

Ⅱ：④と⑤の違いに注目。

④ **表象的自由は否定されるべきもの**であり、わたしたちは、ある規定の枠内において、行為するシステムの一部であるという見方。

※本文では「表象的自由」の否定については述べられていない。

⑤ **わたしたちは自らの意思で選択し、行為しているよう**で実は、ある規定の枠内で行為させられているという見方。

※ボードリヤールの「わたしたちは消費社会において**「自由」な消費を楽しんでいると思い込んでいる**が、**実は**それはあらかじめ決められた**社会の暗黙のコードに決定され、それに服従しているだけ**」やルーマンの「人間はシステムによって規定されており、それゆえ**自らの自由意志によって行為しているわけではない**」という内容と合致する。よってこれが正解となる。

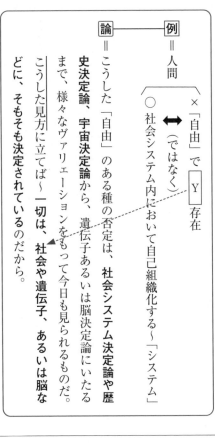

演習14　野田又夫「人生と真実」

正解　①

設　問：空欄補充問題

空欄部：個人の［X］ということだけではない。

◉以下の「論―例」の関係に注目する。

［論］＝日常の安心としばしばいったけれども、**生無常ということ、人生の不安定ということ**もまた、ほとんど日常の知恵に属している。

［例］＝個人の［X］ということ

＋　だけではない

国家についても同様である。

× 行動規準が確かな正しいもの

⟷

○ 昨日の戦争・明日の戦争は～文化や社会組織を、一朝にして破壊し去る

◆基本的には、「**生無常**ということ、**人生の不安定**ということ」の例であることから考えればよい。また、「個人」と並べられている「国家」についても、「行動規準が確かな正しいものだとすぐに考えることはできない」「文化や社会組織を、一朝にして破壊し去る」とされていることから、①「浮沈」が正解となる。適当に考えて、「責任」を入れる者が多いが、ここでは個人・国家の責任を論じているわけではない。

演習15　長谷川堯「吊り下げる家」

正解　問１＝④　問２＝⑤

問１

設　問：傍線部の内容説明問題

傍線部：その立ち方の仕組みや立ち姿に、その時代やその社会の内容が問わず語りに語られてしまうのだ。

◉傍線部の直前が具体例（具体的な建築構造について）⬇「論―例」の関係に注目。

［論］＝**建築の歴史**が、**人類の歴史そのものを最も重要な側面において形象化するもの**として、きわめて**象徴的なかたちで語られる**理由も、そこらにひとつの原因があるようだ。

［例］＝（エジプト・ギリシア・ローマ・西欧中世）

［論］＝**人間の行動を制約する引力の支配**に対して、それぞれの時代のそれぞれの社会的体制のなかで**いかに抗い、いかに妥協し、時にはそれに、いかに打ち拉《ひし》がれたか**……その結果の石や煉瓦や木による〈報告書〉

［例］

［論］＝その立ち方の仕組みや立ち姿に、その時代やその社会の内容が問わず語りに語られてしまうのだ。

◆「建築の歴史」が**「人間の行動を制約する引力の支配」**への「抗い」「妥協」等の**「形象化」「象徴」**であることを述べた選択肢をさがすと、④が正解となる。

① 人間が自らの生命活動を保証するために、人間を死へと引き寄せる引力（**ここでの「引力」は「人間の行動を制約する」ものであって、「人間を死へと引き寄せる」ものではない**）に対して、～

② 人間の行動を支配する社会体制に抵抗（**人間が抵抗したのは「引力」であって「社会体制」ではない**）して、～

③ 人間が自らの住むべき空間を確保するために、石や煉瓦や木など、どのような素材を選ぶかという建築技法上の試行錯誤（**傍線部は「素材」「建築技法」に限定されるものではない**）が、建築物の歴史的な事例のうちに、具体的に見てとれること。

④ 人間が必要とする空間を確保するために、人間の行動を制約する引力に対して、どのように逆らってきたかという人類の歴史が、歴史的な建築物のかたちの中に、象徴的に読みとれること。

⑤ 人間が生命活動を維持するために、生存の危機をもたらす自然（**ここでの「引力」＝「自然」は「人間の行動を制約する」ものであって、「生存の危機をもたらす」ものではない**）と、～

問2

設　問：傍線部の内容説明問題

傍線部：まさにそれらの儀式は形骸化している。

◉傍線部の直前が具体例（〝建て前〟の儀式の簡素化・省略化）になっているので、次の「論―例」の関係に注目する。

論―**例**―**論**

論 ＝ **家を高く広く大地の上に築き上げる企てのなかにあった、ある種の〝祈り〟に似た敬虔な気持**は急速に後退し、～希薄化している。

論 ＝ まさにそれらの儀式は形骸化している。

◆**「家を高く広く大地の上に築き上げる企てのなかにあった、ある種の〝祈り〟に似た敬虔な気持」**による**「儀式」**が**「形骸化」「希薄化」**していることを述べている選択肢をさがすと⑤が正解となる。

① 近代の建築の工法が機械的な作業に変化したことによって、家を限りなく高く建てることが可能となり、高層建築が日常化（**本文になし**）する～

② 近代的な建築工法の出現によって、大地との葛藤ともいうべき神聖な建築を作ることが、機械的な作業へと変化してしまい、工期を早めるために「建て前」の儀式を省略してしまった（**≠「形骸化」**）こと。

③ 近代的工法の普及により、建物が大地の引力の支配から完全に解放されることによって、建主も職人も家を建てる情熱や感激を失った（**「家を高く広く大地の上に築き上げる企てのなかにあった、ある種の〝祈り〟に似た敬虔な気持」が「希薄化」したのであって、「家を建てる情熱や感激」を失ったわけではない**）結果～

④ 近代における建築は、工法としては機械的な作業が中心になってしまったが、地球の引力との葛藤を記憶する建築の古い伝統的な精神は、「建て前」の儀式の中に根強く生き延びている（**≠「形骸化」**）こと。

⑤ 近代建築の工法の普及に伴い、棟木を置くことに見られるような、建築に対する建主や職人の敬虔な心情（**＝「家を高く広く大地の上に築き上げる企てのなかにあった、ある種の〝祈り〟に似た敬虔な気持」**）が希薄化したために、「建て前」の儀式が意味を失ってしまった（**＝「形骸化」**）こと。

演習16　山本健吉「日本の庭について」

正解　④

設　問：傍線部を通じて筆者が強調する内容を説明する問題

傍線部：造型ではなく、花の命を惜しむことが、生花の極意である。

◉傍線部自体が具体例になっているので、次の「論―例」の関係に注目する。

論＝**造型意志が極端に弱い**のが、日本の芸術である。日本における美の使徒たちに、**そのような意志が微弱**にしか育たなかった
彼等は**自分たちの生のあかしとしての造型物を、後世に残そうなどとは心がけなかった**。

例＝生花（造型ではなく、花の命を惜しむことが、生花の極意である）・茶の湯・連句

◆右の「論―例」の関係から、傍線部は**日本人の造形意志の弱さ・微弱さ**についての具体例であると理解できる。したがって、**日本人の造型意志の弱さ・微弱さ**について述べている選択肢④が正解となる。

①　～芸術における簡素さを強調するため。

②　～芸術における人間関係の豊かさを強調するため。

③　～芸術における刹那性（**「刹那」とは、きわめて短い時間、瞬間のことである。時間の長短と意志の強弱とは無関係。直前の「花の短い命」に引きずられないこと**）を強調するため。

④　花の短い命と向き合うことと、茶の湯の対座、仲間で作り合う連句の座とを重ねて、芸術における個の表現意識の弱さ（**＝日本人の造型意志の弱さ・微弱さ**）を強調するため。

⑤　～芸術における空間性そのものを強調するため。

第⑤章　対比②

演習17　河原和枝『子ども観の近代』

正解　②

設　問：傍線部の理由説明

傍線部：しかし、われわれの子ども観がどこでも通用するわけではない。

◉「われわれの子ども観」を中心に対比関係を整理しておく。

対比❶（1段落）

〈現実の子ども〉
・大人と同じように悩み、そして狡猾に立ち回ったり～思わぬ世知を発揮したりもする。

⟷

〈子どもに対するイメージ＝「われわれの子ども観」〉
・純粋とか無垢とかいったイメージ

対比❷（2～4段落）：年齢によって大人と子どもに区別

〈大人〉
・一人前の社会人としてさまざまな権利や義務をもつ

⟷

〈子ども観〉
・未熟であり、大人によって社会の荒波から庇護され、発達に応じてそれにふさわしい教育を受けるべき

対比❸（5～7段落）

〈ナバホ・インディアンの子ども観〉（5段落）
・自立したものと考え、部族の行事のすべてに子どもたちを参加させる
〈東ヨーロッパの伝統的なユダヤ人コミュニティ〉（6段落）
・知識の豊さを道徳的な正しさとして、早期から正式の教育が始められる
〈中世ヨーロッパの子ども観〉（7段落）
・「小さな大人」とみなされ「子ども扱い」されない
・大人に混じって大人と同じように働き、遊び、暮らしていた

⟷

〈今日のわれわれの子ども観〉（7段落）
・〈子ども〉期をある年齢幅で区切り、特別な愛情と教育の対象として子どもをとらえる見方
・近代の西欧社会で形成されたもの
・歴史的、社会的な産物

◆右の対比関係から、「われわれの子ども観」と**異なる子ども観（ナバホ・インディアンやユダヤ人コミュニティ）**が存在していること、「われわれの子ども観」が**「近代の西欧社会で形成された」「歴史的、社会的な産物」**であることが理解でき、だからこそ「われわれの子ども観がどこでも通用するわけではない」というわけである。

① ナバホ・インディアンやユダヤ人コミュニティにみられるような、子どもを成人と同等に扱うという子ども観が、世界において普遍的に認められる（**このような子ども観は「今日のわれわれの子ども観」と異なっており「普遍的」とは言えない**）から。

② ナバホ・インディアンが子どもの自立を尊重し、ユダヤ人コミュニティが知識の豊かさを子どもにも求めているように、それぞれの社会によって子ども観が異なるから。

③ ナバホ・インディアンが子どもを信頼し、ユダヤ人コミュニティが幼児に勉強を課すことを考えあわせれば、年齢を基準に子どもと大人を区別する子ども観はまちがい（**この「子ども観」は「ナバホ・インディアン」や「ユダヤ人コミュニティ」の子ども観と異なるだけであって「まちがい」とは書かれていない**）であるから。

④ 子どもを純粋で無垢であると同時に、狡猾で世知にたけたものとみるわれわれの子ども観（**この内容は「子ども観」ではなく現実の子どもである**）は、ナバホ・インディアンの子どもを放任する思想や、ユダヤ人コミュニティの厳しい幼児教育の伝統とは異なるから。

⑤ 子どもを未熟で庇護の対象とみるようなナバホ・インディアンやユダヤ人コミュニティの子ども観（**この内容は「われわれの子ども観」である**）は、近代西欧の影響を受けたわれわれの子ども観とは異なるから。

演習18

水谷静夫『曲り角の日本語』

正解　④

設問：傍線部の理由説明

傍線部：これは私に言わせれば全く間違いです。

◉**「これ」に対して「間違い」という判断を示す理由を問われているので、「これ」と筆者の考えの違いに注目すればよい。前者については――、後者については……を付して示す。**

不用意は辞書の釈義の部分にもないとは言えません。例えば、ここに挙げるのは野球の用法に関してですが、「打つ」という動詞の意味に、辞書によっては「カーブを打つ」「直球を打つ」とかのたぐいと、「ホームランを打つ」のたぐい、それから「三割を打つ」というたぐいを別義のように扱っているものがあります。これは私に言わせれば全く間違いです。

（中略）「打つ」の場合は、「打つ」の意味は同じだとしても、「を」の用法の違いとして説明できます。「打つ」自体の意味の違いによるのではなくて、むしろ「を」との組合せから生じる違いだ、と。

「これ」
「打つ」という動詞の意味に「カーブを打つ」「直球を打つ」と「ホームランを打つ」と「三割を打つ」というたぐいを別義のように扱っているもの

⟷

筆者の考え
「打つ」の意味は同じだとしても、「を」の用法の違い・「を」との組合せから生じる違い

⬅ **さらに整理すると以下のようになる**

「これ」（筆者が「間違い」とする辞書の釈義）
・「打つ」の意味が違う ⬇（「打つ」を三種類に分類）

⟷

筆者の考え
・「打つ」の意味は同じ
・「を」の用法が違う

◆右の対比関係から、「打つ」の意味そのものではなく、「を」の用法に違いを見いだしている筆者にとって、「打つ」の意味そのものに違いがあるとする辞書の釈義は「間違い」だと判断されるわけである。したがって、「意味の違い」「「を」の用法の違い」に言及している選択肢をさがせばよい。

① いずれの例もボールそのものを「打つ」という動作である点は共通（**共通しているのは「動作」ではなく「意味」**）しており、それを別義として立てるためには補足的な説明が必要になる（**「補足的な説明」が必要か否かは関係ない**）から。

② ～「打つ」以外の動詞にも見られる現象であり、「打つ」だけを特別視して別義を立てる根拠がない（**筆者は「「打つ」だけを特別視して」いることを問題としているわけではない**）から。

③ 「打つ」という動詞について、さまざまな言葉との組合せを考える研究が十分に行き届いているとは言えない状況（**「研究」の「状況」はここでは問題にされていない**）であり、～

○④ この例の場合、「打つ」という**意味に全く違いがない**にもかかわらず、**「を」の用法が異なっている**ゆえに、「打つ」という動詞の意味までも異なっているように見えるだけだから。

演習19　鈴木博之「都市のかなしみ」

正解　問1＝③　問2＝⑤

問1

設　問：組み合わせの空欄補充問題

空欄部：X は、創意を込める作業ではなく、歴史に敬意を払う作業なのであり、Y とは明らかに一線を画する。

◉「復元・復原」と「再建」についての対比構造を理解する。前者については——、後者については……を付して示す。

では、なぜ復元・復原ばやりなのだろうか。復元・復原は、歴史に対する態度表明である。それは、**自分たちが歴史を重要なものと考えているという態度表明**であり、同時に歴史をどのようなものと考えているかを示す態度表明なのである。だから復元・復原に似た行為は過去にも当然存在した。

平家の南都焼き打ちによって失われた東大寺の大仏殿を再建した鎌倉時代の僧、俊乗坊重源は～東大寺の大仏殿を「復原」しようとしたのではなく、**再建しようとしていた**のだから、そこでは**創意が重要な役割をもっていた**。

X は、創意を込める作業ではなく、**歴史に敬意を払う作業**なのであり、Y とは明らかに一線を画する。

> 復元・復原＝自分たちが歴史を重要なものと考えているという態度表明＝「**敬意**」
> ⟺
> 再建＝**創意**が重要な役割をもっていた

◆ここから③「X 復元・復原 Y 再建」が正解となる。

問2

設　問：傍線部が目指した内容の説明問題

傍線部：しかもおなじ関野貞の手になる修理であったにもかかわらず、それぞれの工事で目指されたものは異なっている。

◉「東大寺の大仏殿の修理」と「奈良の新薬師寺の修理」についての対比構造を理解する。

> 東大寺の大仏殿の修理
> ・材料と構造上の工夫（鉄骨・洋風の構造）が凝らされた
> ・**建築の規模と形態を守ることに**主眼が置かれた
> ⬇**江戸時代に再・再建されたときの建物のすがた**を保持
> ⟺
> 奈良の新薬師寺の修理
> ・**当初のすがたに戻すこと**、すなわち「当初復原」が目標
> ⬇建物はそれまで**見慣れていた寺とは大きく変わっていた**

◆ここから⑤が正解となる。

① 東大寺大仏殿の工事は、×創意をこめて建物を当初のすがたに戻すことを目指した復原（**「創意」は「復原」ではなく「再建」**）であったのに対し、新薬師寺の工事は、×建築の規模と形態を守ることに主眼（**これは東大寺**）を置いて、当初のすがたに戻すことを目指した復原であった。

② 東大寺の大仏殿の工事は、×建物を当初のすがたに戻すことを目指した復原であったのに対し、新薬師寺の工事は、構造を変えずに×見慣れていた寺のすがたに戻すことを目指した復原であった。

③ 東大寺の大仏殿の工事は、建築の規模や×材料、構造を変えず江戸時代

に再・再建された時のすがたに戻すことを目指した復原であったのに対し、新薬師寺の工事は、当初のすがたに戻すことを目指した復原であった。

④ 東大寺の大仏殿の工事は、材料と構造に工夫を凝らしながら見慣れた建物のすがたを守ることを目指した復原であったのに対し、新薬師寺の工事は、材料も変えず見慣れていた寺と同じすがたを保持する復原であった。

⑤ 東大寺大仏殿の工事は、建築の規模と形態を守りながら江戸時代に再・再建された時のすがたを保持することを目指した復原であったのに対し、新薬師寺の工事は、当初のすがたに戻すことを目指した復原であった。

演習20　山崎正和『歴史の真実と政治の正義』

正解

問１ (1) ア＝特権的知識人　イ＝「草の根」大衆　ウ＝中間的知識人　エ＝インテリゲンチャ　オ＝進取的民衆

(2)＝①・⑤

問２＝皮肉

問１

傍線部：当然ながら、この立場ほど啓蒙にふさわしく、それを強く効果的にするものはない。

(1)　**設　問**：傍線部の指示内容についての空欄補充問題

◉**傍線部の直前**を確認すれば**「彼ら」**の語に注目できる。この「彼ら」が1段落末尾の**中間的知識人**だと理解できれば、その前に書かれている**特権的知識人・「草の根」大衆・インテリゲンチャ**と、2段落冒頭の**進取的民衆**の語句を、字数に合うように答えればよい。

(2)　**設　問**：傍線部の内容説明問題

◉(1)で確認した**中間的知識人**について、**特権的知識人・「草の根」大衆**との**対比関係**を確認してゆけばよい。まずは2段落を確認する。

「進取的民衆」と岩波文庫の発刊の辞が言う階層であるが、この階層の二重性が知識の市場化を推進した。彼らは**なんらかの知的資格を持つ人であり**、**「草の根」にたいして知識の権威を守る人**であるが、同時に**「草の根」と生活上の一体感を覚える立場**にいた。彼らの多くは**マルクス主義の影響を受け**、**そうでなくても進歩主義を理想とする信念の人**であった。皮肉にいえば、彼らは**知識の閉鎖的ギルドを否定する程度にはすでに二十世紀的**であり、**価値観の相対性を認めるほどにはまだ二十世紀的でない人びと**であった。当然ながら、この立場ほど啓蒙にふさわしく、それを強く効果的にするものはない。彼らは**公然と民衆の無知に警告を加え、その広範な自覚を植えつけた**のであった。

⬅対比関係を整理

対比❶〈特権的知識人との違い〉

特権的知識人 ⟷ 中間的知識人

・「草の根」と生活上の一体感を覚える立場（解答要素ⓐ：以下同様）

・知識の閉鎖的ギルドを否定する程度にはすでに二十世紀的（ⓑ）

対比❷〈「草の根」大衆との違い〉

「草の根」大衆 ⟷ 中間的知識人

・なんらかの知的資格を持つ人であり、「草の根」にたいして知識の権威を守る人（ⓒ）

・マルクス主義の影響を受け、そうでなくても進歩主義を理想とする信念の人（ⓓ）

・価値観の相対性を認めるほどにはまだ二十世紀的でない人びと（ⓔ）

◆右の関係を述べている①・⑤が正解となる。

① 知識が一部の専門家に独占されることには反対した（ⓑ）が、知識自体の価値は疑わない（ⓒ・ⓔ）立場。

② 知識が大衆化されることには積極的に取り組んだが、大衆と同一視されることを嫌う（**ⓐと矛盾**）立場。

③ 社会における価値観の相対性の意識の高まりとともに、大学教師の権威を引き降ろした（**これは「大学の膨張」の結果**）立場。

④ 知識の閉鎖的ギルドを否定せず（**ⓑと矛盾**）、同時に価値観の相対性をも認めようとしない立場。

⑤ 知識の権威を守る人ⓒでありながら、大衆との距離が近いⓐ立場。

⑥ 公然と民衆の無知に警告を与え、マルクス主義ではなく進歩主義の立場（**ⓓと矛盾**）から啓蒙を促す立場。

問2

設　問：空欄補充問題

傍線部：もう一つはいわば啓蒙の成功の X であって、中間的知識人の量が増えて階層としての意味がなくなったことである。

◉**空欄部前後の関係に注目する。**

啓蒙の成功

〔　？　〕

中間的知識人の量が増えて階層としての意味がなくなったこと

◆まず空欄部直前「啓蒙の成功」とは中間的知識人の担った「啓蒙」が上手くいったということであり、**中間的知識人**にとって⊕**の内容**になっている。それに対して空欄部直後は「中間的知識人の量が増えて階層としての意味がなくなった」という彼らにとって⊖**の内容**になっている。以上から、**「成功」という**⊕**の事柄が「階層としての意味がなくなった」という**⊖**の結果をもたらしたこと**が理解できればよい。この内容を端的に表すのが[2]段落第4文にある「**皮肉（物事が予想に反した結果になること）**」である。

第⑥章 推論・統合（具体と抽象）

演習21 鷲田清一『「聴く」ことの力―臨床哲学試論』

正解 **みんな、ⓐあなたがⓑいなくなればいいと思っている**……そんな気がするんですね

ⓐ「患者の立場」ではなく「精神科医の立場」で書けているか。
※「わたしがいなくなればいい」は致命的な誤り。

ⓑ「患者の言葉を確かに受けとめましたという応答」になっているか。
※患者の言葉をそのまま返していることが重要。「疎外感」「不要」「嫌悪」等の言い換えはむしろ不適。

設　問：本文の内容から別の具体例について推論する問題

◉**「精神科医」について問われているので、「精神科医の多くが選んだ」⑤を根拠に考えるとよい。これは「患者の言葉を確かに受けとめましたという応答」である。まとめると次のようになる。**

患者「わたしはもうだめなのではないでしょうか？」
⬅
精神科医「もうだめなんだ……とそんな気がするんですね」 ➡ 「患者の言葉を確かに受けとめましたという応答」
⬅ **推論**

患者「どうせみんな、わたしなんかいなくなればいいと思っているんです」
⬅
精神科医「どうせみんな、**あなた**なんか**いなくなればいい**と思っている……とそんな気がするんですね」

◆右の内容を三十五字以内でまとめる。「具体的な発話の形式」という設問条件を踏まえ、具体的な返答の形で書くこと。「患者の言葉を確かに受けとめたという応答」等の書き方では設問条件を満たさないので、注意しよう。

演習22　柳田邦男「コンステレーションという視座」

正解　問1＝④　問2＝⑤

問1

設　問：傍線部の内容説明問題

傍線部：原因・結果の関係を問いつめる線型の考え方から離れて、星座を見出すように、いろいろな事柄の全体像をあるがままの姿で把握する、つまり、ともかくそこに〝星座〟に相当するひとつの全体が出来あがっていることを認める、というものの見方が、コンステレーションの発想法だという。

◉まず、問1でキーワードとなる「コンステレーション」の内容を確認し、問2でその内容を具体化するという具体化するという形で、設問を二段階で構成した。本設問を通して、設問同士のつながりにも注目できるようになってほしい。

◉傍線部直前の内容が根拠となる。

原因・結果の関係を問いつめる線型の考え方から**離れて**～**いろいろな事柄の全体像をあるがままの姿で把握する**、つまり、～**ひとつの全体が出来あがっていることを認める**、というものの見方が、コンステレーションの発想法だという。

× 原因・結果の関係を問いつめる線型の考え方
⟷ 離れて
○ いろいろな事柄の全体像をあるがままの姿で把握する・ひとつの全体が出来あがっていることを認める、というものの見方

① 原因・結果の関係を絶対視し、星と星との間にも必然的な意味を発見しようとするような見方。
② 論理的な思考から解放され、一点一点をそれぞれ個別のものとして掘り下げて見ている探究の視点。
③ 点と点をつないで線を見つけるような、いろいろな事柄の相互のつながりを重視する把握の仕方。
④ 因果関係などの考え方ではなく、広く見渡して全体をひとまとまりのものと認めるものの捉え方。
⑤ ひとつの完全体に見えるものも、実は個別の独立した部分が集まったものだと見なす認識の方法。

問2

設　問：傍線部の具体例を選択する問題

傍線部：こういう現実認識の仕方は、心理療法という限定された場においてだけでなく、人が自らの人生を生き、自らの人生に納得するうえで必要であり有効な道ではないかと思う。

◉傍線部の言い換えを確認する。

傍線部：こういう現実認識の仕方
＝ 言い換え
腑に落ちるように物語るには、バラバラに見える様々な事柄のコンステレーションを読み取らなければならない

解答根拠
・腑に落ちるように物語る＝〔　？　〕
・コンステレーションを読み取る＝〔　？　〕

◆「コンステレーションを読み取る」については問１で確認している。「腑に落ちるように物語る」については、次の内容に注目する。

論＝もう一つの「物語る」とは、**生きること・死ぬことについて、**腹におさまるように話を作ることだという。
例＝たとえば、わが子が障害を背負ってしまったとき、〜「この子のおかげで**弱い人々を見る眼が変わりました**。この子は**私の生き方を変えてくれた**宝物です」と「物語る」ことができるようになったとき、はじめて腑に落ちるというわけだ。

つまり、「物語る」とは単に何かを納得するというのではなく、**「生きること・死ぬこと」あるいは「生き方」**について、何らかの変化などとともに心から理解し、納得するということである。

以上から、「広く見渡して全体をひとまとまりのものと認めるものの捉え方」を通して**「生きること・死ぬこと」あるいは「生き方」**について、何らかの変化を伴って理解・納得している選択肢をさがす。

①　若い時分にはよく理解できなかったできごとでも、年を取り人生経験を重ねたことによって、そのできごとの背景がはっきりと分かる（**「生き方」と関係ない**）ようになった。

②　ある事件に巻き込まれた人がその事件に関連する本を読み、事件当時の自分の行動や心境について見つめ直したため、事件についての理解が深まった（**「生き方」と関係ない**）。

③　戦争における極限状態を一人生き残ったことに罪悪感を抱いていた人が、その後、信仰によって自分は特別な存在だと気づいた（**「生き方」と関係ない**）。

④　交通事故を起こした時は、なぜ自分が加害者になってしまったのかと混乱したが、時間が経って冷静になると、原因が見えてきた（**問１でも確認したが、「原因」は「線型の考え方」であって「コンステレーション」の考え方ではない。対比関係にも注意しよう**）。

⑤　薬の副作用によって体に致命的な問題を抱えた人（**「致命的な問題」なので「生きること」「死ぬこと」に関係する**）が、困難な生活を送りながらも、医学の発展に貢献する**生き方**をしようと思う（**「体に致命的な問題」「医学の発展」という関連が「ひとつの全体」を形作っていると言える**）ようになった。

正解　③・④

設問：「存立的関係」の具体例を選択する問題

傍線部：これに対して、貨幣と言葉に共通して見出される本質としての関係とは、「〈物〉を生み出す関係」、つまりは存立的関係のことである。

◉ **「存立的関係」の言い換えを確認する。**

貨幣と言葉に共通して見出される本質としての関係とは、「〈物〉を生み出す関係」、つまりは存立的関係のことである。

＝（繰り返し）

言葉 ＝そもそも存在してはいなかった諸価値を創り出す〈荒ぶる神〉

貨幣 ＝そもそも存在してはいなかった諸価値を創り出す〈神〉

◆「言葉」「貨幣」が **「そもそも存在してはいなかった諸価値を創り出す」関係** となっている選択肢をさがす。

① 〈死〉という言葉を聞いても恐怖感はないが、死の現実には恐怖する。つまり〈死〉という言葉は、死という実体に代わるものではない **（×「諸価値を創り出す」）** のである。

② 〈セーター〉という語は身を暖めてくれない。それは、言葉が現実そのものではないからである。従って言葉は全面的に信用できず **（言葉への〈信用・不信用〉は無関係）**、不言実行が尊いとされるのである。

③ 愛も死も結局のところ言葉である。つまり〈愛〉という言葉が人間に愛を体験させ、〈死〉という言葉によって人間は死という事実に出会う **（＝「愛」「死」という言葉が諸価値を創り出している）** のである。

④ 高級ホテルの一泊十万円という値段も、それに見合うだけの価値を私たちは考えがちだが、そんな価値は、現今の貨幣経済のもとで意味をもたされている **（＝「貨幣」が「一泊十万円」という価値を創り出している）** 幻に過ぎないものなのである。

⑤ ゴッホの絵は、絵自体に価値がある **（「価値」は「言葉」「貨幣」が創り出すのであって、絵という実体そのものに価値はない）** ために何億円もの値段がつくのであり、無名作家の絵も価値が内在していればいずれ高い値段はつくのである。

⑥ 金の延べ棒や宝石は、金の量や宝石の大きさが誰にとっても客観的にきちんと測定できるため、一定の価値をもち **（「価値」は「言葉」「貨幣」が創り出すのであって、〈客観的測定〉が価値を創出するわけではない）**、世界のどこでも同等の値段がつけられるのである。

演習24　野村雅昭『落語の言語学』

正解　問1　〈ドンデン〉＝③　〈謎解き〉＝①
〈へん〉＝④　〈合わせ〉＝②
問2＝④　問3＝④

問1

設　問：本文の内容(抽象)から適切な図(具体)を選ぶ問題

傍線部：この二つの要素のくみあわせにより、オチは四種類に分類される。

◉**四種類のオチについて書かれている部分に注目する。**

Ⅰ：**それぞれの「オチ」についての説明→4段落に注目**

〈ドンデン〉　噺が無事に結末になるとみせかけて**安定の領域にちかづき**(ドン)、オチのひとことで、そんなばかなことがあるかと**「離れ領域」にとびだす**(デン)

〈謎解き〉　オチのまえで、そんなことがあるのかという疑問をもたせ、外にふくらみ(謎)、なるほどそうだったのかと**「合わせ領域」で納得させる**(解き)

〈へ　ん〉　**「離れ領域」にとびだす**が、そのまま元にもどらない

〈合わせ〉　〈謎解き〉のように**外にふくらむことなく、そのまま安定**してしまう

◆**右の関係を整理すると以下のようになる。**

A：「離れ領域」にとびだす　…〈ドンデン〉と〈へん〉
B：「合わせ領域」で納得させる・安定…〈謎解き〉と〈合わせ〉

Ⅱ：**「離れ領域」「合わせ領域」の説明→3段落の引用と図1に注目**

・いろの濃いところが「フツーというかホンマの領域」で、その内外に「ウソ領域」がある
・外側「離れ領域」…ホンマの世界から離れる・「へん」の領域・ウソの領域・不安定
・内側「合わせ領域」…「人為的に合わせる」というウソの領域・安定

◆以上をふまえて、図2の矢印の動きをまとめる。

〈ドンデン〉　①内側(「合わせ領域」)にちかづく　→②外側(「離れ領域」)にとびだす　→図2-3
〈謎解き〉　①外側にふくらむ(疑問)　→②内側にもどる(「合わせ領域」で納得させる)　→図2-1
〈へ　ん〉　①外側(「離れ領域」)にとびだす　→②そのまま元にもどらない　→図2-4
〈合わせ〉　①外にふくらむことなく、そのまま安定　→図2-2

問2

設　問：空欄補充問題

空欄部：ですから、「ドンデン」、「へん」の方が、「謎解き」、「合わせ」にくらべて、□場合が多くなります。

◉**「謎解き」「合わせ」と比べたときの「ドンデン」「へん」の特徴について述べているものが正解となる。**図3を確認すると、**「ドンデン」「へん」はY軸の右側「そんなアホな」**に相当する部分であり、**「謎解き」「合わせ」はY軸の左側「なーるほど」**に相当する。また、問1で確認した内容もふまえると以下のようにまとめることができる。

「ドンデン」、「へん」…「そんなアホな」（「離れ領域」にとびだす）
↕
「謎解き」、「合わせ」…「なーるほど」（「合わせ領域」で納得）

◆**以上から「納得」の反対に「そんなアホな」となるわけであるから、④「笑える」が正解となる。**①「緊張する」については、空欄部の前の「ドンデン」の説明で、緊張が緩和される、つまり緊張から緩和へと変化するのだから不適。②「安定する」はむしろ「なーるほど」に相当する。③「泣ける」は「そんなアホな」と矛盾する。⑤「ない交ぜになる」のは空欄部の前のX軸の説明から「下の部分」つまり「へん」にのみあてはまる。

問3

設問：抽象から具体への推論問題

◉**オチの分類の一つである〈ドンデン〉（抽象）について、問1・2で読み取った内容を、「饅頭こわい」という落語（具体）にあてはめ考える。**

〈ドンデン〉（抽象）
①噺が無事に結末になるとみせかけて**安定の領域にちかづく**（ドン）：問1
②オチのひとことで、そんなばかなことがあるかと**「離れ領域」にとびだす**（デン）：問1
③「そんなアホな」：問2
⬅
「饅頭こわい」（具体）
・饅頭が怖いと言った光つぁんがパクパクと饅頭を食べている

①「光つぁん、あんたのほんまに怖いもんは、いったん何やねんな」光つぁんにとって本当に怖いものを尋ねる（ウソが露見した光つぁんは本当のことを言うであろうと**キキテが期待・予想する**）
②「へ、熱ぅいお茶がいっぱい怖い」（このセリフは、好物の饅頭を食べた光つぁんが、さら饅頭に合う「熱ぅいお茶」を所望する、つまり、ウソを重ねているわけである。これに対してキキテが**「そんなアホな」**と思い、笑いを引き起こすのである）

◆右の内容から④が正解となる。

① 饅頭を食べた後、お茶が飲みたいという光つぁんの正直な気持ちを表す言葉がほほえましく、微笑（**×「そんなアホな」**）を引き起こす。

② 「お茶が怖い」という光つぁんの言葉の意味を探って、その疑問が解けたとき、なるほどと思って（**これは「謎解き」**）笑いが引き起こされる。

③ 人を騙した理由を答えて、謝るものと予想する（**→①安定の領域にちかづく**）なかで、間が抜けたような「熱いお茶」が欲しいという光つぁんの言葉（**「間が抜けたような」言葉では「そんなアホな」とはならない。正直に答えると思いきや、さらに見えすいたウソを重ねる光つぁんに対して「そんなアホな」となるわけである**）が爆笑を引き起こす。

④ 本当に怖いものを正直に答えるものと期待する（**→①安定の領域にちかづく**）なかで、もう一度みなを騙して、今度は「熱いお茶」をもらおうとする（**→②さらにウソをつく＝「そんなアホな」**）光つぁんの言葉が爆笑を引き起こす。

⑤ 「饅頭が怖い」と言いながら「パクパクと饅頭を食べている」光つぁんが、最後に饅頭とよく合う熱いお茶を希望することで、共感の笑い（**×「そんなアホな」**）を引き起こす。

評論　復習問題１　鳥越けい子「サウンドスケープとデザイン」

正解
問１＝視覚を中心とした環境世界
　人工物を中心に構成された環境世界（４点×２）
問２＝②（８点）　**問３**＝①（８点）
問４　X＝サウンドスケープ　Y＝音環境（３点×２）

復習のポイント

論理関係の総まとめ
（「論」と「例」の関係（問４）・対比関係（問１）・リニア（問２）・抽象→具体（問３））

問１

設　問：傍線部と同内容の抜き出し問題
傍線部：つまり、都市空間は建築物その他の、施設の集合としてとらえられ、そのデザインは専ら視覚的な観点から「形あるモノ」を対象として行われてきた。

◉傍線部の直後から、**サウンドスケープ**という考え方の導入**以前の状況**であることが理解できればよい。「専ら**視覚的な観点**から「形あるモノ」を対象として行われてきた」とあるので、**従来の視覚中心のデザイン**について書かれた部分を探せば、6・7段落に注目できるはずである。

　サウンドスケープ概念の導入が、わたしたちのデザイン活動に及ぼす影響として、次に指摘したいのは、デザイン活動の主体である**デザイナーの依拠する「環境世界」**が、二重の意味で拡大するということである。
　その「二重の拡大」とはすなわち、第一に、**「視覚を中心とした環境世界」**から「聴覚、さらには五感全体によってとらえた環境世界」への拡大。第二に、とりわけデザイン活動との関連において意識されがちな**「人工物を中心に構成された環境世界」**から「自然界、さらには記憶やイメージの世界をも含めた環境世界への拡大」である。

◆右の「二重の意味で拡大する」以前の「環境世界」に注目できれば、**「視覚を中心とした環境世界」**と**「人工物を中心に構成された環境世界」**が正解となる。
　なお細かいことだが設問条件の「十二文字と十六文字」にも注意しておきたい。「十二字」ならば、文字に加えて記号も数えるが、「十二文字」の場合は「文字」に限定される。したがって、「　」（鍵括弧）は書く必要はない。些細な違いだが、問題によっては大きなヒントになりうるので、今後注意しておこう。

問２

設　問：傍線部の内容説明問題
傍線部：同時に、聴覚を切り口としつつも、単に聴覚だけに留《とど》まらず、わたしたちひとりひとりにとってはごくあたりまえな空間への全身感覚的な感性を、これまでの「視覚」や「モノ」中心の環境のとらえかたの中に取り戻していくことの重要性を提起している。

◉**傍線部における関係をまとめると次のようになる。**

これまでの**「視覚」**や**「モノ」中心**の環境のとらえかた
⬅**聴覚を切り口**～取り戻していく
ごくあたりまえな空間への**全身感覚的な感性**

⬅ここから1段落と4段落の内容に注目できる。

「サウンドスケープ（soundscape）」とは～「聴覚」を切り口としながらも、最終的にはわたしたちの**五感**、**全身の感覚**を通じて「環境」をとらえようとする考え方でもある。（1段落）
サウンドスケープという考え方とその思想は～「聴覚的意識」を喚起しつつも、同時に、わたしたちの体験する空間はそもそも**全身感覚的なもの**であり、**視覚**、**聴覚**、**触覚といった諸感覚に分断することはできないこと**、最も大切なのはその空間の「気配」であり「雰囲気」であることを示唆しているのである。（4段落）

⬅

〈環境のとらえかた〉
これまで…視覚・モノ中心
⬅聴覚を切り口
これから…全身感覚的なもの

◆これまでの**「視覚」**中心であった環境のとらえかたから、「聴覚を切り口」に**本来の「全身感覚的」**な環境のとらえかたを「取り戻していく」とあるので、**本来のあり方に戻っていく**、という内容の選択肢をさがせば、②が正解となる。

---

① 人間本来の感覚は全身感覚的であると同時に、視覚が中心的に扱われてきた以上、正確に環境や景観をとらえる**（正確さは問題になっていない）**ために、聴覚を切り口として、視覚とそれ以外の諸感覚との有機的な関係**（「全身感覚的」の言い換えになっていない）**を考えなおしてみる**（≠「取り戻していく」）**ということ。

② わたしたちはふだんさまざまな空間を全身で体験している**（＝「わたしたちの体験する空間はそもそも全身感覚的なもの」）**のであり、聴覚を切り口として、その日常的な全身感覚に立ち帰ること**（＝「ごくあたりまえな空間への全身感覚的な感性を～取り戻していくこと」）**によって、視覚を中心にしてとらえられてきた環境や景観**（＝「これまでの「視覚」や「モノ」中心の環境のとらえかた」）**をもう一度とらえ返すということ。

③ 空間の「気配」や「雰囲気」こそ大切だが、それらを視覚だけで体験することには限界がある**（このような「限界」は本文に書かれていない）**以上、聴覚を切り口として、視覚中心の環境や景観に、全体的な聴覚的要素と音環境への配慮**（≠「全身感覚的な感性」）**を付加していく**（≠「取り戻していく」）**ということ。

④ わたしたちの感覚は視覚や聴覚などに分断されている**（「視覚、聴覚、触覚といった諸感覚に分断することはできない」と矛盾）**が、本来それらは相互に結びついて全身的な感覚として成立していたのであり、聴覚を中心とした諸感覚の総合**（「「聴覚」は「切り口」であって「諸感覚の総合」の「中心」ではない）**によって環境や景観をとらえなおすということ。

⑤ 聴覚的景観という言葉があるように、環境における聴覚的要素が最も重要なもの**（「「聴覚の優位」を説くものではない」と矛盾）**であるが、

それにとどまらず聴覚を切り口とした幅広い全身感覚によって、視覚に頼らず（**筆者は「視覚」を否定しているわけではない**）日常空間を体験することを取り戻すということ。

問３

設　問：傍線部の具体例を選択する問題

傍線部：言い換えれば、一見、音とは直接に関係のないように思われていたそのような諸領域におけるデザイン活動が、実は、都市の音環境のインフラを決定していることが明確に意識されるようになる。

◉傍線部の言い換えを確認する。

ⓐ：音とは直接に関係のないよう～な諸領域におけるデザイン活動

⬇（決定している）

ⓑ：都市の音環境のインフラ

ⓐ：土地利用計画や、造成・植栽計画といった「都市／環境レベルのデザイン活動」や、建築物の設計などの「施設レベルのデザイン活動」（9段落）

⬇

ⓑ：サウンドスケープの考え方では、**音環境の構成要素**として、そうした人工音ばかりでなく、**雨や風の音、動物や昆虫の鳴き声、地球規模の自然界の音から、人間の声、足音その他の活動の音**、都市のざわめきなど多種多様な音を含むことになる。（8段落）

◆右の関係から、ⓐ土地や建築に関するデザインがⓑ音環境（人工音・自然音・人間や都市の発する音などを含む）を「決定している」選択肢をさがすと、正解は①となる。

① 海岸を整備するにあたって、砂浜を中心とした海浜公園にした（＝ⓐ：**土地利用計画**）ところ、これまでと風景が一変しただけでなく、打ち寄せる波音やそこに集まる人の声などの音環境（＝ⓑ：「**波音**」→「**自然界の音**」、「**人の声**」→「**人間の声**」）まで変化することになった。

② 交通事故防止のため住宅地内の道路を走る自動車にきびしい速度制限（**土地や建築に関するデザインではない**）を設けたところ、～

③ 駅のプラットホームを改修するに際して、列車の発車合図をこれまでのベルによる合図から音楽によるものへと変更した（**土地や建築に関するデザインではない**）ことで、利用者からより快適に乗降できるようになった（**≠音環境**）と好評である。

④ マンション建設において～最近では居住空間の静けさが重要な要素となってきており、そのため機器による厳密な音響測定が必要とされはじめている（「**マンション建設**」が「**音環境**」を**決定したのではなく**、「**マンション建設**」に「**音環境**」の**厳密な測定が必要となっている**、という**内容になっており、傍線部の関係を反映していない**。また、「**機器による厳密な音響測定**」**が本文における**「**音環境**」**と関係ない**）。

⑤ 市の文化事業として郊外にコンサートホールを新設したことによって、市民がこれまで以上に音楽と親しむ機会が増えることになり、都市の音環境が大きく改善（「**音環境**」**のとらえかたが不適**。「**音楽と親しむ機会**」**ではなく、自然音等、音そのものの変化について述べるべき**）されることになった。

問4

設　問：本文全体の内容理解を踏まえた空欄補充問題

空欄部：このように［X］概念が、デザイン一般の領域に導入されることによって、あらゆるデザイン活動は、「［Y］デザイン」としての機能を併せもつことになる。

◉空欄部を含む段落の直前の11段落が具体例になっていることから、以下の「論―例―論」の関係に注目できればよい。

論＝デザインをめぐる諸領域にサウンドスケープの考え方を**導入**したとき～「音および音環境の**デザイン**」が自らの問題として浮上してくる

例（11段落）

論＝このように［X］概念が、**デザイン**一般の領域に**導入**されることによって、あらゆるデザイン活動は、「［Y］**デザイン**」としての機能を併せもつことになる。

◆右の関係から空欄Xに「サウンドスケープ」、空欄Yに「音環境」が入ることが理解できる。なお、空欄部を含む一文が「このように」から始まっていることから、この一文が本文全体のまとめになっていることを読み取ったうえで考えればより正解を導きやすかったと思われる。

第7章 「論」と「例」③

演習25 小林頼子『フェルメールの世界 17世紀オランダ風俗画家の軌跡』

正解　問1＝③　問2＝②

問1

設　問：空欄補充問題

空欄部：裁縫用クッションから無造作にはみ出し、のびた飴《あめ》のようになって滴り落ちる赤や白の糸が、［X］かのようだ。

◉空欄部自体が具体例になっているので、次の「論―例」の関係に注目する。

論＝仕事らしい仕事に携わる女

例＝フェルメール《レースを編む女》裁縫用クッションから無造作にはみ出し、のびた飴のようになって滴り落ちる赤や白の糸が、［X］かのようだ。

論＝レース編みをはじめとした針仕事は、一七世紀オランダで人気を呼んだ風俗画のテーマ

例＝ニコラース・マースの《針仕事をする女》

論＝女性が細かい手先の動き以外**何も見えず、何も聞こえずといった様子で仕事に没頭しているという点**では、フェルメール作品にきわめて近い。

◆右の関係から「フェルメール」と「ニコラース・マース」に共通する「**何も見えず、何も聞こえずといった様子で仕事に没頭しているという点**」

について触れている③が正解となる。

① 彼女の流れるような手さばきを表現している
② 彼女の作る製品の出来の良さを窺わせる
③ 彼女の忘我の状態を物語っている
④ 彼女の立場の不安定さを象徴している

問２

設　問：設問要求に対応する部分をさがし、そこから考える問題
傍線部：この種の針仕事に精を出す女性は、メッツー、ファン・ミーリス、ネッチェルらの風俗画にも繰り返し登場するが、その人気は、一体、一七世紀の若いオランダ女性の現実とどのように関連するのだろう。

◉傍線部の直後が具体例になっているので、次の「論―例」の関係に注目する。

論 ＝ 針仕事に精を出す女性は～風俗画にも繰り返し登場するが、その人気は、一体、一七世紀の若いオランダ女性の現実とどのように関連するのだろう。

例 ＝ ④段落　旧約聖書中の箴言・一六、一七世紀の女性教育論
⑤段落　ヤーコプ・カッツの道徳書『結婚』に掲載された一枚の版画・画家ユトワールが描いた娘エーファの肖像画

論 ＝ 一七世紀オランダ風俗画で針仕事をする女性のテーマが好まれたとしても、それは**必ずしも当時の女性の実態を反映するわけではなく、有徳の女性という望ましい女性像を視覚化した作品を市場が求めていたことの現れ**ということになりはしないか。

◆右の関係をまとめると次のようになる。

〈一七世紀オランダ風俗画で針仕事をする女性のテーマが好まれた〉
× 当時の女性の実態を反映
⟷
○ 有徳の女性という望ましい女性像を視覚化した作品を市場が求めていたことの現れ

つまり、一七世紀オランダ風俗画で針仕事をする女性の風俗画に人気があったのは、あくまでも**人々の理想**であり、それを**視覚化した絵画を市場が求めたことの現れ**であって、当時の女性を**あるがままに描いたものが好まれたというわけではない**、ということである。そのことを述べた②が正解となる。

① ～彼女たちの日常的な労働の現実が、～数多くの風俗画家の作品に格好の題材として反映されている。
② 針仕事をする女性か題材として好まれていたとしても、それは有徳の女性という、一七世紀オランダ社会における望ましい女性像を視覚化した絵画が人々に求められていたことの現れであって、必ずしも当時の女性の実態を語っているとは言えない。
③ ～一七世紀オランダ社会に生きる若い未婚の女性の学ぶ姿があるがままに描写されている。
④ ～裁縫や糸紡ぎが女子教育において重要な位置づけがなされていた一七世紀オランダ社会の道徳観のもと、それを視覚的に印象づけ、強調し、教化する役割をはたす題材（**あくまでも市場が求めたものであって、これらの絵画を用いて女性を「教化する」というものではなかった**）であった。

演習26　川勝平太『「美の文明」をつくる―「力の文明」を超えて』

正解　X＝⑥　Y＝④

設　問：空欄補充問題

空欄部：それゆえ［X］が不可欠になる。

市場調査とは消費性向、需要動向、購入意欲を調べるものであり、［Y］といってもよい。

◉Xについては空欄部の直後が具体例（海外向け輸出車の事例）になっているので、次の「論―例」の関係に注目する。

［論］＝それゆえ［X］が不可欠になる。
｜
［例］＝海外向け輸出車の仕様の違い
｜
［論］＝**市場調査**とは**消費性向**、**需要動向**、**購入意欲**を調べるものであり、［Y］といってもよい。

◆空欄Xは、「論」の部分の繰り返しから⑥「市場調査」が正解となる。

◉空欄Yは、その直前の「消費性向、需要動向、購入意欲」に注目して考える。すると、空欄部の直後の段落に注目できる。

生産は消費のためにあり、供給は需要を生むためにあり、販売は購入に支えられる。その点からすれば、**生産**・**供給**・**販売**は**消費**・**需要**・**購入**に［従属する］とすらいえる。［言いかえれば］、**経済**は**文化**に［従属する］。あるいは経済は文化のしもべであり、文化の発展に奉仕する活動といってもよいだろう。

［経済］＝生産・供給・販売
　＞従属する
［文化］＝消費・需要・購入

◆右の内容から「**消費**・**需要**・**購入**」＝「**文化**」という関係が理解できる。
したがって、空欄Yは、④が正解となる。

演習27　猪木武徳『自由の思想史』

正解　問１＝⑤　問２＝④

◉本文全体を確認すると次のような「論―例」の関係（1・2段落が「論」、3～8段落が「例」、9段落が「論」）が理解できる。

論―――例―――論

論＝日本にも**宗教と政治の厳しい対立**はあった。～ここでは「キリスト教と政治」という日本ではやや周辺的とも見える問題に限定し、「足尾銅山問題」をめぐるキリスト教徒の内村鑑三と、X に傾斜した田中正造の政治運動の協調と決裂についてふれておこう。

論＝（内村が）あくまで人間はひとつの超自然的目的のみを持っており、地上的な事柄としての政治はこの目的達成を容易にするための仕事に過ぎないと考えたところに、**政治と宗教の捉え方について田中正造との決定的な違**いがあったのだ。

◆右の関係から、本文が**内村鑑三と田中正造**における**政治と宗教の捉え方についての決定的な違い**について述べたものであることが理解できる。内村が**政治よりも宗教**を重視したのに対して、田中は**宗教よりも政治**を重視したという違いが読み取れれば良い。では、各設問を見ていく。

問１

設　問：空欄補充問題

空欄部：ここでは「キリスト教と政治」という日本ではやや周辺的とも見える問題に限定し、「足尾銅山問題」をめぐるキリスト教徒の内村鑑三と、X に傾斜した田中正造の政治運動の協調と決裂についてふれておこう。

◉田中正造が傾斜し、内村鑑三と対立した「政治運動」を考えれば、7段落に注目できる。

社会主義に対しては「キリスト教無しの社会主義は最も醜悪なる君主主義よりも危険なり。社会主義奨励すべし、しかれどもこれをキリスト教的に奨励すべし～」と内村は考えていた。

◆ここから、内村が批判していたのが社会主義であることが理解できる。したがって、正解は⑤となる。これ以外の点について、内村が批判していたという内容は読み取れない。

問２

設　問：傍線部の内容説明

傍線部：両者の対立点はどこにあったのか。

◆冒頭の「論―例」の関係で確認したとおり、政治と宗教の対立について述べている選択肢④が正解となる。

①　内村は足尾の被害地を訪れながらも聖書の研究に没頭していた×（**これでは内村が鉱毒問題を無視していたことになる**）が、～

②　内村は足尾の惨状に怒りを覚え広くメディアに訴えて正義を求めてい×

たが、田中は地元の運動の代表者として明治天皇に直訴するなどの直接行動をとっていた（**「メディア」か「直接行動」かの方法の問題ではなく、「宗教と政治」の問題**）。

③　～田中は政治を超えたところに鉱毒問題の解決策があると考えていた。

④　内村は鉱毒問題においても宗教によって追求される超自然的目的を想定していたが、田中は鉱毒問題を現実の政治的問題としてとらえ国家に対峙していた。

⑤　内村は鉱毒問題の解決につながる社会改良の最良の方法を考えていた（**「宗教」が抜けている**）が、田中は、主義主張ではなく社会の中での行動こそが解決策（**「主義主張（観念）」か「行動（実践）」かの問題ではなく、「宗教と政治」の問題であった**）だと考えていた。

演習28　森本哲郎『サムライ・マインド』

正解　**問1**＝④

問2＝労働を免れて徒食している自分の立場を反省している点。

※「反省」の語が入っていること

※「（労働を免れて）徒食」もしくはそれに類する語が入っていること

※「（自分の）立場／本分」の語が入っていること

問1

設　問：空欄補充問題

空欄部：ここから素行の、武士の本分についての X が展開されていくわけである。

◉空欄部の直前が引用になっているので、次の「論―例」の関係に注目する。

論 ＝「武士道」とは、おのれの本分に関するサムライの〝**反省**〟によって生みだされたのだ。

例 ＝ 山鹿素行『山鹿語類』（巻第二十一）

論 ＝ ここから素行の、武士の本分についての X が展開されていくわけである。

◆右の関係から、「反省」を含む④が正解となる。④以外には「反省」に相当する内容が入っていない。

問2

設　問：「共通点」についての説明問題

◉**山鹿素行と白楽天について書かれた「論」の部分に注目し、それらの共通点を考えていく。**

Ⅰ：**山鹿素行**

論——例——論

＝「武士道」とは、**おのれの本分に関するサムライの〝反省〟**によって生みだされたのだ。

＝ここから素行の、武士の本分についての X（＝反省と考察）が展開されていくわけである。彼が何より忸怩《じくじ》たる思いにかられたのは、**「徒食」ということ**であった。

⬅「論」の部分をまとめると次のようになる。

a：「**徒食**」に対するおのれの**本分**に関するサムライの**反省**

Ⅱ：**白楽天**

論——例——論

＝官にある**自分の立場**をつくづく**反省**させられるのである。

＝彼は、目の前で汗をたぎらせて働いている農民の姿に打たれ、そのような**労働を免れていながら、彼ら以上に禄を得ている自分**を～心の中で責めずにはいられなかったのである。

⬅「論」の部分をまとめると次のようになる。

b：**労働を免れていながら、彼ら（農民）以上に禄を得ている**自分（役人）の**立場**を**反省**

◆右のa・bについて、「反省」「徒食」「本分／立場」の語を中心にまとめればよい。

第⑧章 対比③

演習29　池内了『物理学と神』

正解　問１＝④　問２＝①

問1

設　問：傍線部の内容説明問題

傍線部：ならば、太陽系の中心にいたがるようなケチな神ではなく、より広い星の世界全体を統括する神こそが、完全なる存在としてふさわしい。

◉**傍線部を含む一文の前後の対比関係を確認する。**

⬅人々の宇宙観…太陽系から無数の星が散らばる星界へと一挙に拡大

（ならば）

神
× 太陽系の中心にいたがるようなケチな神
⟷ ではなく
○ より広い星の世界全体を統括する神

◆右の対比関係から、「より広い星の世界全体（＝「無数の星が散らばる星界」）を統括」**しようとせず**、「（狭い）太陽系の中心にいたがる」存在について言及しているものをさがす。したがって、④「野心のない」が正解となる。

問2

設　問：空欄補充問題

空欄部：「自然についていえば、これは容赦なく［X］であり」、「この点は、文字通りの意味とはいくらか異なる解釈がありうる『聖書』とは違っている」として、自然研究こそ神の証明にとって重要であると説いたのだ。

◎空欄部を含む一文の対比関係を確認する。

［自然］…容赦なく［X］であり、
⟷ 違っている
［聖書］…文字通りの意味とはいくらか異なる解釈がありうる

◆右の対比関係から、「**いくらか異なる解釈があり**」**えない、つまり、解釈がつねに一定である**、という内容となる選択肢をさがす。したがって、①「不変なもの」が正解となる。『聖書』は「文字通りの意味とはいくらか異なる解釈がありうる」のに対して、「自然」は「容赦なく不変なもの」であるからこそ、「自然研究こそ神の証明にとって重要である」という結論に至るのである。

演習30　堀武昭『世界マグロ摩擦！』

正解　**問1**＝経験則　**問2**　ア＝自然環境との共生関係　イ＝破壊

問1

設　問：傍線部に関連する内容の抜き出し問題

傍線部：これは逸話のレベルの話であって科学的ではないと一笑に付すのであった。

◎設問文に「『科学的』でない観察」とあるので、この「**観察**」と「**科学**」との対比に注目する。また、問われているのが傍線部自体の言い換えではなく「導くもの」になっていることにも注意する。

このいかにも女性らしい、きめこまやかな観察を聞いたオーストラリア人学者は、これは逸話のレベルの話であって科学的ではないと一笑に付すのであった。そして**真の科学**は、すべての条件、問題をまず想定し、統計、データを駆使したうえで結論づけられるものである、と誇らしげに断定し彼女を子供扱いした。**しかし**、二四〇〇年前、ギリシャに生まれた哲学者アリストートルはすでにウニの卵巣が月の満ち欠けと密接に関連していることを**観察**している。ただそれが科学的に完全に証明されるには近代まで待たねばならなかっただけで、だからといって**経験則**が**科学**に劣るということはいえまい。

［科学］
⟷
［観察］…**経験則**が**科学**に劣るということはいえまい

◆右の対比関係から「観察」を通じて得られるものが「経験則」だと理解できる。

問２

設　問：傍線部に関連する内容の抜き出し問題

傍線部：遠洋漁業や、大規模な延縄《はえなわ》漁業、あるいは畜養は、その意味で、彼女の訴えるエコ・システムとはもっとも相容《あいい》れない関係にある。

◉傍線部の直後に「相容れない関係」という対比関係につながる表現がある。ここから「**遠洋漁業や、大規模な延縄漁業、あるいは畜養**」と「**エコ・システム**」との対比に注目する。

それはまた、島の人々の生存を永続させるため、長年にわたって観察され、語り継がれてきた**エコ・システム**、すなわち**島とそれを取り巻く自然環境との共生関係**なのだ。大規模に獲って売る遠洋漁業とはまったく縁のない採取漁法が、じつは根源的な漁業のはじまりであることを、彼女はわれわれにいみじくも教えている。遠洋漁業や、大規模な延縄漁業、あるいは畜養は、その意味で、彼女の訴える**エコ・システム**とは**もっとも相容れない**関係にある。

エコ・システム
島とそれを取り巻く自然環境との共生関係
⟷
遠洋漁業・大規模な延縄漁業・畜養（近代的なシステム）
〔　？　〕

◆右の対比関係から「遠洋漁業」等が「島とそれを取り巻く自然環境との共生関係」と「もっとも相容れない関係」にあると理解できる。この言い換えとして２段落「集落の**エコ・システム**を〜**破壊**していた」に注目できればよい。

演習31

網野善彦『中世的世界とは何だろうか』

正解　**問１**　X＝③　Y＝③　**問２**＝③　**問３**＝②　**問４**＝②・⑤

◉**「日本は島国」という見方」つまり「常識」を批判する筆者の主張に対する理解を問う問題。**

「日本は島国」という見方
・日本を周辺地域から孤立したものと見る
・列島をとりまく**海**を、**人と人とを隔てる**役割を果たすものとしてとらえる
・現在の国境をそのまま過去に投影
・「日本は島国」という見方と表裏をなす、「瑞穂国《みずほのくに》日本」を基調とした従来の日本文化論、水田稲作をもっぱら日本社会の基礎と見る「通説」
・単色で日本文化を染め上げ、[C]日本人の生活をぬりつぶそうとする
⟷
筆者の主張
・あまりにも[A]当たり前の事実を無視
・日本国内の島々の間の**海**は、**人と人とを結びつける**
⬇海の Y な役割
・「日本は島国」ときめこむ「 X 」を捨て去るところから出発しなくてはならない
⬅この立場に立ったときにはじめて
・海に生きた人々――列島の島々を結び、それを大陸に結びつけた、海を旅する人々の姿

例：宮本常一氏が目ざした「海から見た日本文化論」

⬅

・これまでとはかなり異なる日本史像

⬅

・列島の内部を旅する人々、商工民、芸能民など、さまざまな遍歴民の役割の追究

・定住的な農業民とは異質な遍歴民の生活のあり方は、日本の社会と文化に、無視しがたい意味を持っていた

問1

設　問：空欄補充問題

空欄部：学問的な根拠のない偏った「X」にすぎない、「日本は島国」ときめこむ「X」を捨て去るところから出発しなくてはならない。

海の Y な役割は顧みられることきわめて少なく、

X：「学問的な根拠のない偏った「X」にすぎない」「「日本は島国」ときめこむ「X」を捨て去る」という筆者の否定評価が根拠。選択肢の中で否定評価にふさわしいのは③「**俗説**」のみ。

Y：Y に入るのは筆者の海についての考え方なので肯定評価の語が入る。選択肢の中で肯定評価にふさわしいのは③「**積極的**」のみ。

問2

設　問：傍線部の内容説明問題

傍線部：「日本は島国」という主張は、あまりにも当たり前の事実を無視し、

◉**筆者の批判する「日本は島国」という見方が「無視」**してきたものなので、**筆者の主張に近いものが正解となる。**具体的には**「人と人を結びつけ」る「海の積極的な役割」**について述べている選択肢をさがす。

① 日本では昔も今も国境が意識されておらず**（本文に書かれていない）**、海を渡って他民族との行き来が盛んであるということ

② 沖縄と台湾**（沖縄と台湾の関係に限定している点で不適当）**とは至近距離ではあるが、民族も異なることもあって、その関係ははっきり区別されたということ

③ 島々をとりまく海は人と人とを結びつけることはあっても、決して島と島とを分断するものではないということ

④ 海にへだてられれば、そこには自ずと断絶ができ**（筆者の主張と反対）**、国境も海を境にする場合が多いということ

⑤ 日本国内の島々の間の海は人と人を断絶する**（筆者の主張と反対）**が、外国との間の海は人と人とを結合するということ

問3

設　問：傍線部の内容説明問題

傍線部：これまでとはかなり異なる日本史像が浮かび上がってくる

◉「これまでとはかなり異なる日本史像」とあるので、**筆者の主張に近い選択肢**が正解となる。

① 定住的な農業民とは異質な、海を旅する遍歴民の生活のあり方は、日本列島の諸地域を細かく結びつけていく役割を果たし得なかった。**（最終段落と正反対）**

② 日本列島各地で海上を行き来する人々がいて、古くから大陸や北方・

南方の島々との交流があった。

③「島国根性」を国際的視野が欠けていると批判する一方、日本文化の個性は「島国」なるが故に育まれたと讃美した。**（いずれも「日本は島国」という見方）**

④中世都市においては、定住的な農業民**よりも**、道々の者といった遍歴民の影響力が強かった**（このような比較は本文中にない）**。

⑤水田稲作をもっぱら日本社会の基礎と見る、「瑞穂国日本」を基調とした日本文化論**（「日本は島国」という見方）**の正しさを確認できた。

問4

設　問：傍線部の内容説明問題

傍線部：その単色で日本文化を染め上げ、日本人の生活をぬりつぶそうとすることの誤り

◉傍線部直後に「誤り」とあるので、「**「日本は島国」という見方**」に近い選択肢が正解となる。

①日本を遍歴民と定住民の混在する国ととらえること**（これは筆者の主張）**

②日本を稲作文化の国ととらえること

③東西の区別をつけない**（ここでの「ぬりつぶそうとする」は、日本を稲作を社会の基礎とする島国とのみ考えることであって、東西の区別は関係ない）**で全体を俯瞰《ふかん》すること

④支配者が稲作による徴収で国家を維持すること**（「支配者」の国家維持体制は問題となっていない）**

⑤海の役割を無視して日本を孤立した島国とすること

演習32　岡部勉『合理的とはどういうことか』

正解　問1＝自分の考え～に行為する（能力）　問2＝④

問1

設　問：傍線部についての具体例を抜き出す問題

傍線部：この場合、自然的存在～としての成熟と人間としての成熟を区別した方がよいと思います。

◉傍線部直後の**対比関係を整理**すると次のようになる。

本当にいろんな可能性を持って生まれてくる＝「自然的存在」

⟷

実際に使える能力として実現できる能力＝「人間」

・ごく限られているし、実現するのに、ひどく時間がかかる

・自分の考えに従って、目的の実現を目指して意図的に行為する能力というのも、**実現可能な能力の一つではある（＝「人間」の能力の「一例」であるということ）**

◆右の関係から「自分の考えに従って、目的の実現を目指して意図的に行為する（能力）」が正解となる。

問2

設　問：傍線部の説明問題

傍線部：私たちが自分の弱さを認める、規範性を意識するというのは、一言で言ってしまうと、合理性に対する社会的要求に応えようとすることだと思います。

◉最後の段落の**対比関係を整理**すると次のようになる。

自然的成熟
・目指す意識のようなものは特に必要ない
・目指す自然的な仕組み（遺伝子的・自然的なできあいの仕組み）というものがすでにでき上がっている

⟷

人間的な成熟
・意識することがどうしても必要になる
・自分からそうする以外にないという意味で自発的なもの
・一人ひとりが自ら、自分で答えを出す以外にない問題

◆右の関係から「自分からそうする〜という意味で自発的なもの」「一人ひとりが自ら、自分で答えを出す」という内容になっている④が正解となる。

① 社会全体ができる限り無駄な行為をなくそうとする時、人がその努力に応えようとする（**社会全体の努力に応えようとすることは、ここでの「自発的なもの」ではない**）こと。

② 社会がその構成員全員に課す様々な法律や条例をきちんと遵守しようとすること。

③ 人が自分の弱さを認めた上で、自分にできる範囲で社会に貢献しようとすること。

※直前の「自分の弱さを認める」と同内容を含む典型的なひっかけ。「自分にできる範囲で」というのと「自分からそうする〜という意味で、自発的なもの」「一人ひとりが自ら、自分で答えを出す」とは違う。

④ 人が社会的存在として守るべき正しい振る舞いを自ら身につけようとする（**これが本文における「自発的なもの」**）こと。

⑤ あらゆる道徳を守らなくてはならないという社会からの要求に人が服従しようとすること。

第⑨章 一体性・類似性

演習33 平山郁夫『絵と心』

正解 ④

設問：内容合致問題

◉傍線が付されていない問題につき、全体の論旨を確認しておく。

1段落 画家の創作にとっていちばん大事なことは、何を主張していくか、ということ

2段落 〈一般論〉（一般的に絵を描くことが好きで上手な人の場合）

3段落 〈主張〉（画家の場合）

技術と、その人個人の**思想的なもの**とのバランスが大切になってくる。

難しいことだが、**技術**を身につけながら、自分の**芸術観**も養っていくというふうに、同時進行していくことが大事だ。

4段落 いったん、画家の中で**芸術観と技術の連動**が起こってくると、描くべきものが何かはおのずとわかってくる。そこに**独創性**も表れてくる。

5段落 作品が**独創的**で、**オリジナリティー**をもっているということは、それを描いた画家が**優れた芸術観の持ち主**であり、芸術に対して、自然に対して、人生に対して、**独自の展望をもって制作をしている**ということだ。

〈画家〉
技術
＋（バランス・連動）
思想的なもの・芸術観
⬅
独創性・オリジナリティー

◆要するに、画家とは、単純に絵画の**表現技術**があるだけではなく、それに**「思想的なもの」「芸術観」**を合わせ持った存在であり、そこに**「独創性も表れてくる」**というわけである。以上の内容について述べている④が正解となる。

①　画家をめざすには表現技術の勉強が大切だと思われがちだが、まずは自分の思想や芸術観を養うことが先決（**「芸術観と技術の連動」と矛盾する**）である。

②　作品にオリジナリティーがあったとしても、その画家に優れた芸術観があるとは限らず（**「オリジナリティーをもっているということは～優れた芸術観の持ち主」と矛盾する**）、慎重な見極めが必要である。

③　優れた画家というものは、具体的な主張をもって絵を描くという姿勢を生まれながらに身につけていることが多い（**「どんな画家でも、最初から具体的な主張をもっているわけではない。それは生涯をかけて追求していくものである」と矛盾する**）。

④　画家の創作における独創性は、自らの芸術観と表現技術とのバランスのよい連動が起こって初めて生まれてくる。

⑤　自然や世界、歴史、人生に対する洞察や解釈を深めていくと、おのずと画家としての表現技術も身につく（**「表現技術」は「おのずと」身につくものではない**）ものである。

演習34　柏端達也「考えるってどうすればいいの？」

正解　**問1**＝④　**問2**　B＝⑩　C＝⑦　D＝③　**問3**＝⑦

問1
設　問：傍線部の内容説明問題
傍線部：まだある。

問2
設　問：傍線部についての具体例を選択する問題
傍線部：いろいろなものが、知らないうちに考えを左右し、その多くは自分自身の内側にある。いくつかは思考の不可欠な前提を構成しているから、～

◉**Ⅳ・Ⅴ段落が「先入観」についての内容であることに気づけば、次のような構造が理解できる。**

「先入観」
＋　**まだある**
「自分の信じたい内容の事柄を～より真実らしいと思ってしまう」
＝「願望」

ここで、「先入観」がどのようなものであったかを確認すると、Ⅳ段落冒頭に**「先入観は、気づかないうちに人々の思考の幅を狭める」**とある。ちなみにⅢ段落では「身体の妙な向きは、考えの内容に関係なく考えを妨げる」「雑音のいくつかは、～明白に思考の邪魔をする」とある。これらから、「身体の妙な向き」「雑音」「先入観」「願望」が**「思考の邪魔をする」**ものだと理解できる。したがって、問1は④が正解となる。

次に、問2であるが、傍線部を確認すると次のようになる。

> B いろいろなものが知らないうちに考えを左右
> C その多くは自分自身の内側にある
> D いくつかは思考の不可欠な前提を構成している

B 「考えを左右」するつまり〈思考に影響を与える〉ものだから、先に確認した**「身体の妙な向き」「雑音」「先入観」「願望」**を含む⑩が正解となる。

C Bのなかで「自分自身の内側にある」のは「先入観」「願望」。よって⑦が正解となる。

D 「思考の不可欠な前提を構成」しているのは、V段落より「先入観」のみ。よって③が正解となる。

問3

設　問：論旨の構造の問題

「本文全体の論旨の展開に影響しない」段落だから、具体例を含む段落をさがせばよい。すると、Ⅰ・Ⅱ・Ⅳ・Ⅵ・Ⅶに絞りこむことができる。Ⅰ段落やⅡ段落を省略するとⅢ段落の内容が唐突なものになってしまう。何の前置きもなく、「身体の妙な向き」「雑音」が突然出てくるのは「本文全体の論旨の展開に影響しない」とは言えない。また、Ⅳ段落には、飛行機の座席に関する具体例が出てくるが、この段落は冒頭に「先入観」についての記述があり、これも省略することはできない。Ⅵ段落は、それまでの「先入観」に加えて「願望」を示す働きをしているので、これを省略すると展開が唐突なものになる。最後にⅦ段落であるが、これはⅥ段落で示された「願望」についての付随的な説明と「紫鏡」の具体例のみで構成されている。したがって、この段落を省略しても「本文全体の論旨の展開に影響しない」と言えるであろう。

演習35　室井尚『哲学問題としてのテクノロジー』

正解　②

設　問：傍線部の理由説明問題

傍線部：このような脱人格化されたシステムとしての知識は、機械の時代にちょうど呼応している。

Ⅰ　**〈何と何が「呼応」している？〉**

このような脱人格化されたシステムとしての**知識**
≒
機械の時代

⬅　さらに詳しく確認する

知識
「このような」から前の部分を確認すると二段落前に**「「科学」（Science）と呼ばれるこの新しい知識構造」**とある。

機械の時代
「機械」については、冒頭の「産業革命以降のテクノロジーは「機械」によって特徴づけられる」に注目できればよい。

◆以上から「「科学」と呼ばれる知識」と「産業革命以降のテクノロジー（の時代）」が「呼応」していると理解できる。これらに共通点があるから「呼応している」というわけである。

Ⅱ　**〈共通点は？〉**

まず、傍線部の直後に注目できる。

そこで実際に知識を支配しているのは人間ではなく、言説の機械状ネットワークなのである。つまり、ちょうどさまざまな**機械が接合しながら工場における一つの生産ラインを作り出していく**ように、**部分的に専門分化したさまざまな〈専門知〉が、一つの目的の中で接合することによって、全体的に巨大で人間の身体を超えた知識システムを作り出していく**のだ。

また、傍線部より前にも同様の内容が書かれている。

「科学」と呼ばれる知識
そこでは、**言説は複雑な相互言及の森の中でほとんど自動的に進行していき、一人一人の主体は常に加速度的に増大する知識の一部分にしか関与できない**。

産業革命以降のテクノロジー
技術はここで**人間主体から切り離され、ひとつの自律的で自動的な外的システム**へと変容することになった。

◆右の内容から、以下のような類似・共通性が確認できる。

ｉ：自律的・自動的な（知識・製品の）生産
ⅱ：人間の身体を超えたシステム
ⅲ：外的システム

以上の解答条件を満たす②が正解となる。

① 科学が生み出す知識構造が新たな機械状ネットワークを次々に生み出し続けているという点において、複雑に絡み合う「樹木型」の知識と産業革命以降の機械が共通しているから。

※「知識（科学）」が「機械」を「次々に生み出す」ことが共通点ではない。

② 「科学」と呼ばれる知識構造と機械が象徴する産業革命以降のテクノロジーが、ともに人間主体から切り離された、自律的かつ自動的な外的システムを作り出している点で共通しているから。

③ 個々の論文や書物の理解が不可能であることと、機械の複雑な構造の理解が不可能であることが、だれもその全体像を捉えられない巨大で怪物的なシステムを作り出している点で共通しているから。

※〈何と何が〉が不適。

④ 人間の身体を超えた科学の知識システムと人間の身体抜きで生産を可能にする産業革命以降の機械システムが、ともに真理や進歩、理想のために人間を排除している点で共通しているから。

※「真理や進歩、理想のために人間を排除している」ことが共通点ではない。また、〈i・iii〉が抜けている。

⑤ 言説のネットワークの中で個々の論文や書物の知識が別の論文や書物の生産につながるように、工場のネットワークの中で機械の生産が他の製品の生産につながる点で両者が共通しているから。

※〈何と何が〉が不適であるし、共通点についても〈ii・iii〉が抜けている。

演習36　富永茂樹『都市の憂鬱』

正解　問1＝再読と記述の追加　問2＝②

問1

設問：「日記という作業の基本」を抜き出す問題

傍線部：つまり保存という作業の基本を忠実に守っているわけである。

◉傍線部の直前が「ジャム」の具体例になっていることに気が付けば、第1章などで学習した「論―例」の関係に注目できる。

論＝保存するということは、その**保存したものを将来いつか取り出してくる**のを前提としている

例＝ジャムの例

論＝つまり保存という作業の基本を忠実に守っているわけである

◆右の関係から、「保存したものを将来いつか取り出してくる」という内容が理解できるが、これでは「十字以内」という設問条件に合わないし、「日記という作業の基本」とも言えない。そこで、同じ内容で十字以内の語句をさがすと、前の段落の「ある種の人びとにとって、日記はただ毎日つけるだけでは十分ではない。それを**繰り返し読み、かつ意見を追加してゆかなければいけない**のだ。**再読と記述の追加**とは、**日記を書くという行為の何か本質的な部分につながっている**。」に注目できればよい。「将来いつか取り出してくる」に相当するのが「**繰り返し読み、かつ意見を追加して**」ゆくこと、つまり「**再読と記述の追加**」であり、これが「**日記を書くという行為の何か本質的な部分につながっている**」とある。

以上から、正解は「再読と記述の追加」となる。

問２

設　問：傍線部の内容説明問題

傍線部：収集がただの趣味以上のものとして広く行われるようになるのも、おそらくはブルジョワ社会においてのことであって、ここでも同じ原理が作動しているはずである。

◉「同じ原理」とあるので、類似・共通性に注目して考える。

Ⅰ **〔何と何が「同じ」？〕**

「ここ」でも「？」と同じ「原理」が「作動」している←「ここ」と同じ原理が作動しているのは何であろうか？　傍線部の直前を確認する。

言いかえれば、**自己の内面を日記に綴《つづ》るということは**、自己を一種の財と見なして蓄積することであり、それは一方で資本主義、他方で個人主義という、ともに近代ヨーロッパの根幹をなすとも言うべき考え方の成長をまってはじめて現実のものとなった。**収集がただの趣味以上のものとして広く行われるようになるの**[も]、おそらくはブルジョワ社会においてのことであって、ここでも同じ原理が作動しているはずである。

◉「日記」と同じ原理が「収集」においても作動していることが理解できる。

> 「日記」
> ≒
> 「ここ」＝収集（趣味以上のもの）

Ⅱ **〔共通点は？〕**「日記」と「収集」の共通点を考える

> 「日記」…**「資本主義」「個人主義」**の成長による
> ≒
> 「収集」…「同じ原理」＝**「資本主義」「個人主義」**

◆右の内容から、**「日記」**と**「収集」**において**「資本主義」「個人主義」**という「原理」が「作動」している、という内容の選択肢をさがせばよい。設問条件（何について、どのような「原理」が「作動」しているのか）に当てはめて言い換えると、「収集」について、「日記」と同じ「資本主義」「個人主義」という「原理」が「作動」している、ということである。いずれにせよ、**「日記」「収集」「資本主義」「個人主義」**のすべてについて言及している選択肢②が正解となる。

① 近代ヨーロッパにおいて蓄財の精神が働いているのと同じように、ブルジョワ社会においても、財の蓄積を尊ぶ資本主義の原理が働いているということ。**（「日記」「収集」「個人主義」への言及がない）**

② 自己の内面を日記に綴る営みの背景に資本主義と個人主義の成長という原理が見られるように、趣味の域を超えた収集活動の広がりにもそのような背景があるということ。**（「日記」「収集」「資本主義」「個人主義」すべてに言及）**

③ 収集はただの趣味以上のものであるが、収集活動と趣味活動の双方に、ブルジョワ社会を支える資本主義と個人主義の原理が働いているということ。**（「日記」への言及がない）**

④ 資本主義と個人主義という二つの原理が近代ヨーロッパの基本的な精神を形成したように、その二つの原理が同じようにブルジョワ社会を形成したということ。**（「日記」「収集」への言及がない）**

⑤ 日記の発達の起源に財の蓄積という商業活動の原理があったように、収集活動が趣味以上のものとなっていくのも商業活動のためであるということ。**（「個人主義」への言及がない）**

第10章 「論」と「例」④

演習37 鷲田清一『しんがりの思想』

正解 ④

設問：傍線部の説明問題

傍線部：市民が「顧客」という受け身で無能力な存在に成り下がっている。

◉傍線部の直前が引用になっているので、次の「論－例」の関係に注目する。

論＝わたしたちは**いのち（《いのちの世話》）をシステム（行政や企業）にあずけすぎてきた**

例＝引用

論＝わたしたちの生活が～サービス・システムの恩恵をこうむるなかで～「顧客」という受け身で無能力な存在に成り下がっている。

➡こういう苦々しい事実に～深く関連している

中間集団の空洞化という事態

（※これ以降は、傍線部の背景にある「中間集団の空洞化という事態」について述べられているので、傍線部「『顧客』という受け身で無能力な存在」についての説明になっておらず、解答根拠にはならない。）

◆解答要素

ⓐ：**いのち（《いのちの世話》）をシステム（行政や企業）にあずけすぎてきた**

ⓑ：「顧客」のニュアンスへの言及

① 支配者層がテクノロジーの可能性を過信しているために、個人が持つ意思や能力が十分に引き出されることなく放置されていること。

② 国家や権力者の方針に対して、日頃から追随的に賛同しているために、自身にとって不都合な事態が発生しても異議申し立てができないこと。

③ 政治・経済・文化といったあらゆる分野において、民主化を伴わない大衆化が進んだために、個人が意思表示を行うことが困難になったこと。

④ 直面する課題に対して、自身で解決をすることなく、金銭の支払いによって（**＝「顧客」**）行政や企業のサービスに依存する（**＝「あずけすぎ」**）ようになってしまったこと。

⑤ 近代において都市化に伴う社会の流動性が加速したことにより、生産者の側に位置していた人々が、急速に消費するだけの存在になったこと。

※正解以外の内容は本文に書かれていない。

演習38　寺田寅彦「蓄音機」

正解　②

設　問：理由説明問題

傍線部：のみならず少なくとも私にはこの偶然の合致が何事かを暗示する象徴のようにも思われる。

◉傍線部の直後が具体例になっているので、次の「論－例」の関係に注目する。

論＝のみならず少なくとも私にはこの偶然の合致が何事かを暗示する象徴のようにも思われる。

例＝（蓄音機の改良の歴史）

論＝蓄音機の改良進歩の歴史もおもしろくない事はないが、私にとっては**私自身と蓄音機との交渉の歴史**のほうがより多く痛切で忘れ難いものである。

例＝（中学校時代のエピソード）

論＝私はその瞬間に経験した不思議な感じを三十年後の今日でもありありとそのままに呼び返すことができるように思う。業に疲れ生に倦《う》んだ時に私はいろいろの形式でいろいろの「高い山から」を歌う。そうして**新しい勇気と希望を呼び返す**のである。

◆右の関係から「**私自身と蓄音機との交渉の歴史**」と「**新しい勇気と希望を呼び返す**」に注目できればよい。なお、傍線部の「この偶然の合致」とは以下の通りである。まず「エジソンの蓄音機の発明が登録された」一八七七年は「ちょうど西南戦争の年であった」とある。さらに4段落冒頭に「西南戦争に出征していた父が戦乱平定ののち家に帰ったその年の暮れに私が生まれた」とある。以上から、**「エジソンの蓄音機の発明が登録された」ことと筆者の誕生**がほぼ同時期であったことが理解できる。

したがって、蓄音機と筆者の「交渉の歴史」について触れており、さらに筆者が蓄音機を通じて「業に疲れ生に倦んだ時」でも「新しい勇気と希望を呼び返す」ようになったことについて触れている②が正解となる。

①　自分の生年と時を同じくして発明された蓄音機のたどった改良の歴史は、物理学者としての自己の運命を暗示するもの（**「蓄音機」が「物理学者としての自己の運命を暗示」したわけではない**）として、自身にとって身近なものと感じられたから。

②　自分が生まれたのと同時期に発明された蓄音機の歴史（＝**「私自身と蓄音機との交渉の歴史」**）が、他の西洋文明の移入物と同様に日常生活にも密接なものとして普及したが、そこには自己の精神的な成長の歴史も刻まれている（**蓄音機を通じて「業に疲れ生に倦んだ時」でも「新しい勇気と希望を呼び戻す」ようになった、つまり精神的に成長したというわけである**）から。

③　自分が蓄音機の発明されたのと同じ頃に生まれたという偶然が、蓄音機への思い入れをいっそう深いものとし、科学者としてその改良の歴史にさまざまな示唆を受けてきた（**蓄音機の「改良の歴史にさまざまな示**

唆を受けてきた」わけではないし、後半のエピソードも「科学者」に限定したものではない）から。

④　西南戦争の年に蓄音機が発明されたことは、西洋と日本との文明の発達段階を端的に示す指標となり、両者を引き合わせるかたちで近代日本における文明開化の歴史を見ていたから。

※**「私自身と蓄音機との交渉の歴史」にまったく触れていない。**

⑤　西南戦争が日本の近代化に及ぼした影響と蓄音機の普及は、一見無縁のように見えるが、両者から社会や科学の発展には既存の権力や権威を相対化することが重要であると学んだから。

※**蓄音機を通じて得たのは「新しい勇気と希望を呼び返す」ようになったことであって、「権力や権威」の「相対化」ではない。**

演習39　服部幸雄「蜷川幸雄演出の『四谷怪談』」

正解　**問1＝①　問2＝④**

問1

設　問：空欄補充問題

空欄部：蜷川幸雄の『四谷怪談』が構築した劇構造の基本はこの［X］舞台の仕掛けにあった。

◉空欄部の直後が具体例（「三つの問題提起」）になっているので、次の「論―例」の関係に注目する。

論＝蜷川幸雄の『四谷怪談』が構築した劇構造の基本はこの［X］**舞台の仕掛けにあった。**

論―例―論

＝回り舞台とその奈落を同時に見せる**意表を突いた舞台の設営**が蜷川版『四谷怪談』の突出した個性であり、この芝居を成功させた原点だったと言っていいと思う。

◆右の関係から①「大胆な」が正解となる。他はいずれも「意表を突いた」に合わない。

問2

設　問：傍線部の内容説明問題

傍線部：原作に忠実に、丁寧な演出をすると、奥にあって気づかなかったものがいろいろと見えてくる。

◉傍線部の直前が具体例（蜷川の具体的な演出内容）になっているので、次の「論―例」の関係に注目する。

論＝南北の戯曲が**全体としてすぐれた構成を備え、現代性を主張している**のを発見したのは、歌舞伎よりも現代演劇の人たちだった。むろん蜷川演出もその線上にある。蜷川は〜江戸時代に作られた鶴屋南北の戯曲をそのまま使って、**まったく別の現代演劇を創造しよう**というのである。

例＝江戸時代の精神状況＋目についた演出

論＝**原作に忠実に、丁寧な演出**をすると、奥にあって気づかなかったものがいろいろと見えてくる。

◆右の関係から「**原作に忠実に、丁寧な演出**」によって「奥にあって気づかなかったもの」つまり南北の原作が「**全体としてすぐれた構成を備え、現代性を主張している**」ことが理解できるのであり、そこに蜷川の「江戸時代に作られた鶴屋南北の戯曲をそのまま使って、まったく別の**現代演劇を創造しよう**」という思いが見えてくるわけである。以上の内容を踏まえた④が正解となる。

① 原作の場面に込められた意図を故意に無視した現代演劇の欠陥×（「**現代演劇」は原作の「現代性」を発見した**）

② 原作と異なる演出×（**直前の「原作に忠実に」と反対**）によってより深く理解できる物語と展開×

③ 原作が内包する若者たちの政治批判精神や愛憎のドラマ×（**部分的な具体例にとどまる**）

④ 原作のもつすぐれた構成力○とそこに内在している現代性○

⑤ 原作の正確な再現から生まれる江戸時代の侍や町人の世界×（**×「現代性」**）

演習40　田坂広志『複雑系の知―二十一世紀に求められる七つの知』

正解

問1　A＝複雑系としての世界を理解する
B＝社会の全体を、ありのままに観察し、その本質を直接的に把握する洞察や直観

問2＝③

問1

設問：傍線部の内容説明問題

傍線部：通常、こうした方法においては、観察という行為そのものに、かならず、なんらかの考えが生まれてしまい、その結果、予断や先入観が入ってきてしまう。。

◉**傍線部までの「論―例」の関係に注目する。**

論＝複雑系としての世界を理解する
⬅ため
「洞察」や「直観」という方法
＝
社会の全体を、ありのままに観察し、その本質を直接的に把握する洞察や直観という方法

例＝タウン・ウォッチング／文化人類学

論＝こうした、**社会や市場などの全体を、ただありのままに観察し、その本質を直接的に把握する洞察や直観**という方法
➡
通常、こうした方法においては、〜

◆以上の内容と設問条件から、「こうした方法」とは「複雑系としての世界を理解する」ための「社会の全体を、ありのままに観察し、その本質を直接的に把握する洞察や直観」という方法であると理解できる。

問2

設　問：空欄補充問題

空欄部：このことを別な表現で述べたものが～次の言葉にほかならない。

[X]。

こうした「[X]」という言葉が真実であることは、実社会において豊かな経験を積んできた年長者ほど、よく理解している。

●空欄部前後の「論―例」の関係に注目する。

論＝「ただありのままに**観察する**」**ということの本質**は、頭で考えるのではなく、体で感じることなのであるが、このことを別な表現で述べたものが、古くから言われる、次の言葉にほかならない。

例＝[X]。

論＝我々の日常的な体験に素直に従うならば、多くの場合、ある問題に直面したときにピンとくる**「直観」**が存在する。しかし、それにもかかわらず、その後、いろいろな情報や論理にもとづいて分析的思考を行ってしまい、**直観とは異なった「判断」に到達し**てしまうことがある。しかし、こうした状況においては、ほとんどの場合、**直観が正しく、のちの判断が過《あやま》っている**結果となる。

＝

こうした「[X]」という言葉が真実であること～

◆以上から〈直観＝正しい・判断＝過っている〉となっている選択肢③が正解となる。

① 判断は過たない。過つのは直観である**（正反対の内容）**

② 直観は体で感じることだ。頭で考えることではない

※ **一つ目の空欄部の直前「別な表現で述べた」と合わない。また、筆者の言いたいのは〈直観の正しさ〉であって、「頭」か「体」かという問題ではない。④も同様。**

③ 直観は過たない。過つのは判断である

④ 判断は頭で考えることだ。直観は考えることではない

⑤ 直観は修練によるものだ。経験によるのは判断だ

※ **「修練」か「経験」かという問題ではない。⑥も同様。**

⑥ 判断は修練によるものだ。経験によるのは直観だ

第11章 対比④

演習41　一川誠「体験される時間と客観的時間」

正　解　④

設　問：空欄補充問題

空欄部：身体の代謝が盛んであるほど体験される時間は［a］感じられる。～大人は同じ時間をより［b］感じる。～代謝が低下しているため～時間が［c］感じられる。～代謝が上昇するので、時間が［d］感じられ易い。

◉「身体の代謝」「内的時計」「時間の感じ方」について以下のようにまとめる。

i：身体の代謝が盛ん・上昇（子供・運動や入浴、発熱）
⬅ ii：「内的時計」が速く進む
⬅ iii：体験される時間は［a］感じられる・時間が［d］感じられ易い

⟷

i：身体の代謝が低下（大人・朝）
⬅ ii：「内的時計」がゆっくり進む
⬅ iii：大人は同じ時間をより［b］感じる・**時間が速く過ぎるように感じられ易い**・時間が［c］感じられる

◆右の関係より「**時間が速く過ぎるように感じられ易い**」つまり〈時間を**短く**感じる〉のが**b・c**となるため、必然的に**a・d**は〈時間を**長く**感じる〉となる。以上から④が正解となる。

演習42　今村仁司『近代の思想構造』

正　解　④

設　問：傍線部の理由説明問題

傍線部：経済学や政治学が社会の科学として成立するのは、近代になってからであり、近代でしか生まれなかったのもそこに理由がある。

◉傍線部を含む段落の対比関係をまとめる。

近代の対他関係は、こうした個人のつくる市民社会であるとまずは言えるだろう。そしてこの市民社会は、第一に、市場経済を中心にする経済的市民社会（後に産業資本主義となる）、第二に、政治的市民社会（具体的には国民国家）である。**経済面でも政治面でも、近代人がつくりあげる社会関係**は、近代以前の宗教的等々の対他関係とは異質の、独特の人間関係を作り出した。そして経済的市民社会も政治的市民社会も、相互に深い連関を結びながらも、**互いから相対的に独立したそれぞれに独自の領域**を樹立し、その幅を広げていく。普通、**社会科学が研究する**のは、こうした市民社会の現象である。経済学や政治学が社会の科学として成立するのは、近代になってからであり、近代でしか生まれなかったのもそこに理由がある。**近代以前**では、政治も経済も入り交じっているだけでなく、宗教や道徳とも**渾然一体**になっていた。**だから**それらは**独自の学問を要求しな**いで、伝統的な仕方で行われる哲学的、道徳的、宗教的な考察の対象であった。

⬅ 対比関係を整理

近代以前

政治
＋（**入り交じっている**）
経済
＋だけでなく・**渾然一体**
宗教・道徳

⬅ だから

それらは独自の学問を要求しないで、伝統的な仕方で行われる哲学的、道徳的、宗教的な考察の対象であった。

◆近代以前では「政治・経済・宗教・道徳」がすべて「入り交じって」「**渾然一体**になっていた」ため、「独自の学問」が成立しなかったことが理解できる。

近代

経済的市民社会
⟷ **互いから相対的に独立した**それぞれに**独自の領域**を樹立
政治的市民社会

⟷ 近代以前の宗教的等々の対他関係とは異質
宗教や道徳

⬅ 普通、社会科学が研究するのは、こうした市民社会の現象である

◆近代では「政治」「経済」が「**互いから相対的に独立**したそれぞれに**独自の領域**を樹立」し、「近代以前の宗教的等々の対他関係とは異質」なものとなる、つまり〈**宗教や道徳から独立**〉するわけである。「経済」や「政治」が「**相対的に独立**」したから「**独自の学問**」つまり「**社会の科学**」**が成立したわけ**である。

⬅ まとめると次のようになる

近代以前：「政治」「経済」「宗教」「道徳」がすべて「**渾然一体**」
⬇ × 独自の学問

⟷

近代：「政治」「経済」が「宗教」「道徳」から独立し（これを〈世俗化〉という。調べておこう）、「**独自の領域を樹立**」
⬇ ○ 独自の学問＝社会の科学が生まれる

◆「**渾然一体**」と「**独立**」「**独自の領域**」という対比を中心に理解すればよい。

① 社会の科学の対象となる経済や政治という領域が、×近代以前にはなかった（**政治や経済が「近代以前にはなかった」わけではない。存在したが、それが宗教・道徳と一体化して「独自の領域」を樹立していなかったため、「独自の学問」を要求しなかったのである**）から。

② ×経済や政治という領域を研究する方法（「**研究する方法**」**はここでは関係ない**）が、近代以前には確立していなかったから。

③ ×近代になって成立した共同体は個人を重視するため（「**共同体**」**に共通する特徴は**「**集団の利益**」）、×これを管理する経済学や政治学（**本文になし**）が新たに必要になったから。

④ 近代になって、○経済や政治の領域が、宗教や道徳から切り離され、○独立したから。

※〈**宗教・道徳からの独立**〉〈**政治・経済それぞれが独立して独自の領域を樹立**〉**について述べている**。

⑤ 市民社会における経済や政治が、×近代になって哲学的、道徳的、宗教的な考察の対象となったから（「**政治**」「**経済**」**は近代以前から**「**哲学的、道徳的、宗教的な考察の対象であった**」）。

演習43　港千尋「命令と物語」

正解　問1＝①　問2＝②　問3＝①

◉**「近代」＝「光の時代」と「今日」＝「記憶の時代」の対比に注目する。**
前者については━━、後者については┈┈を付して示す。

いまや「自然」はデータとしてコンピューターのなかにも存在している。（略）宇宙の涯《は》てまでがデータとなって公開されている。

今日の自然はシミュレーションという方法のもとにその姿を見せる。科学はコンピューターのなかに「情報システムとしての自然」を作り出しているとも言える。顕微鏡や望遠鏡といったレンズの装置を使い、手によって描いていた博物学の時代とは根本的に異なり、野山や動植物にカメラを向けているわたしたちでさえ、もはや**そのような仕方**では「自然」は見えないと思うほどだ。

（略）地球丸ごとの情報化がそこまで来ている。地球全体をデータとして複製し、それを研究するという方法論的な大転換である。レンズを通して自然を認識していた「光の時代」から、コンピューターのなかに自然を丸ごとデータ化するという「記憶の時代」へ。観察や認識といった概念は近代西欧において発達し、写真術において頂点をみる十九世紀の視覚装置を内包していた。今日の情報データという「第二の自然」は、それとは異なるモデルを要請する。それは全体ではなく断片としてしか存在しない自然である。わたしたち人間も当然、この自然の内にある。

わたしは依然としてカフェに座り、眺めている。（略）全体を見ることが難しくなりつつある。

近代＝光の時代
a：顕微鏡や望遠鏡といったレンズの装置を使い、手によって描く
＝観察や認識といった概念
b：自然…レンズを通して認識 ⬇ 全体を見る

⟷

今日＝記憶の時代
a：コンピューターのなかに自然・地球全体をデータとして複製し、それを研究するという方法
b：「自然」…データとしてコンピューターのなかにも存在＝情報データという「第二の自然」⬇ 断片として存在

問1
設　問：傍線部の理由説明問題
傍線部：顕微鏡や望遠鏡といったレンズの装置を使い、手によって描いていた博物学の時代とは根本的に異なり、野山や動植物にカメラを向けているわたしたちでさえ、もはやそのような仕方では「自然」は見えないと思うほどだ。

◉**傍線部を含む一文の対比関係を確認する。**

そのような仕方＝顕微鏡や望遠鏡といったレンズの装置を使い、手によって描く仕方 ⬆ **「近代」＝「光の時代」**

「自　然」⟷見えない ⬆ **「今日」＝「記憶の時代」**

◆右の対比関係をふまえて選択肢を確認していくと①が正解となる。「観察や認識といった概念」が「**近代**」＝「**光の時代**」のものであって「**今日**」＝「**記憶の時代**」における「**情報データ**」という「**第二の自然**」には適用できないものであることに注意すること。

① 近代西欧において発達した観察や認識という自然のとらえ方は、自然をデータとしてそっくりそのままに情報化するという今日の方法論とは異なるから。

② コンピューターにとりこまれ、情報化された自然（＝「**今日**」）を観察（＝「**近代**」）し、研究しただけでは、自然界に存在するデータを単に丸写ししたことにしかならないから。

※**本文では、「観察」とは「レンズの装置」を用いて対象を肉眼で直接見ることを意味している。その意味で、情報化されたデータを「観察」することなど不可能である。**

③ 地球全体をデータとして丸ごと複製する方法論は、近代西欧で発達した観察や認識といった概念に基づく、今日の自然に対する考え方にはそぐわないから。

※**「観察・認識」は「今日の考え方」ではない。**

④ 近代西欧的な観察や認識という過程を経ること（＝「**近代**」）で断片化される（＝「**今日**」）、博物学時代（＝「**近代**」）の自然のとらえ方は、地球全体を丸ごと情報化するシステムと相容れないから。

※**「観察・認識」を経ることで「断片化」という関係がおかしい。また、「断片化」を「博物学の時代」とみなすのも間違っている。**

問2

設　問：傍線部の指示内容説明問題

傍線部：今日の情報データという「第二の自然」は、それとは異なるモデルを要請する。

◉**傍線部を含む一文の対比関係を確認する。**

今日の情報データという「第二の自然」

⟷ 異なる

それ ＝レンズを通して自然を観察・認識していた「光の時代」

◆右の対比関係から「今日」＝「記憶の時代」が「要請する」モデルをさがすと②が正解となる。

① レンズを通して自然を認識すること（＝「**レンズ**」「**認識**」いずれも「**近代**」）

② コンピューターのなかに自然を丸ごとデータ化すること（＝「**コンピューター**」「**データ化**」いずれも「**今日**」）

③ 観察や認識（＝「**観察や認識**」はいずれも「**近代**」）といった方法論を発達させること

④ 人間を全体としての自然（**自然を「全体」ととらえるのは「近代」**）のうちに含めること

問3

設　問：傍線部の内容説明問題

傍線部：全体を見ることが難しくなりつつある。

◉傍線部「全体を見ることが難しくなりつつある」ことが「今日」＝「記憶の時代」の内容であることをふまえて選択肢を確認すると、①が正解となる。

① 現代を生きるわたしたちは、外界の事柄をデータとして蓄積（＝今日）はしても、観察を通して全体を認識、理解せずにすますことに慣れてしまっている（＝今日）ということ。

② 情報化社会を生きるわたしたちは、断片として存在する自然を直接観察や認識することはできても（「断片」つまり「情報データ」としての自然を「直接観察や認識すること」はできない）、全体の中での意味をデータ化することができないということ。

③ 現代を生きるわたしたちにとって、視覚装置を通して認識した自然（＝近代）をデータ化する（＝今日）のは易しいが、その意味するもの全体をデータ化することは難しいということ。

※今日の「自然」は、レンズ等の視覚装置を通して観察・認識されるのではなく、コンピューターによって情報データ化された自然である。

※②・③において注意してほしいのは、今日において自然を直接観察することが少なくなっているということである。たとえば、我々は台風を「直接観察」することはない。気象衛星から送られるデータを分析して、台風の進路や被害を予測している。もし台風を「直接観察」するなら、台風に直接近付く必要がある。荒れ狂う海や空に、わざわざ船や飛行機を出して台風を「直接観察」する愚か者はいないであろう。

④ 情報化社会を生きるわたしたちは、自然を丸写ししたデータを観察する力（「観察」は近代。「データ」を「観察」もおかしい）を失いつつあり、正しく全体を認識し理解するための方法を探しあぐねているということ。

演習44　加藤典洋『ポッカリあいた心の穴を少しずつ埋めてゆくんだ』

正解　④

設　問：傍線部における「論理的」な態度を選択する問題

傍線部：でも、「しゅん間」については、これはダメだよ、単なる無知だよ、恥ずかしいよ、などと言うので、学生からは、ちょっとおかしいんじゃないですか、論理的じゃないですよー、などと文句が出る。

◉設問の要求を踏まえて、「論理的じゃない」筆者の態度との対比関係から「論理的」な態度を考えればよい。

筆者 ＝「論理的じゃない」

〇「ろ過」（←崩れた言葉であることを意識して使うならよい）

⟷

×「しゅん間」（←これはダメだよ、単なる無知だよ、恥ずかしいよ）

※筆者は「ろ過」「しゅん間」（いずれも「崩れた言葉」）について、前者については「意識して使う」という条件を付けて認めている。一方、後者については「ダメ」「無知」「恥ずかしい」と完全に否定している。

⟷

「論理的」

「ろ過」≒「しゅん間」

◆ここで「論理的」とされる態度は、**筆者と反対の態度**、つまり、**「ろ過」も「しゅん間」も同じ扱いをする態度**である。**意識して使うなら、「ろ過」**

も「しゅん間」も認める。もしくは、意識していようがいまいが、「ろ過」も「しゅん間」も認めない。いずれかの態度がここでの「論理的」な態度である。したがって、④が正解となる。

a　自分の感覚によって言葉の表記を決定する

b　崩れない言葉と崩れた言葉を選別する

※ここで問題になっている「ろ過」「しゅん間」はいずれも「崩れた言葉」である。「選別」という意味では、「論理的じゃない」筆者も「崩れた言葉」「崩れない言葉」を選別している。しかしながら、「ろ過」を認めて「しゅん間」を認めない点を「論理的じゃない」としているわけである。したがって「論理的」となるためには「認める」「認めない」という態度を統一する必要があり、単に選別するだけではだめなのである。

c　無知であることと慣習に従うことを区別する

d　意識して使われるなら言葉の崩れは差をつけずに許容する

e　崩れた言葉を明確に認識せずに使用する（「崩れた言葉」の「使用」は学生側の問題であって、ここで問題となっている「崩れた言葉」を〈許容するか、しないか〉という内容とは関係ない）

f　意識しているかどうかに関係なく、崩れた言葉を認めない

演習45　吉見俊哉『「文系学部廃止」の衝撃』

正解　問1＝②　問2＝①・⑤

問1

設問：傍線部についての内容説明問題

傍線部：だからこそ八〇〇年以上にわたり大学が存続してきたわけで、この普遍性は人類的なものです。

◉「大学はその「普遍性」をどのように育んできたか」を問われているので、「大学」と「普遍性」の関係に注目すればよい。

西欧中世社会における異なる価値のぶつかり合い
⬅
「普遍的な価値とは何か」が問われた
⬅
価値の普遍性を探究していく機関の必要性（キリスト教社会・近代社会にも続く）
⬅
八〇〇年以上にわたり大学が存続してきた・大学が普遍的な価値の探究に向かうことが、めぐりめぐって人々のためにもなるという考え方を、ヨーロッパは受け入れてきた

◆右の関係から、〈西欧**中世**社会における**異なる価値のぶつかり合い**〉から生まれた「この普遍性」＝「**価値の普遍性**」が「**人々のためにもなる**という考え方」のもと「八〇〇年以上にわたり」育んできたことが理解

できる。この内容について述べている②が正解となる。

① 人類的な価値がグローバルな価値となった今日、近代社会で大学が追い求めてきた価値の普遍性（**中世への言及がない**）は、地球全体に適用されるものになった。

② 中世ヨーロッパで生まれた大学は、異なる価値のぶつかり合いを超えて、人類にとってためになるような**普遍的な価値**を追究してきた。

③ 西欧の中世社会で育まれた大学は、八〇〇年以上もの時間を超えて人類とともに歴史を歩み、現在では人類にとって普遍的な遺産となっている。

④ キリスト教社会で生まれ、近代社会を通じて存続してきた大学は、今日までヨーロッパにとっての普遍性（**価値が「普遍性」をもっていない**）を人類全体のものだと錯覚してきた。

⑤ 社会と普遍的な価値を結びつける役割を担ってきた大学は、政府や国民が要望するような価値（**価値が「普遍性」をもっていない**）に奉仕することで人類に貢献してきた。

問2

設　問：傍線部についての説明問題

傍線部：そしてこの多層性は、時間的なスパンの違いも含んでいます。

◉3・4段落の内容を確認すると以下のようになる。

「この多層性」
国家や産業に対して役に立つ
＋
神・人・地球社会の未来に対して役に立つこと
➡
時間的なスパンの違いも含む

◆右の内容から「大学の知」が「国家や産業」以外に「**神**」「**人**」「**地球社会の未来**に対して役に立つこと」「時間的なスパン」＝「**三〇年、五〇年の中長期的スパン**」で「役に立つこと」に言及している選択肢が正解となる。

① 大学の知が、神の秩序や人間社会、また地球の未来といった、水準の異なる様々なものにとって有用である（**＝「役に立つ」**）こと。

② 大学の知が、その時々の政治権力や市民社会といった、時代で変化するものに合わせて有益でありつづけたこと。

③ 大学の知が、常に所属する政府や国民に批判的（**「常に」「批判的」とは書かれていない**）でありながら、それを超えた人類や地球にとって価値をもつこと。

④ 大学の知が、三年や五年、三〇年や五〇年といった定期的な区切りのなかで、普遍的な価値を証明してきたこと。（**「三年、五年ですぐに役に立つことは難しい」と矛盾。また「中長期的」スパンであって、「定期的」かどうかの問題ではない**）

⑤ 大学の知が、すぐ成果の出るものだけでなく、長い年月をかけて成果の出るものまでを含めて成立していること。

⑥ 大学の知が、八〇〇年以上の時間のなかでその価値を試され、様々な時代で成果を出す責任を果たしてきたこと。（**大学の知は「普遍的な価値」として役に立ってきたのであって、時代時代で「成果を出す責任を果たしてきた」とは書かれていない**）

演習46　佐々木毅『学ぶとはどういうことか』

正解　④

設　問：傍線部の理由説明問題

傍線部：学歴社会という言葉は今や死語に近いが、私が大学生時代を送った昭和30～40年代にかけてはなお一定の現実感があった。

◉「学歴社会という言葉は**今や**死語に近い」という表現から次の論理関係に注目する。

《日本社会における学歴》

戦後：学歴社会に一定の現実感があった（昭和40年代まで）

・高学歴の人材が比較的に少ないこと
・人事管理における明確なメリット主義の存在

⬅**大学や学部の急増と職場における待遇の格差縮小**

現在：学歴社会の存在感は急速に失われた（今や死語に近い）

《日本社会の経済構造》

戦前：第二次世界大戦以前の日本社会

・アングロサクソン型の格差容認型社会

⬅総力戦を経て規制と平等化が導入

戦後：高度成長以降の日本

・「一億総中流」という形で**格差是正型社会**

⬅

・どこで「**勉強**」**しようと、何を学ぼうと人生行路にとっては影響の少ないような社会**（年功序列・終身雇用といった制度が象徴）

◆右の関係をまとめるのだが、「戦前・戦中（総力戦）」と「戦後」「現在」の内容に分かれていることに注意したい。問われているのは「戦後」から「現在」への変化なのだから、そこに絞って考える。

戦後：学歴社会に一定の現実感があった（昭和40年代まで）

・高学歴の人材が比較的に少ないこと
・人事管理における明確なメリット主義の存在

⬅**大学や学部の急増と職場における待遇の格差縮小**

⬅「一億総中流」という形で**格差是正型社会**

現在：学歴社会の存在感は急速に失われた（今や死語に近い）

・どこで「**勉強**」**しようと、何を学ぼうと人生行路にとっては影響の少ないような社会**（年功序列・終身雇用といった制度が象徴）

⬇「どこで「勉強」」したか、「何を学」んだのかが、人生に与える影響が少ないのだから、学歴にこだわる必要性が少なくなったということ。

◆右の関係から、「**大学や学部の急増**」と「**職場における待遇の格差縮小**」＝「**格差是正型社会**」という要因によって、「**どこで「勉強」しようと、何を学ぼうと人生行路にとっては影響の少ないような社会**」になったことについて述べた選択肢が正解となる。

① 学校でどんなに優秀な成績を修めても、学校を卒業した後、時間が経過するにつれて勉強した内容が記憶から失われてしまうことが珍しくなくなったため。

② 昭和50年代以降、大学や学部の新設が相次いだことで入学試験の重圧

が軽減するとともに、大学卒業後に勤める職場でも待遇の格差縮小が図られたため。

※①・②については社会の変化と関係ない。

③　第二次世界大戦以前と比べ、経営者と労働者の給与格差が急激に縮小したことによって、多くの国民が「一億総中流」という意識を持つようになったため。

※これは「経済構造」についての変化であって、「学歴」とは関係ない。また「一億総中流」意識が学歴社会が死語となった直接的な原因ではない。

④　大学や学部が急増するとともに。職場において待遇の格差が縮小したことによって。どの大学で何を学んでも人生にとっては影響の少ない社会になったため。

⑤　メリットシステムを維持し続けていた官僚制が１９９０年代以降、国民からの厳しい批判にさらされ、メリットシステムを放棄せざるを得なくなったため。

※変化は「１９９０年代以降」に起こったわけではないし、「官僚制」が「メリットシステムを放棄」とも書かれていない。

演習47　**有元典文・岡部大介『デザインド・リアリティ—集合的達成の心理学』**

正解　①

設　問：傍線部の内容説明問題

傍線部：「心理′学（しんりダッシュがく）」の必要性を指摘しておきたい。

Ⅰ：「心理′学（しんりダッシュがく）」の内容に注目

これまで心理学が対象としてきた私たちのこころの現象は、**文化歴史的条件と不可分の一体である「心理′学」**として再記述されていくであろう。

◆「文化歴史的条件と不可分の一体である「心理′学」」➡①か④

Ⅱ：①と④の違いに注目

①　自らがデザインした環境の影響を受け続ける人間の心理

自らがデザインした環境
⬅影響を受け続ける
人間の心理

④　環境をデザインし続ける特質を有する人間の心性

環境
➡デザインし続ける
人間

冒頭「あるモノ・コトのデザインによって変化した行為を「行為′（こういダッシュ）」と呼ぶこととする」とある。

ある～デザイン
⬅変化
「行為′（こういダッシュ）」

◆ここから「あるモノ・コトのデザインによって変化した」心理が「心理′（しんりダッシュ）」だと理解できる。したがって正解は①となる。

① 人間が文化歴史的条件と分離不可能であることに自覚的ではない心理学は、私たちのこころの現象を捉えるには不十分であり、自らがデザインした環境の影響を受け続ける人間の心理を基本的条件とし、そのような文化と心理とを一体として考える「心理′学」が必要であるということ。

② ～これまでの心理学に代わって、人工物化された新たな環境に直面した際に明らかになる人間の心理を捕捉して深く検討する「心理′学」が今後必要であるということ。

③ ～従来の心理学は無関心であったため、心理学実験室での人間の「記憶」を動物実験で得られた動物の「記憶」とは異なるものとして認知し研究する「心理′学」が必要であるということ。

④ ～既存の心理学よりも、環境をデザインし続ける特質を有する人間の心性を、文化歴史的に整備されたデフォルトの環境デザインに対応させて記述する「心理′学」の方が必要であるということ。

⑤ ～心理学の欠点を正し、環境をデザインし続ける人間の心性と人間の文化的実践によって変化する現実とを集合体として考えていく「心理学」が必要であるということ。

演習48　福岡伸一『動的平衡』

正解　問1＝④　問2＝①

問1

設　問：空欄補充問題

空欄部：デカルトの X について考えてみた。

◉**「デカルトの X 」が本文のテーマである。デカルトについての内容を確認すると以下のようになる。**

⑩段落　この考え方は瞬く間に当時のヨーロッパ中に**感染した**。そして～カルティジアン（デカルト主義者）たちは、この考え方を**先鋭化**させていった。

⑭段落　現在の私たちもまた紛れもなく、この延長線上にある。**生命を解体し、部品を交換し、発生を操作し、場合によっては商品化さえ行う。遺伝子に特許をとり、臓器を売買し、細胞を操作する。**

◆この内容から、筆者がデカルトに対して否定的な評価をしていることが理解できる。したがって正解は④「罪」となる。

問2

設　問：傍線部の内容説明

傍線部：遺伝子に特許をとり、臓器を売買し、細胞を調査する。これらの営みの背景にデカルト的な、生命への機械論的な理解がある。

これらの営み（**生命の商品化**）

生命を解体し、部品を交換し、発生を操作し、場合によっては**商品化**さえ行う。

遺伝子に特許をとり、臓器を**売買**し、細胞を操作する。

➡ **背景**

デカルト的な、生命への機械論的な理解

・**生命をパーツの集合体として捉え、パーツが交換可能な一種のコモディティ（所有可能な物品）である**と考える（8段落）

・生命現象はすべて機械論的に説明可能だと考えた（9段落）

・イヌには魂も意識もない。あるのは機械論的なメカニズムだけ（11段落）

・人間を特別扱いする必然は何もなく、人間もまた機械論的に理解すべき（13段落）

◆右の内容を正しく言い換えた①が正解となる。

① 臓器売買や遺伝子の特許化等、生命のパーツの商品化（＝「**これらの営み**」）の背景にある、生命を部品の集合体ととらえ、交換可能なものとして理解できる（＝「**デカルト的な～理解**」）という考え方。

② 売血、臓器売買、精子・卵子・受精卵にまで及ぶ再生医療の背景にある、創造主を措定することによって、生と死のあり方を問い直そう（×「**デカルト的な～理解**」）という考え方。

③ 心臓や血管、筋肉と関節などのボディー・パーツに解体しようとする風潮の背景にある、生命が魂や意識と身体を切り離すことができる存在として説明できる（×「**デカルト的な～理解**」）という考え方。

④ 人間の身体を交換可能なコモディティととらえようとする傾向の背景にある、人間と動物のメカニズムの違いを記述することで、すべての運動を力学によって解釈できる（×「**デカルト的な～理解**」）という考え方。

⑤ 人間を特別扱いする必然は何もなく、人間もまた機械論的に理解すべきものという思想的営為（＝「**デカルト的な～理解**」）の背景にある、生命や遺伝子、臓器や細胞を操作して商品化できる（＝「**これらの営み**」）という考え方。

※⑤は「背景」の前後が入れ替わっている。

評論　復習問題2　港千尋『芸術回帰論—イメージは世界をつなぐ』

正解　**問1**＝印章を転写する人間・印章の持ち主 等（同意は広く許容する）（5点）
問2＝④（5点）　**問3**　X＝③　Y＝①（3点×2）
問4＝③（6点）　**問5**　遍在性（8点）

復習のポイント
論理関係の総まとめ
「論」と「例」の関係（問5）・対比関係（問4）・一体性（問1〜3）

問1
設　問：傍線部と同内容の抜き出し問題
傍線部：文書は、書字とイメージがセットになって、つまり知的身ぶりに象徴が伴うことによって、オーソライズされてきたのだ。

◉傍線部を含む段落を確認すると以下のようになる。
形式的に似てはいても、**署名と印章**は異なる。**署名と捺印**が［セット］になってきたことは、歴史的な文書に明らかである。文書は、**書字とイメージ**が［セット］になって、つまり**知的身ぶり**に**象徴**が［伴う］ことによって、オーソライズされてきたのだ。

⬅「セット」「伴う」の関係性をまとめる

署名・書字・知的身ぶり
＋（セット）　　⬇文書…オーソライズ
印章・捺印・イメージ・象徴

◆右の関係から文書をオーソライズしてきたもので、**「印章」**が**「イメージ」**を**「象徴」**するものをさがせばよい。ここでは、③段落に注目する。

ふつう**印章**は、**それを転写する人間**と一義的に［結びついている］。

◆ここから、「印章」が**「それを転写する人間」**と結びついていたこと、つまり、「印章」が**「それを転写する人間」のイメージを象徴していた**ことが理解できる。さらに設問条件に注意しておきたい。**「本文中の語句を用いて〜記しなさい」**とあり、「抜き出せ」となっていない。したがって、本文中の語句を少し加工すればよいわけであり、正解は**〈印章を転写する人間〉**となる（もしくは同じ③段落「その持ち主」を用いて**〈印章の持ち主〉**でもよい）。設問を丁寧に読まず、抜き出し問題と思いこんだ者にとっては正解のない問題に思えたかもしれない。設問条件は丁寧に読む習慣をつけよう。

問2
設　問：傍線部の内容説明問題
傍線部：その初期にはまだ印章性を保っていた。

◉傍線部を含む段落を確認すると以下のようになる。
ギリシアのコインも、**その初期**には限定された地域で使用されていたと言われる。流通よりも**象徴としての機能のほうが強く**、鋳造されても特定の場所にとどまるケースもあった。**その初期にはまだ印章性を保っていた。**

◆ここでの「印章性」が、問1でも確認した「象徴としての機能」であることが理解できれば、「印章性」の内容が、初期のコインと〈人間のイメージ〉との結びつきであると読みとれるので、④が正解となる。

① 印章が、契約を保証する徴となること。

② 印章が、実体を離れて（**実体と結びついているのであって、むしろ反対**）イメージとなること。

③ 印章が、複製技術と不可分の関係にあること。

④ 印章が、ある人物と密接な対応関係にあること。

問３

設　問：空欄補充問題

空欄部：モネータは［X］の神様だったのである。
物質を計る神は記録を管理する神、すなわち［Y］を測る神だったのである。

◉「モネータ」についての内容を確認する。

・ローマ神モネータが**計量**と**記録**というふたつの働きを司る（⑨段落）
・モネータが**度量衡**の神であると同時に、**記憶**の女神である（⑩段落）

◆右の繰り返しから、空欄Xには「**計量**」「**度量衡**」（**単位**）と関係する③「尺度」が、空欄Yには「**記録**」「**記憶**」と関係する①「過去」がそれぞれ入る。

②「形式」と⑥「本質」はこれらと全く関係ない。④「時間」だと未来も関連するが、未来の記録・記憶など存在しない。⑤「重量」だと計量の対象が重量に限定されてしまう。

問４

設　問：傍線部を通じて筆者が暗示している内容説明問題

傍線部：ユーロのデザインは、世界中どこを探しても見つからない、架空の建造物を「顔」にしているのである。

◉傍線部以後の**ユーロ紙幣**についての内容を、**対比関係**を中心にまとめると以下の様になる。

〈通貨のデザイン〉
・多くの場合その国を「代表する」人の顔が印刷
・描かれる建造物は何であってもよいというわけではなく、**その価値を保証する建物があるべき**

⟷

〈ユーロの紙幣のデザイン〉
・顔の代わりに～架空の建造物を「顔」にしている
・未だに**責任を負える建物がない**

⇐

永遠に**疑似通貨**のままかもしれない

◆右の関係から、ユーロ紙幣には「**価値を保証する建物**」「**責任を負える建物」が描かれていない**ことから「永遠に**疑似通貨**のままかもしれない」と述べていることが理解できる。この内容につながる③が正解となる。

① ユーロというイメージに頼る通貨が、ヨーロッパとしての本質を奪ったということ。

※**「イメージ」や「本質」は関係ない。**

② 貨幣は価値で、通貨はイメージだと言えるが、ユーロは価値よりもイ

メージが先行している（「価値」が保証されていない）ということ。

③　ユーロは理念だけがあって、それを通貨として保証する制度が弱い（「価値を保証する建物」が描かれていない）ので、信頼性が十分確保できていない（「責任を負える建物」が描かれていない・「疑似通貨」）ということ。

④　ユーロは二十一世紀の帝国を目指していたかもしれないが、古代の建造物のような、帝国を象徴する建造物を持ち得ていない（**ここで述べられているのは紙幣に描かれる建物のことであって、実際の建築物のことではない**）ということ。

問５

設　問：空欄補充問題

空欄部：その Z は神々以上のものであり、それに比することのできるのはおそらくイメージだけだろう。

◉空欄部を含む段落を確認すると以下のようになる。

いやそれは神々に失礼というものだろう。言うまでもなく問題はユーロだけのものでないからである。**マネー**はグローバル資本主義そのものである。**マネー**の影響から逃れることのできる地域は、事実上存在しない。その Z は神々以上のものであり、それに比することのできるのはおそらくイメージだけだろう。人間が生み出したもののなかで資本と**イメージ**ほど強大になったものはない。その力、その速度、その自在性はますます増すばかりである。

◆右の内容から、空欄が**マネー**つまりお金に関する内容であることが理解できる。そのマネーが**「グローバル資本主義そのもの」「マネーの影響から逃れることのできる地域は、事実上存在しない」**のであって、**「それに比することのできるのはおそらくイメージだけだろう」**と述べられている。これらの内容と関連する部分を考えると、②段落の本文全体の主題に注目できる。

論―例―論

論＝**ギリシアやローマの貨幣は、イメージの遍在性**を考えるうえで重要なヒントを含んでいる。（②段落）

論＝マネーはグローバル資主主義そのものである。マネーの影響から逃れることのできる地域は、事実上存在しない。その Z は神々以上のものであり、それに比することのできるのはおそらくイメージだけだろう。

◆筆者は、**「イメージの遍在性（広く行き渡っていたるところにあること）」**を考えるために「印章や粘土板」**「貨幣」**そして**「モネータ」「ユーロ」**について論じたわけである。「貨幣」「モネータ」「ユーロ」がすべて**マネー**と関連をもち、**「グローバル資本主義そのもの」「マネーの影響から逃れることのできる地域は、事実上存在しない」**といった内容から考えれば、正解は**「遍在性」**となる。空欄部が最終段落にあることから、冒頭の主題を確認する、つまり本文全体を「論―例―論」のイメージで把握すると解きやすかったと思われる。

第13章 心情読解

演習49 三浦綾子「塩狩峠」

正解 ②

設　問：本文から読み取れる人物の様子を問う問題

◉各人物の様子と心情・セリフは以下の通り。

（人物関係：トセ＝信夫の祖母・貞行＝信夫の父）

信夫(1)：いく分憂鬱そうな様子

⬇

貞行(1)：（信夫が）根本先生に叱責されたのかと思った。

⬇

信夫(2)：「おめでたくなんかない」なぜかわからないが無性に淋しい

⬇

トセ(1)：**「何ですね、信夫、その口のききようは。ほかの学年の先生が退めていかれたって、信夫と何の関係がありますか」とたしなめた。（非難）**

⬇

信夫(3)：（関係だか何だかわからないが、やめて行ったらいやなんだ）**信夫はむっつりとトセをみた。（不機嫌）**

⬇

トセ(2)：「そんな女の先生のことなど、男の子は考えるものではありませんよ」

⬇

信夫(4)：**トセの言葉が何となく信夫を不快にさせた。**（何で女の先生のことを、男の子が考えたら悪いんだろう）

⬇

貞行(2)：「おかあさま。先生をしたうことはよいことではありませんか」母のいない信夫〜あわれさが貞行の心にしみた 祖母のトセでは母の代りにはならないのだと貞行は思った。

⬇

トセ(3)：「貞行。お前がいくらすすめても、再婚をしないから、信夫が女の先生などをしたうのですよ」妙に意地の悪いものを感じさせる口調。

⬇

貞行(3)：「これは、これは」苦笑。「どうだ、信夫。**おとうさまと菊人形を見に行こうか**」

信夫(5)：「菊人形？ ほんとう、おとうさま」

◆以上の描写から読み取れる様子や心情について述べた選択肢をさがす。

① 貞行は、信夫が女の先生をしたうことをとがめるトセの考えを理解し（**〈貞行(2)〉と矛盾**）、信夫に先生への思いを断ち切らせようとした（**記述なし**）。

② 根本先生をしたうことに対するトセの非難にとまどう信夫（**〈トセ(1)〉＋〈信夫(3)〉**）のことも思いやり、貞行は信夫と外出することにした（**〈貞行(2)〉＋〈貞行(3)〉**）。

③ 信夫は、一年生の時にお嫁さんになってもらうことを頼んだ根本先生が他の人と結婚することを知り（**この件については「忘れていた」とあ**

る）、裏切られたと思い失望した。

④ 母のいない信夫の母の代わりを務めるべきトセの愛情が足りないことに、貞行は不快と嫌悪の念（**〈貞行⑵〉の誤読。「不快」は信夫の心情（〈信夫⑷〉）**を禁じえなかった。

⑤ 父親がトセからたしなめられるのを見て、信夫は結婚して退職する根本先生の話をしたことを後悔した（**「後悔」に相当する心情はない**）。

⑥ 信夫の気持ちをわかろうとせず、黒い歯を見せて不快な言葉を口にするトセへのあてつけ（**信夫を菊人形見物に誘ったことを「あてつけ」と判断する根拠はどこにもない**）に、貞行は信夫を菊人形見物に誘った。

演習50　大庭みな子「啼く鳥の」

正解　問1＝つまらない　問2　X＝③　Y＝②
問3＝②　問4＝ばかにして

まず、人物関係を整理すると**〈百合枝＝母親〉〈千枝＝娘〉という親子関係**が理解できる。母親である百合枝は、結婚するとき自分の母親（「おばあちゃま」）に一通りのものは揃えてもらったのに対して、娘である千枝は、母親にほとんど何もしてもらえなかった。これに加えて、世代の違いも確認しておきたい。最終段落に「飢えなかった世代」とあるように、千枝は戦後の豊かな時代に育ったことが推測できる。一方百合枝は、その上の「飢え」を経験した世代であることが理解できる。こういった前提状況を背景に、娘である千枝に対する母親である百合枝の心情を読み取ってゆく。

問1

設　問：傍線部の内容説明問題

傍線部：横からどんなに気をそそるようなことを言われても、一目で気に入らないものには見向きもしないという娘のやり方に、百合枝は挑戦的なものを感じた。

●傍線部を含む一文全体を確認する。

原因　横からどんなに気をそそるようなことを言われても、一目で**気に入らないもの**には**見向きもしない**という娘のやり方

↓

心情　百合枝は挑戦的なものを感じた。

⬅千枝の「気に入らないもの」に対する「見向きもしない」態度をさがす

つまらないもの（＝「気に入らないもの」）で恩を売るつもりにならないでくれ、ともとれたし、わたしたちは**欲望の種類が違う〈まったく欲しいものではない〉⬇「見向きもしない」**）、と宣言しているようでもあった。

◆以上から「つまらない」で始まる一文が正解となる。

問2

設　問：空欄補充問題

空欄部：そして、自分の方からは滅多にものをねだろうともしない千枝には X より Y があるように感じた。

◉**空欄部を含む一文全体を確認する。**

〈自分の方からは滅多にものをねだろうともしない千枝〉

× X より

○ Y ⟷ があるように感じた

⬅ものをねだらない「千枝」に対する「百合枝」の心情をさがす（ Y ）

普通の子供にくらべると**お金のかからない子供だった**（「滅多にものをねだろうともしない」）が、その代り、親の機嫌をとろうとするところもなくて**小憎らしい**ぐらいだ〜**高慢さ**を、指摘しようと思えば指摘できなくもない〜

◆以上から、Y＝②「傲慢さ」が正解となる。

◉**対比関係に注目する。**

X と Y が対比されていることから、X には「傲慢さ」という**否定評価**と反対の**肯定評価**の語を入ることが理解できる。**「滅多にものをねだろうともしない」ことに対する肯定の語**は③「いじらしさ」が正解となる。それ以外の語は、〈ものをねだらない・お金がかからない〉ことを褒めている表現とはならない。

問3

設　問：空欄補充問題

空欄部：多くの Z の繰り返しだけが永遠性を持っているように思える。

◉**空欄部に至る百合枝の心情を確認する。**

解説づきで大人たちから与えられた教訓＝死んだ人たちが**歎かわしげに首を振って呟いていた**言葉

⬅ずっと後になって甦ってくるものだから、その都度、何かを表現しておくことは義務かもしれないと思う

⬅沈黙を選んでしまう方が多い。そして、沈黙のたびに、

⬅過去の他人の沈黙が妙なリアリティでふくれあがり、**胸がしめつけられる**。

⬅多くの Z の繰り返しだけが永遠性を持っているように思える。

◆右の内容を整理すると、以下のようになる。千枝の「高慢さ」に対し、百合枝は「死んだ人たちが**歎かわしげに首を振って呟いていた言葉**」＝「教訓」を思い出し、千枝に対して何らかの言葉を与えるのは「義務かもしれない」と思われるのである。しかしながら、それは思うだけで「沈黙」してしまい、そのたびに「**胸がしめつけられる**」というわけである。つまり、娘に対して〈何か言わねば〉と思いながらも「沈黙」してしまい、そのた

びに「**胸がしめつけられる**」のである。これに対応するのが〈それまでの行いなどを悪かったと思い、悔いること〉の意である②「悔悟」が正解となる。

問4

設　問：百合枝に対する千枝の態度の抜き出し問題

傍線部：飢えなかった世代の自分の選択をかざすだけの想像力の無さが百合枝を寂しくした。

◉「想像力」について整理

想像力がない＝親世代の経験した「飢え」への想像力がない

⬇

豊かな時代に生まれ育ち、「飢え」への想像力がない千枝の態度をさがす。

⬇

「**欲望**が少なければ少ないほど楽よ」
そのとき千枝が言った。ばかにしているような響きがあった。**親たちの欲望**を白々と眺めて育ったんだわ、この世代は、と百合枝は思った。

◆「飢え」を経験していないため、「飢え」を経験した親世代の「欲望を白々と眺めて育った」、つまり批判していることが理解できればよい。「飢え」を経験したからこその「欲望」であることを想像できないがゆえに、「**欲望**が少なければ少ないほど楽よ」と平然と「ばかにしているような響き」で母親に言えるというわけである。

なお、「軽蔑的な目つき」については、百合枝の「何でもよいから決めてしまいたい」という想いに対する態度であり、「飢え」や「欲望」につながらないので不適当である。

演習51　綿矢りさ「蹴りたい背中」

正解　①

設　問：空欄補充問題

空欄部：「あんたの目、いつも鋭そうに光ってるのに、本当は何も見えてないんだね。一つだけ言っておく。[X]」

◉空欄部は「先輩」の発言である。本文は「私」の視点から描かれているので、「先輩」の内面・心情についての直接的な描写は存在しない。このような場合、「先輩」のセリフに注目すればよい。

「先生は物分かりいいから。」
「今年は先生ともみんな仲良しで、部活楽しー。」

⬇

「先輩」の「**先生**」**に対する肯定的な心情**（⊕）を理解する。

低い声で吐き捨てた

⬇

「先輩」の「**私**」**への否定的な心情**（⊖）を理解する。なお、この心情についてはリード文の「孤立」という表現もヒントになっている。

◆以上から「**先生**」→⊕　「**私**」→⊖となっている選択肢をさがす。また、リード文より「私」が部内で「孤立状態」にあることも念頭に入れて考えるとよい。勝手な想像や深読みをしないこと。

①　私たちは先生を、好きだよ。あんたより、ずっと。

（「**先生**」→⊕　「**私**」→⊖）

② 私たちは先生が飼い慣らされているだけだなんて、わかってるよ。それでやってるんだよ。ずっと。（「先生」⬆㊀）
③ 私たちは、先生も、あんたも、みんな好きだよ。（「先生」「私」⬆㊉）
④ 私たちはあんたを好き。先生なんか較《くら》べものにならない。（「先生」⬆㊀　「私」⬆㊉）
⑤ 私たちは先生も、あんたも、いいってなんて思ってないんだよ、ずっと前から（「先生」「私」⬆㊀）

演習52　蓮見圭一「1989、東京」

正　解　問1＝②　問2＝⑤

問1

設　問：空所補充問題

空欄部：従姉は紀江のやり方に X のだ。

◉「紀江」に対する「従妹」の心情に注目すればよい。

・彼女は頷き、「日置紀江です」と言って頭を下げた。**それを見ただけで従姉は笑った。**従姉は紀江のやり方に X のだ。

・「紀江さんて、**面白い方でしょ**」
　従姉は**笑い声を上げながら**そう言った。

・「紀江さん、**これからも時々はうちにもいらしてね**」
　従姉は**紀江の手を摑《つか》んでそう言った**。紀江は「うん」と答え、すぐに「はい」と言い直した。そして、両手で私たちの頭を抱えるようにして何遍も頰ずりをした。私と従姉は頭や頰をこすり合わせながら**何度も笑い声を上げた**。

◆右の発言や様子から、従妹が紀江に対して**肯定的な心情**を抱いていることが読み取れれば、②が正解となる。従妹にとって紀江は、**「時々」「うちに」やってくる、いつも「面白い方」**なのである。したがって、ここでの紀江のしぐさも**いつも通りのこと**と感じているわけである。
　正解以外はすべて紀江に対する否定的な心情の表れ（①「不穏」④「嘲り」⑤「戸惑い」「迎合」）になってしまう。また、③では従妹が紀江によって〈支配〉されていることになる。

勝手な想像で誤った〈紀江像〉を作ったり、本文を流し読んで選択肢に頼ったりすることをせず、本文にきちんと向き合ってほしい。

問２

設　問：傍線部における「私」の様子の説明問題

傍線部：耳元でそう囁《ささや》かれたけれど、何も答えられなかった。

◉今度は「紀江」に対する「私」の心情に注目すればよい。

・洗面台の鏡に映った紀江を見ただけで、私は**胸がどきどきした**～何だか**怖いような気がして**振り向くのにも勇気が要ったし、挨拶しようにもすぐには声が出せなかった。

⬇

・見た目はほっそりとしていたのに、彼女の手は**とても柔らかかった**。

・「紀江さんて、**面白い方でしょ**」～**一緒になって笑いながら**、私は「**うん**」と答え、慌てて「はい」と言い直した。

・私と従姉は頭や頬をこすり合わせながら**何度も笑い声を上げた**。紀江が手を放すと、私は**すっかり上気した気分**で鏡の中の彼女を見上げた。

◆右の内容から、第一印象は「怖いような気」がした紀江であったが、紀江の言動や従妹の様子から「**何度も笑い声を上げ**」て、最後には「**すっかり上気した気分**」になっている。ちなみに「上気」とは〈**血が頭に上って興奮すること**〉を意味する。一見怖そうな**紀江の「面白い」振る舞い**に、子どもの私が「何度も笑い声を上げ」興奮しているというわけである。傍線部はそれに続く場面であることを考えれば、⑤が正解となる。

①・②は紀江に否定的な心情しか抱いていないので不適。③は「上気」と合わない。④は「心配」「不安」の「反動」による「ふてくされた態度」が全くおかしい。「甘えよう」も「上気」と合わない。

①「仲良くしてね。」と言いながらも頬をつねるという矛盾した行動をとる紀江（**ここでは親しみを込めて「頬をつね」っている**）は「私」にとって得体の知れない存在であり、自分にとって敵なのか味方なのかが判断できず、態度を決めかねている。

②背が高く、年をとっていて、奇妙な行動ばかりする紀江に対して「私」が強い恐怖を感じていたため、一刻も早く彼女の前から逃げ出して、安全なところに行きたいと、そればかり考えている。

③従姉の言葉によって紀江が実は怖い人ではないと知ったため、すっかり安心した「私」は、紀江の言葉にきちんと答えなければならないというそれまでの緊張感から解放され、ぼんやりしている（**「上気」と合わない**）。

④紀江の態度に非常に親しみを感じ、すっかり打ち解けた「私」は、母が入院することへの心配とこれからの生活への不安の反動が出て、ふてくされた態度をとることで紀江に甘えようとしている。

⑤風変わりな言動をする紀江は子どもにとって非常に魅力的な存在であり、すっかり彼女に夢中になってしまった「私」（**＝「何度も笑い声を上げた」**）は、まともな受け答えをする余裕もなくなるほど、気持ちが高ぶっている（**＝「上気」**）。

演習53

髙村薫「土の記」

正解　問1＝④　問2＝④　問3＝①

●彩子の心情変化に注目。

母陽子の離婚に伴いニューヨークに行くことを言いだす前

・今年もジャガイモを送るからと言ったとき、孫が見せた一瞬の空白の表情
・（A「うん」という少しくぐもったひと声だったものだ。）
・びっくりした――。B孫は、怖いとは言わない。

「ほんとうのことを言うね」
・母がニューヨークで働くことになること
・自分もアメリカへ行くことになると思うこと
⬇祖父が独り日本に残るということ

母陽子の離婚に伴いニューヨークに行くことを言った後

・もっと早く話したかったが話せなかったと言って、わびた。
・（母陽子が正式に離婚をし、彩子とともに上谷の姓で新しい戸籍をつくったこと）
おじいちゃん、私、上谷彩子になったのよ。なんか、へんな感じ――。
⬅そう言って
C孫は初めて小さく笑った。

問1

設　問：傍線部から心情を読み取る問題
傍線部：そういえばそのときも、返ってきたのは「うん」という少しくぐもったひと声だったものだ。

◆彩子が母陽子の離婚に伴いニューヨークに行くのを**言いだせないこと**を踏まえているものが正解となる。

① 子供のようにはしゃいでしまったことが、ちょっと恥ずかしくなってしまったのかな。×
② 口では楽しかったと言っているがやはり自分に気を使ってそう言っただけなのかな。×
③ 花火は楽しかったとはいってもやはりこんな田舎に来る気にはならないのだろうな。×
④ 花火を楽しんでくれて良かったが、何か他に心にひっかかっていることがあるのかな。○

問2

設　問：傍線部から心情を読み取る問題
傍線部：孫は、怖いとは言わない。

◆問1を受けた問題。彩子が来たのは、雷が怖いからではなく、母陽子の離婚に伴いニューヨークに行くのを**告げに来た**のだということを踏まえているものが正解となる。

① 本当は怖いから来たのだろうが、恥ずかしいから強がっているのだろう。×
※非常に多くの生徒が選ぶ誤答選択肢。根拠なく彩子を〝ツンデレ〟キャラとして想像した生徒が選んでしまうことが多い。選んだ者は本文を根

拠に考えるようにしよう。

② これほどの雷を怖がらないとは、大したものだ。

③ 蒲団を持ってくるなんて、可愛いところがあるなあ。

④ 怖いからきたのではないのなら、どうしてここへきたのだろうか。

問3

設　問：傍線部から心情を読み取る問題

傍線部：そう言って、孫は初めて小さく笑った。

Ⅰ：**傍線部C直前の「おじいちゃん、私、上谷彩子になったのよ。なんか、へんな感じ」**

⬇姓の変更について言及している①か④に絞る。

Ⅱ：**①と④の違いに注目**

⬇**「小さく笑った」とあるので彩子の心情を肯定的に捉えている**

①が正解となる。

① やっとおじいちゃんに本当のことを話すことができてほっとした（←**「小さく笑った」**）。近くにはいられないけど同じ姓になったことが少しは慰めになるかなあ。

② おじいちゃんに聞いてもらってやっと自分もアメリカに行く決意ができた（**明らかな虚偽。祖父への告白が決意のきっかけではない**）。でもおじいちゃんは初めて聞いてびっくりしただろうなあ。

③ おじいちゃんにもっと根ほり葉ほり聞かれると思ったけど意外に平気で安心した。独り暮らしに慣れているから心配することはなかったんだ。

④ おじいちゃんは寂しいのに無理をしているんじゃないかな。**姓が同じになった**といってもなんだか冗談にしか聞こえないかもしれないな。

第14章 象徴性

演習54 村田沙耶香「マウス」

正解 問1＝③ 問2＝⑤

問1

設　問：「私」の変化についての理由説明問題

傍線部：けれどすぐにばかばかしくなった。

◉**「瀬里奈」の人物像とそれに対する「私」の変化に注目すればよい。**

Ⅰ：瀬里奈の人物像

・「くるみ割り人形」の物語の主人公になりきって日常生活を送っている

・神経質なわりに人目をはばからず、扱いづらくて気難しい

Ⅱ：「私」の変化

「最初」…私は、壊れ物を扱うように瀬里奈に接した

⬅ 瀬里奈には遠慮というものが存在しないのだ（変化のきっかけ）

傍線部…「壊れ物を扱うように瀬里奈に接」すること ⬆ ばかばかしくなった

◆右の内容に対応する③が正解となる。なお、選択肢を考えるとき、**〈最初／きっかけ／傍線部〉**に分けると考えやすい。選択肢の解説には「／」を入れている。

① 「私」は瀬里奈をか弱げな外見や過敏な神経から弱々しい人間だと思っていたが、／むしろ彼女は強い自己主張をもっているということに気づいて、／これからは対等に話をすればいいのだと思い直したから。

② 「私」は儚げな表情を見せる瀬里奈に同情し、守ってやりたいと思っていたが、／瀬里奈を甘やかすと余計にわがままになるだけだということに気づいて、／あえて厳しく接するほうが効果的だと考えるようになったから。

③ 「私」は繊細な瀬里奈を傷つけないように気遣っていた**（＝「壊れ物を扱うよう」）**が、／瀬里奈自身は人を傷つけないように遠慮することを知らずいつも率直であることに気づき**（変化のきっかけ）**、／自分が過剰に配慮する必要などない**（＝「壊れ物を扱うよう」↑「ばかばかしくなった」）**と知ったから。

④ 「私」は瀬里奈が本当にしたいことを根気強く聞き出そう**（×「壊れ物を扱うよう」）**と思っていたが、／瀬里奈は「私」の提案を退けるばかりで主体的に何かをする意欲がないことに気づいて、／むしろ無理矢理にでも連れ出したほうがいいと考えたから。

⑤ 「私」は気難しい瀬里奈が機嫌を直してくれるよう**（「壊れ物」の解釈が不適。ここでは瀬里奈の〈扱いにくい神経質な性格〉の比喩であって、単純に機嫌が悪いことの比喩ではない）**につとめて気遣いをしていたが、／実際は瀬里奈は気分を害していたわけではなく、これが普段どおりの態度なのだと気づいて、／安心する**（「安心」したわけではない）**と同時に徒労感を覚えたから。

問2

設　問：「私」の思いについての内容説明問題

傍線部：私は首根っこを摑《つか》んで外に引きずりだすか、でなければ見捨てて、「くるみ割り人形」の本を投げつけて帰ってしまおうかと思うが、なんとなく、もう一日だけ我慢してみよう、と思って、次に会う予定の日を決めて、帰ってきてしまう。

◉「「くるみ割り人形」の本」の象徴性と傍線部の心情にいたる原因に注目する。

Ⅰ：象徴性

具体＝「くるみ割り人形」の本

↓

抽象＝「瀬里奈」という存在との関係

Ⅱ：傍線部の心情にいたる原因

原因「……ええとね、私、バス嫌い。～」

↓

心情 首根っこを摑んで外に引きずりだすか、でなければ見捨てて、「くるみ割り人形」の本を投げつけて帰ってしまおうかと思う

◆瀬里奈の言葉（「バス嫌い…」）を聞いた「私」が「くるみ割り人形」の本を投げつけて帰ってしまう、つまり瀬里奈という存在との関係性を拒否しようとしていること（漫才の決まり文句「もう君とはやっとれんわ！」に近い思い）について述べている⑤が正解となる。

① せめて「くるみ割り人形」の主人公になりきることができれば、外の世界とかかわることも苦痛ではなくなるかもしれないと思っていたが、そんなことをしても結局瀬里奈を変えることなどできない（**ここでの「本」が「瀬里奈を変えること」の象徴ではない**）、という思い。

② 瀬里奈が外の世界に馴染《なじ》めないでいるのは「くるみ割り人形」の本を読んで夢を見すぎたことが原因なのだから、思いきって本を捨ててしまえば（**実際に本を捨てようとしたわけではない**）、瀬里奈が一歩を踏み出す機会になるのではないか、という思い。

③ 瀬里奈にとっては、嫌な思いをしてまで外の世界に馴染もうとするよりも、むしろ家に引きこもって「くるみ割り人形」の主人公になりきり、本の世界に没頭しているほうが、安全で幸せなことなのではないか（**瀬里奈の「安全」「幸せ」を考えているのではない**）、という思い。

④ 子どもじみたわがままを言って「私」の提案を聞き入れようともせず、自分から状況を好転させようという気持ちがないのなら、「くるみ割り人形」のような子ども向けの本に夢中になっているほうが瀬里奈にはお似合いだ（**「お似合いだ」では「投げつけて帰ってしまおう」と合わない**）、という思い。

⑤ 瀬里奈の言葉にうんざりし、やはり「くるみ割り人形」の主人公になりきることしか瀬里奈が外へ出る方法はないと感じ、塚本瀬里奈本人として外の世界に適応させる努力などもうやめてしまおう（**「くるみ割り人形」の本」が瀬里奈という存在との関係（＝「外の世界に適応させる努力」）の象徴となっており、「もうやめてしまおう」が「投げつけて帰ってしまおう」と対応している**）、という思い。

演習55　辻邦生「夏の海の色」

正解　③

設　問：「私」の心情説明問題

傍線部：それまでも、ひとりで海を見つづけたと思っていたが、部員が去ってまったく一人ぼっちになると、その海を見る意味合いも自然と違ってくるように思われた。

◉「その海を見る意味合いも自然と違ってくるように思われた」とあるので、**「海」の意味合い**を確認すればよい。また、タイトル**「夏の海の色」**にも注目しておきたい。**タイトルと関連する事物が何らかの象徴性をもつ**のは小説の常道と言える。

> 具体＝海
>
> 数日のうちに**海の波は荒くなり**、赤いブイが上下に**激しく揺れる**のが見えるようになった。沖に午後になると、積乱雲が相変わらず中天まで上り、日ざしはぎらぎら強かったが、本堂のまわりの松に吹きつける風の音に**何か違った感触**があった。
>
> ⬇
>
> 抽象＝「私」の心情・内面

◆右の関係から、**「荒くなり」「激しく揺れる」「何か違った感触」と対応する「私」の心情**をさがせばよい。咲耶から私にそのまま寺に残るようにという電報が来たことに由来する否定的な心情をさがせば正解は③となる。

① 仲間の思惑《おもわく》を気にして真意を隠す必要がなくなったので気分が解き放

たれ、咲耶に対する思慕の思いを抱いている。（すべて肯定的な心情であり「荒くなり」「激しく揺れる」「何か違った感触」と対応しない）

② 剣道や仲間のことを気にせず意識を咲耶に集中させ、これまでの咲耶と自分の関係について冷静に振り返っている。（「荒くなり」「激しく揺れる」という描写が「冷静」と対応しない。むしろ「冷静」ではなく〈動揺〉〈落ち着かなさ〉と理解するべき）

③ 一人になった孤独な状況（「一人ぼっち」と対応する。また「孤独」は否定的な心情）の中で自分自身と向き合いつつ、ここへ来るという咲耶の意図を推し量りかねている。（「咲耶の意図」がよくわからない、ということなので「荒くなり」「激しく揺れる」といった〈動揺〉〈落ち着かなさ〉の描写と対応する）

④ 今まで以上に感覚が研ぎ澄まされた（「荒くなり」「激しく揺れる」という描写と対応しない）ことで風景の変化が意識され、季節の推移に咲耶との関係の進展（「関係の進展」ならむしろ喜ばしい事態である。否定的な心情と対応しない）を重ねている。

⑤ 周囲が静かになったので落ち着いて（「荒くなり」「激しく揺れる」という描写と対応しない）海と向き合えるようになり、咲耶と自分の関係を目の前の海に重ねている。

演習56　野上弥生子「秋の一日」

正解 ④

設問：傍線部の内容説明問題

傍線部：「それが可《よ》い。展覧会は込むだろうから朝早くに出掛けて、すんだら上野から何処《どこ》か静かな田舎に行く事にしよう。」とそう思うと、誠に物珍《めず》らしい楽しい事が急に湧いたような気がして、直子は遠足を待つ小学生のような心で明日を待った。

◉リード文**「あけびの蔓で編んだ手提げ籠」**に注目できたかどうかがポイントであった。リード文に「直子は病床からそれを眺め、快復したらその中に好きな物を入れてピクニックに出掛けることを楽しみにしていた」とあることから、この「手提げ籠」が**〈病気から快復した後の楽しみ〉**を象徴していることが理解できる。だからこそ、「何かしら病気を」した秋は「籠は一度も用いらるる事なく戸棚に吊《つ》られてあった」のであり、また、「大変健《すこや》かで」「明け暮れ軽快な心持ち」の秋に「文部省の絵の展覧会」に「行って見ようと思った」後、その前日に「長い間の望みの如《ごと》く、彼《あ》のあけび細工の籠に好きな食べものを入れてぶらぶら遊びながらと云《い》う事を思いついた」という展開となるわけである。

以上の展開を時系列に沿って詳しく整理すると以下のようになる。

一昨年の秋（リード文）
具体：あけびの蔓で編んだ**手提げ籠**
↑
抽象：病気から快復した後の楽しみ
←

今年の秋

大変健かで、虫歯一つ痛まずぴんぴんして暮らした。
特別に行き度《た》いと思う処《ところ》もなかった。

⬇

文部省の絵の展覧会⬅主人が～あらまし話してくれた～今年は早く行って見ようと思った。

⬇

展覧会に行く前日

彼のあけび細工の籠に好きな食べものを入れてぶらぶら遊びながらと云う事を**思いついた**～**夕方の明るく暮れ行く西の空に、明日の晴れやかな秋日和を想像**して左様《そう》しようと思った。
「展覧会は込むだろうから朝早くに出掛けて、すんだら上野から何処か**静かな田舎に行く事にしよう。」**

⬇

誠に物珍らしい楽しい事が急に湧いたような気がして、直子は遠足を待つ小学生のような心で明日を待った。

⬇

解答要素ⓐ：「手提げ籠」への言及
解答要素ⓑ：「展覧会」の後、「手提げ籠」をもって「上野から何処か静かな田舎に行く事」が楽しみであること

◆まず「手提げ籠」に言及している①と④に注目し、その上で内容を確認すれば、直子の心情を正確に説明している④が正解となる。傍線部の「物珍らしい楽しい事」は、「急に湧いたような気がし」たのだから、予定していた展覧会を見ることではなく、「全く偶然な出来心」から思いついた「手提げ籠」をもって「上野から何処か静かな田舎に行く事」である。

① ～籠を持ってどこかへ出掛けたいと考えていたところ、絵の鑑賞を夫から勧められて**（「絵の鑑賞を夫から勧められ」たという内容は本文中にない）**にわかに興味を覚え、子供と一緒に絵を見ることが待ち遠しくなった**（ここで楽しみに思っていることは「上野から何処か静かな田舎に行く事」であって、「子供と一緒に絵を見ること」ではない）**～

② 長い間患っていた病気が治り、～外出したいと思っていたところ、翌日は秋晴れのようだから、全快を実感できる絶好の日になるとふと思いついて、心が弾んだ**（「手提げ籠」に触れていない）**ということ。

③ ～出掛けたいのに行き先がないと悩んでいたところ、夫の話から久しぶりに絵の展覧会に行こうとはたと思いつき、手頃な目的地が決まって楽しみになった**（「手提げ籠」に触れていない）**ということ。

④ 籠を持って子供と出掛けたいと思いながら、適当な行き先が思い当たらずにいた**（＝「特別に行き度いと思う処もなかった」）**ところ、翌日は秋晴れになりそうだから、展覧会の絵を見た後に郊外へ出掛ければいいとふいに気がついて、うれしくなったということ。

⑤ 展覧会の絵を早く見に行きたかったが、子供は退屈するのではないかとためらっていたところ、絵を見た後にどこか静かな田舎へ行けば子供も喜ぶだろうと突然気づいて、晴れやかな気持ちになった**（「手提げ籠」に触れていない）**ということ。

演習57　小池昌代「石を愛でる人」

正解　**問1＝②　問2＝①**

問1

設　問：傍線部の内容説明問題

傍線部：だから、言葉を持たない石のような冷《ひ》やかさが、その冷たいあたたかさが、とりわけ身にしみる日々があるのだ。

Ⅰ：「石」の両義性に注目

◉「わたし」は、「一人でいる夜、**疲れて心がざらついているよう**なとき」、「てのひらのなかでころがしてみ」た「石」から「**冷たい**（＝「**言葉を持たない～冷やかさ**」）**あたたかさ**」という**両義的な感覚**を与えられていることに注目できればよい。また、傍線部の直前から「わたし」が「**人間関係**」つまり「**行き交う言葉**」をめぐって疲れていることも確認しておく。

「石」⬆
⊖：冷たい＝**言葉をもたない**石のような冷やかさ
＋（両義的）
⊕：あたたかさ

◆以上から〈言葉が行き交う〉人間関係に疲れている「わたし」が、「石」から「言葉をもたない石のような冷やかさ」と「あたたかさ」を感じていることに触れている②が正解となる。

① ～物言わぬ石がもたらす緊張感（⊖）の方が、自分が確かな存在であることを実感させ、それが人としての自信を取り戻させてくれる（**人間関係に疲れているのであって「人としての自信」を失っているわけではない**）～。

② 石と互いに干渉せずに向き合う（**＝「言葉を持たない石」**）ことは、言葉を交わす人間関係の煩わしさに疲れていらだった心を癒やし、ほっとするような孤独（**「ほっとする」＝「あたたかさ」⊕・「孤独」＝「冷たい」⊖となっているし、「言葉を持たない石のような冷やかさ」が「孤独」と対応している**）を感じさせてくれるということ。

③ 物言わぬ石の持つきびしい拒絶感（**⊖の表現だが、「言葉を持たない」ことが「拒絶」にはつながらない**）に触れることで、今では失ってしまった、周囲の人との心の通い合いの大切さ（**「言葉を持たない石のような冷やかさ」に触れているのに「心の通い合いの大切さ」では矛盾している**）が～

④ 現実の世界では時に嘘をつき自分を偽ることがあるのに対し、物言わぬ石と感覚を同化させていく時は、虚飾のない本当の自分（**⊕の表現のみで両義性に触れていない**）を強く実感できるということ。

⑤ 乾いて色あせてしまった水辺の石（**「乾いて色あせてしまった」では「言葉を持たない石」と対応しないし、この「石」は「イタリアのアッシジで拾ってきた」石と、子供のころ持ち帰っていた「水辺の石」を混同している**）でも、～

問2

設　問：傍線部の理由説明問題

傍線部：当日は雨だった。しかし石を見に行くのにはいい日のように思われた。

Ⅰ：「石」

◉**「石」と「傘」の象徴性に注目する。**

・子供のころの「水辺にある小石」
水辺にある小石は、川や海の水に**濡《ぬ》れているときは妙に魅力があ**

るのに、乾いてしまうと、ただの石だ。濡れている色と乾いた色って、同じ石でも随分違う。**水辺の石の魅力**をつくっているものが、実は、**石そのものでなく**、**水の力**であったということなのか。

・イタリアのアッシジで拾ってきた大理石のかけら（問1で確認済）

・生まれて初めて雑誌に投稿した詩「石ころ」

夜の公園に残された石ころが、まるで、**なにかをつかみそこねた**、**握りこぶし**のように見えた。

・子供のときの石

石ころとは、随分、**多方面に渡って**、**つきあってきた**ものだ。

◆「石」については様々な描かれ方がされていることさえ理解できればよい。

Ⅱ：「傘」（傍線部の直後から繰り返されている）

傘というものがわたしは**好きだ**。**ひとりひとりの頭のうえに開き、ひとりひとりを囲んでいる**傘が。そういえば、寂しい、独りきりの傘のなかを、**華やかな世界**と表現した女性の詩人がいたなあ。彼女もまた、雨の日と、傘が、好きだったのだろう。

◆「傘」が「**ひとりひとり**」の「**華やかな世界**」を構成していることが理解できればよい。簡単にまとめると〈**人間ひとりひとりの、その人だけの華やかな世界**〉の象徴ということである。

◆右の二点に言及している①が正解となる。

① わたしは今までにも水辺の石を持ち帰ったりすることがあった（**Ⅱ「子どものころ」**）。この日は雨が降っており、様々な状況によって魅力を増す石（**「濡れているときは妙に魅力があるのに、乾いてしまうと、ただの石」に対応しているし、それ以外の「石」についての記述と対応する**）を観賞したくなる雰囲気だと感じられ、しかも、傘が石と同じように自分だけの世界を心地よいものにしてくれる（**「石」は問1で確認した「冷たいあたたかさ」を与える「魅力」あるものであるし、「傘」は「ひとりひとり」の「華やかな世界」を象徴している**）ように思われたから。

② わたしにとって、石と傘は見方によって様々に姿を変える（**「傘」は当てはまらない**）ため、これまでも気分を高揚させる鑑賞対象だった。そのうえ、雨の世界を華やかと表現しながら突然自殺した女性詩人のことを思い出し、複雑な石の魅力（**「女性詩人」と「石」は無関係。また女性詩人は「雨の世界」を「華やか」とは表現していない**）を味わうのに、～

③ わたしが以前から好きだった**女性詩人の顔の皺**には精神的な陰影が刻まれ、水や光によって微妙に表情を変える**石に似た魅力**があった（**「女性詩人」と「石」は無関係**）～

④ わたしは～乾いた石に愛着を覚えていた。しかし、テレビに出演して自己嫌悪に陥ってからは、濡れた石や雨が自分の心を慰め、傘もまた一人一人の孤独な空間を守ってくれる（**因果関係がおかしい。「わたし」が「石」や「傘」に何らかの魅力を抱くようになったのは、テレビ出演と無関係。また、「石」が「孤独な空間を守ってくれる」も不適。「石」から「守ってくれる」という意味は読み取れない**）～

⑤ わたしは～傘に囲まれた空間に安らぎを感じている。そのため、雨の日はかえって外出の億劫《おっくう》さが和らぎ（**「傘」は「華やかな世界」の象徴であって「外出の億劫さを和らげる」ものではない**）、他人の目を気にせず石を見に行くことができると気づいたから（**「石」の象徴性に言及していない**）。

演習58　豊島ミホ「檸檬のころ」

正解　**問1**　第一の場面＝中学校から町の図書館
第二の場面＝あの感情までなまなま
問2＝⑤　**問3**＝③

問1
設　問：場面分け問題

◉**タイトル『檸檬のころ』と繰り返される〈リップクリームのレモンの香り〉から、次の象徴性を理解できればよい。**

具体　＝秋元が使っているリップクリームのレモンの香り
➡
抽象　＝中学生のとき以来抱いている秋元への想い

◆ここから、本文の〈高校生（現在）→中学生（回想）→高校生（現在）〉という構成を根拠に考える。傍線部A直後の段落「中学校から町の図書館」から〈リップクリームのレモンの香り〉をめぐる回想が始まり、傍線部Bまで続く。その直後に「あの感情までなまなましくよみがえる」とあることから回想が終わったことが理解できる。

問2
設　問：表現効果についての問題
傍線部：それは鼻先でぱちんとはじけて、一瞬にしてあの日の空気で俺を包んでしまう。

◉**指示語「それ」が直前の〈リップクリームのレモンの香り〉を指していることから、問1同様、その象徴性について考えればよい。ここでは、秋元への想いをより具体的に考えていく。ただし「適当でないもの」を選ぶ問題であることに注意する。**

Ⅰ：**中学時代の「秋元」への想い**
・秋元の話しかたも鼻唄も、とろとろ降る雪によく似合った。**やわらかく、それでいてここちいい程度に冷たい感じ**がした。
・秋元は「香料だけでそうはならないって」と**妙に冷静な意見**を言った。
・俺と秋元の間に、**本物のレモンよりゆるくて甘い、つくりもののレモンの香り**が漂っていた。どうよと訊かれて俺の口から思わずこぼれたのは、「**秋元がくっついてるみたいだ**」という感想だった。
・**恥ずかしさで顔が火照る**のに加えて、傘のなかではさっきのリップクリームが自分の唇からふわふわと香り、どうしようもなかった。

Ⅱ：**今現在の「秋元」への想い**
・あの感情までなまなましくよみがえる。秋元を見ると、**息が止まるように感じられる**～秋元にとって俺は今「富蔵の友達」でしかないんだと。
・秋元は富蔵と話している時に俺と目が合うと、申し訳なさそうな顔をするのだ～**何て残酷なんだろう**。
・**叶わない願いなら捨てたい。捨てられるだけの潔さがほしい**。

◆以上から「秋元」に対する恋心（その意味で「甘い」）と、それが叶わぬ想いであるという切なさ（その意味で「すっぱい」）が混じり合った（その意味で〈甘ずっぱい〉）想いを〈リップクリームのレモンの香り〉が象徴しているのであり、それと**合わない**⑤が正解となる。

① 秋元と一緒にいた中三の冬の寒さと静けさが、レモンの香りによって瞬時にしてよみがえる様子と、また、そのときの情景が今でも「俺」の心に焼き付いている様子をうかがわせる。

② すれ違う秋元からにおうレモンの香りが、秋元との恋の切なさを象徴し、また、「俺」にとっては中三の冬のなまなましい感情を思い出す契機となっていることを表している。

③ レモンの清々しい香りは、秋元のここちいい程度の冷たい感じを暗示すると同時に図書館までの道を二人で歩いたときの雪の感触や風の冷たさにもつながっている。

④ レモンの香りは、秋元と「俺」との二人の時間を思い出させるきっかけとなっているが、同時に、その時間がもう二度と取り戻せないという切なさをも表現している。

⑤ 秋元の使っているリップクリームのレモンの香りは、秋元のかれんさをイメージさせる（**「レモンの香り」は「かれんさ」つまり〈かわいらしさ・愛らしさ〉の象徴ではない**）一方で、これから秋元と「俺」との仲が修復されていくこと（**末尾の「叶わない願い」と合わない**）を想像させている。

問３

設　問：心情についての理由説明問題

傍線部：散々だったけれど、その胸苦しさはどこか嬉しかった。

◉「散々だった」「胸苦しさ」から否定的心情、「どこか嬉しかった」から肯定的心情を読みとる。ここで問われているのは中学生の頃の心情であることに注意する。

Ⅰ：**「散々だった」「胸苦しさ」**

恥ずかしさで顔が火照るのに加えて、傘のなかではさっきのリップクリームが自分の唇からふわふわと香り、**どうしようもなかった**。その日は何が何やら、**秋元とうまく話せないし、問題集を解けばつまらないミスをするし**で、散々だった。

Ⅱ：**「どこか嬉しかった」**

どうよと訊かれて俺の口から思わずこぼれたのは、**「秋元がくっついてるみたいだ」**という感想だった。

◆以上から、「恥ずかしさ」「どうしようもなかった」から「散々だった〈うまく話せない・つまらないミス〉」が、〈リップクリームのレモンの香り〉から「秋元がくっついてるみたい」で「どこか嬉しかった」という両義的な心情について述べている③が正解となる。

① ～われながら恥ずかしい感想を思わず言っても笑って許してくれたりするところに心の奥の優しさを感じ取ることができた（**秋元の「優しさ」が「嬉しかった」理由ではない**）から。

② ～秋元を異性としてはっきりと意識してしまってうまく話せなくなっ

てしまったが、自分の秋元への気持ちが本物であることもはっきりと自覚できた**〈秋元への気持ちが「本物であること」への「自覚」が「嬉しかった」理由ではない〉**から。
③ 秋元に思わず言った感想に、自分ながら恥ずかしさを感じ、また実際に「秋元がくっついてるみたい」なレモンの香りを自分の唇から感じて意識するあまり、なにもかもがぎこちなくなってしまったが、秋元をより身近に感じることができた**〈＝「秋元がくっついてるみたいだ」〉**から。
④ 自分のつまらない質問に「香料だけでそうはならないって」と妙に冷静な意見を言われてしまい、気が動転し失敗を重ねてしまったが、真剣にリップクリームを塗る秋元のまつげの辺りを間近に見たとき、秋元を身近なものとして感じることができた**〈「秋元を身近」に感じたのは〈リップクリームのレモンの香り〉による〉**から。
⑤ 〜「秋元がくっついてるみたいだ」という感触を味わうことで、秋元の自分への好意を確かなものとして感じることができた**〈秋元の「好意」を「確かなもの」と感じたことが「嬉しかった」理由ではない〉**から。

小説　復習問題

福永武彦「忘却の河」

正解　問1＝③（7点）　問2＝④（7点）
問3＝②（8点）　問4＝⑤（8点）

復習のポイント
Ⅰ：心情の理解　Ⅱ：象徴性の理解

問1
設　問：回想場面とそれ以外の区別を問う問題
◉タイトル「忘却の河」に注目すればよい。すると、「私」が**本文冒頭の「掘割」**から**「忘却の河」**を連想していることが理解できる。3段落から「日本海のほとり」の「彼女の生家」、そして「賽の河原」へと場面が大きく変わり、6段落で再び**「掘割」**が出てくる。以上の展開に注目すれば、③が正解となる。小説問題において重要なタイトルへの注目ができているかを確認する問題であった。

問2
設　問：「私」の視点から描かれる「母親」の態度の説明問題
◉**「3の段落における「母親」の態度」**と解答領域が明らかにされているので、ここでの**「母親」の態度や心情**に注目すればよい。

娘のことですか、と言って、訛《なまり》の多い方言でぽつりと答えた。娘は死にました。私は事情が分かるまで押し問答を繰り返したが、その間じゅうこの婦人は難しい方言と、赤くただれたその眼とで私をおびやかした。**私の話を聞こうともせず、私が何者であるのかを知ろうともせずに、娘は身籠《みごも》ったのを恥じて淵《ふち》から身を**

投げて死んだ、と言い続けた。その赤くただれた眼は、風雪のせいだったのだろうか、娘を悼む涙のせいだったのだろうか。**婦人は私を門口から追い返した。**線香を上げさせてもくれなかった。この**母親自身も恥じていた**のだ。

⬅ここから読み取れる解答要素は以下の通りである。

ⓐ：私の話を聞こうともせず、私が何者であるのかを知ろうともせず
ⓑ：娘は身籠ったのを恥じて淵《ふち》から身を投げて死んだ、と言い続けた
ⓒ：婦人は私を門口から追い返した
ⓓ：母親自身も恥じていた

◆これらすべてを満たす④が正解となる。

① この「母親」は、娘の死を悼むあまりに、娘の知り合いである「私」（**ⓐと矛盾**）を家に入れることを、～

② この「母親」は、娘が身籠って自殺したことを自分に恥をかかせたとして、娘を訪ねて来た「私」に対して娘のことを話したがらず（**ⓑと矛盾**）、～

③ この「母親」は、訪ねて来た娘の知り合いの「私」（**ⓐと矛盾**）に、身を投げて死んだ娘のことを話すと、自分の恥を責められる（**「母親」は「私」に「責められる」とは思っていない**）ので、～

④ この「母親」は、娘が身を恥じて死んだのを、単に娘だけのこととしないで自らも恥じ、「私」の話を聞こうともせず、「私」の弔いすらも拒否している（＝ⓒ）のである。

⑤ ～はるばる娘を訪ねて来た「私」に恥じて（**「私」に対して恥じているわけではない**）、家にも入れず、「私」に弔ってもらうことも遠慮している（**ⓒと矛盾。「追い返した」とは拒絶したということであって「遠慮」しているわけではない**）のである。

問3

設　問：「私」の様子の説明問題

傍線部：その洞窟を、その賽の河原を、そのさみしい彼女の故郷の村を、最も恐ろしいもののようにあとにした。

◉まず、本文中で「石」が繰り返されていることに注目できたかがポイント。

そこが賽《さい》の河原だった。（略）私はそこにしゃがみ、**小石**を取って、重ねてある上に一つ載せた。また一つ載せた。その塔はぐらぐらし、あっというまに崩れた。私はまた、必死の注意を籠《こ》めて、一つずつ**小石**を積み重ねて行った。それが**魂の、死んだ魂への、何等《なんら》かの救いになるもの**だろうか。いや私は、**私自身への救いのつもりで、この難しい作業を続けていた**のだ。私はそれを終えると、最後に手にあった石をポケットに入れ、逃れるようにそこをあとにした。その洞窟を、その賽の河原を、そのさみしい彼女の故郷の村を、A最も恐ろしいもののようにあとにした。（略）

私は立ち上がり、着て来たオーバーのポケットを探って**小さな石**を一つ取り出した。それは私が賽の河原から拾って来て、今まで大事に保存して来たものだ。妻は恐らく気がついたこともなかっただろうが、それは私にとって、**彼女と彼女の生むべき筈《はず》だった子供との唯一の形見**だった。**その小さな石には**、**私が忘れようと思い、忘れてはならないと思い、しかも私がもう何年も、いや何十年も、忘れたままになっていた無量の想《おも》い**が籠められていた。その**石は私の罪**であり、**私の恥**であり、**失われた私の誠意**であり、**惨めな私の生のしるし**だった。**石は**冷たく、日本海の潮の響きを、返らない後悔のようにその中に隠していた。

◉**ここから、次の象徴性を理解できる。**

具体 ＝石（繰り返し）
➡
抽象 ＝**無量の想い・私の罪・私の恥・失われた私の誠意・惨めな私の生のしるし**

◆右の象徴性と傍線部から読み取れる心情「恐ろしい」について述べた選択肢をさがすと、正解は②となる。

① 賽の河原でわが子の魂を救おうと塔をつくり（**「私自身への救いのつもり」と矛盾**）、その成果として小石を一つ（**「成果」は肯定的な意味合い**）～

② 賽の河原で塔をつくったくらいで救われるとは思えない「私」（**「私自身への救いのつもり」で石を積んでいたが、結局「逃れるようにそこをあとにした」とある。もし救われると感じたのなら逃げる必要はない**）が、自分の罪（**＝「石」の象徴性**）をまざまざと感じさせられ、その戦《おのの》き（**＝「最も恐ろしいもの」**）に襲われている様子を表している。

③ 賽の河原がいかにさみしいもの（**≠「最も恐ろしいもの」**）であったかを身をもって知った「私」が、死者たちへの切ない思いを懸命に振り払おう（**ただ「逃れるように」「あとにした」のであって、「振り払おう」に相当する心情・行動はない**）としている～

④ ～子供たちの霊の叫びを聞いた「私」が、心の底から震え上がって、まだ心身ともにそれから脱しきれないままでいる（**この内容だと「石」は〈いまだに脱しきれない強い恐怖〉の象徴となってしまう**）様子を～

⑤ 賽の河原で自分の罪の救いとして難しい作業を終えた「私」が、罪から救済された思い（**選択肢②でみたように、「私」は救われたとは解釈できない。また、この内容だと「石」は「救済」の象徴となってしまう**）を～

問4

設　問：傍線部の「私」にとっての意味を説明する問題

傍線部：私は再び窓へ行き、その石をじっと掌《てのひら》の中であたためてから、下の掘割の中へ投げた。

◉まず、「石」が象徴するものについては問3で確認した通りである。では、それを「下の掘割の中へ投げた」ことの意味は何だろうか。ここでは「掘割」の象徴性が理解できたかがポイント。

私は**掘割**を見下ろしていた。もう秋の初めの頃のように厭《いや》な臭いが鼻を突くこともなかったが、水はやはり澱《よど》んだまま流れなかった。そこに種々雑多なものがゆらゆらと揺れていた。包装紙や、木切れや、藁《わら》や、ブリキの罐《かん》や、土瓶のかけらや、その他いろいろのものが。濁った水面には油が浮いてぎらぎらし、乏しい日光を反射していた。

私は昔ギリシャ神話を読んで、うろ覚えに**忘却の河**というのがあったのを覚えている。三途《さんず》の河のようなものだろう、**死者がそこを渡り、その水を飲み、生きていた頃の記憶をすべて忘れ去ると言われているものだ**。しかし私にとって、**忘却の河**とはこの**掘割**のように流れないもの、澱んだもの、腐って行くもの、あらゆるがらくたを浮かべているものの方が、よりふさわしいような気がする。この水は、水そのものが死んでいるのだ。そして**忘却**とはそれ自体少しずつ死んで行くことではないだろうか。あらゆる過去のがらくたをその上に浮かべ、やがてそれらが風に吹かれ雨に打たれ、それら自身の重味に耐えかねて沈んで行くことではないだろうか。

具体＝石（繰り返し）

➡ 抽象＝**無量の想い・私の罪・私の恥・失われた私の誠意・惨めな私の生のしるし**

具体＝掘割（設問と関係）

➡ 抽象＝**忘却（の河）・記憶をすべて忘れ去る**

◆右の二つの象徴性から、「私」は**「無量の想い」「罪」「恥」「失われた誠意」「惨めな生」**の象徴である**「石」**を、**「忘却」**の象徴である**「掘割」**に投げ込もうとしていることが理解できる。要するに、「私」は今までの人生を忘れたいのである。そのことを述べている選択肢をさがせば、正解は⑤となる。

① かつて自分の子を宿した女性を死に追いやったことに激しい悔恨を覚えている「私」は、生まれるはずであった子供の唯一の形見である「小さな石」を掌で暖めてから掘割に投げ込むことで、そこに深い鎮魂の思い**（「忘却」は「鎮魂」につながらない。たとえば、君は死者の墓前で「鎮魂」を思うとき、どう声をかけるだろうか。まさか「君のことはきれいさっぱり忘れるよ」とは言わないだろう。「いつまでも忘れない」「君は私の心の中にいる」等の想いを抱くのが普通であろう。他にも、災害や事故が起きたとき、私たちはそれらを風化させないよう、思い続けるはずである）**を〜

② 〜過去の一切から目をそむけ、新たな心で生き直そう**（「忘れよう」としているのであって、このような前向きな気持ちは読み取れない）**と〜

③ 〜「小さな石」とはそれら死んでいった人々への自己の不実さを常に突きつけるものであったが、それを掘割の底に沈めることで、「私」は自責の念を心の深部に抱き続けよう**（「忘却」と正反対の心情）**と〜

④ 〜「小さな石」〜を掘割に投げ放つことのうちに、「私」は幸福な人生の新たな始まりを予感**（「忘れよう」としているのであって、このような前向きな気持ちは読み取れない）**しているのである。

⑤ 深い罪の意識の中で過去につきまとわれている「私」にとって、「小さな石」とはそのような過去を象徴するもの**（＝「私の罪」「惨めな私の生のしるし」）**であり、それを掘割に投げすてることに、「私」はそうした過去に対する拘泥から解き放たれること**（＝「忘却」）**への願いをこめているのである。

②20211222